마음의 거리 좁히기

마음의 거리 좁히기

지은이 | 황명환
초판 발행 | 2025. 2. 19
등록번호 | 제1988-000080호
등록된 곳 | 서울특별시 용산구 서빙고로65길 38 두란노빌딩
발행처 | 사단법인 두란노서원
영업부 | 2078-3333   FAX | 080-749-3705
출판부 | 2078-3331

책 값은 뒤표지에 있습니다.
ISBN 978-89-531-5042-3 03230

독자의 의견을 기다립니다.
tpress@duranno.com   www.duranno.com

두란노서원은 바울 사도가 3차 전도여행 때 에베소에서 성령 받은 제자들을 따로 세워 하나님의 말씀으로 양육하
던 장소입니다. 사도행전 19장 8-20절의 정신에 따라 첫째 목회자를 돕는 사역과 평신도를 훈련시키는 사역, 둘째
세계선교(TIM)와 문서선교(단행본·잡지) 사역, 셋째 예수문화 및 경배와 찬양 사역, 그리고 가정·상담 사역 등을
감당하고 있습니다. 1980년 12월 22일에 창립된 두란노서원은 주님 오실 때까지 이 사역들을 계속할 것입니다.

황명환 목사의
이사야서 강해 2

하나님과 나와의

마음의 거리 좁히기

두란노

목차

01
하나님과의 관계가 우선이다

02
하나님과 나 사이에 걸림돌 치우기

하늘과 땅이 왜 못 만나는가

언젠가 미국에 가서 아들과 며칠을 보내게 되었는데, 혼자 있는 곳에 우리 부부가 갔으니 집이 좁았습니다. 아들은 이렇게 말했습니다. "제 침대에서 부모님이 주무시고, 저는 에어 베드(air bed)를 사서 바람을 넣고 거실에서 자면 됩니다." 그래서 에어 베드를 사 왔는데, 뜯어보니 종이처럼 말려 있었습니다. 그런데 스위치를 켜니까 바람이 들어가더니 금방 퀸 사이즈 침대가 되었습니다. 아들이 에어 베드 위에서 잠을 잔다니까 걱정이 되어 자세히 살펴봤습니다. 높이도 알맞고, 넓고, 푹신하고, 잠자기에는 아무 불편함이 없고, 참 좋았습니다.

제가 먼저 그 침대 위에 누워 보았습니다. 그 순간 이런 생각이 들었습니다. '침대 윗부분을 하늘이라 하고 침대 바닥을 땅이라고 한다면 바람이 가득 들어가면 하늘과 땅이 멀어지고, 바람이 빠지면 하늘과 땅이 붙는구나. 내 마음에 세상 생각이 들어가면 하나님과 나는 멀어지고, 내 마음에서 세상 생각이 다 빠져나가면 하늘과 땅이 만나는 것이구나. 하늘과 땅이 왜 못 만나는가? 하나님이 안 계시거나 하나님이 만나 주지 않아서? 아니지. 내 마음이 세상에 대한 바람으로 가득 차 있어서 하나님을 만나지 못하는 것이구나. 내 마음에서 세상 바람을 자꾸 빼내야겠다.

그래서 하나님과 함께하는 인생을 살아 보리라.' 이렇게 결심했습니다.

이미 출간된 이사야서 1권의 제목은 "마음을 주께 드립니다"입니다. 왜 이런 제목을 정하였는가? 하나님이 원하시는 것도, 우리가 하나님께 드릴 가장 중요한 것도 결국은 마음이라는 것을 알았기 때문입니다. 구약성경에서 수많은 계명이 요구하는 것(수많은 제물과 까다로운 규칙)은 모두 마음을 하나님께 올바로 드리도록 만드는 지침이었습니다. 그리고 내 마음을 드릴 대상은 이 세상의 그 어느 것이 아니라 하나님이시라는 것을 강조하려는 것이었습니다.

이사야서 2권의 제목은 "마음의 거리 좁히기"입니다. 이것은 이사야서 전체의 주제입니다. "주께서 이르시되 이 백성이 입으로는 나를 가까이 하며 입술로는 나를 공경하나 그들의 마음은 내게서 멀리 떠났나니…"(사 29:13). 하나님과 나와의 '마음의 거리'를 보여 주면서 "마음의 거리를 좁히라"는 것이 이사야서의 진정한 목적이기 때문입니다.

다시 말하면 우리가 입으로는 하나님을 공경하는데 하나님과 우리 사이에 마음의 거리가 너무 멀다는 말입니다. 하나님은 우리와 함께하기 위해서 임마누엘 하시는데 우리는 하나님을 바라보지도 가까이하지도 않고, 멀리하는 것입니다. 그러므로 우리가 해야 할 일은 하나님과 나와의 마음의 거리를 좁히는 것입니다. 나와 하나님 사이에 아무것도 끼어들지 않아야 합니다. 이것이 하나님이 우리에게 요구하시는 관계입니다.

마음의 거리를 좁히는 책임은 누구에게 있을까요? 우리는 하나님이 내게서 멀리 계신다고 생각합니다. 그러나 문제는 내가 하나님을 멀리하는 것입니다. 그러므로 마음의 거리를 좁히는 것은 하나님이 하실 일이 아니고 내가 해야 할 일입니다.

어떻게 마음의 거리를 좁힐 수 있는가? 그것이 제사(예배)입니다. "사실은 나의 죄 때문에 내가 죽어야 하는데, 대신 짐승을 제물로 드리니 내 죄를 용서하소서." 이렇게 제사를 드리며 나의 죽음을 고백하고, 하나님과 관계를 회복하는 것이 제사의 목적입니다. 제사를 통해 내 안에 있던 세상에 대한 바람을 빼내고 마음을 하나님으로 채우라는 것인데, 이스라엘 백성은 반대로 제사를 드렸습니다. "이 제물을 바칠 테니까 내가 원하는 세상의 소원을 이루어 주소서."

하나님은 이런 제사를 드리지 말라 하셨습니다. "내가 견디지 못하겠노라"(사 1:13). 진정한 번제를 드리고, 마음속에서 하나님 아닌 것을 죽이고, 하나님으로 마음을 채우라고 하셨습니다. 매일 아침저녁으로 번제를 드리며(상번제) 자기가 죽었음을 고백하고, 이것이 대대로 지킬 규례라고 하셨습니다.

마음의 거리를 좁히는 방법을 확인하면서 깜짝 놀랐습니다. 저는 오랫동안 '십자가의 현재성'에 대하여 고민하고 있었습니다. 우리가 예수님을 믿으려면 예수님이 나를 위해 십자가에 죽으셨다는 것을 인정해야 합니다. 그러나 이것이 전부가 아닙니다. 갈라디아서 2장 20절을 보면 "내가 그리스도와 함께 십자가에 못 박혔나니…" 이렇게 나옵니다. "예수님이 나를 위해 십자가에 못 박혔습니다." 이 고백으로 끝나면 안 되고 (이것은 반쪽짜리 신앙입니다), "나도 예수님과 함께 십자가에 못 박혔습니다." 이것까지 있어야 온전한 신앙고백이 되고, 예수님과 온전히 연합되는 것입니다.

그러니까 십자가는 내가 그리스도인이 되는 과정에서 꼭 필요한 통과 의례입니다. 또한 마지막에 우리가 죽어서 하나님 앞에 설 때도 십자가를 붙들고 가야 합니다. 그러니까 십자가는 과거에도 필요하고 미래에도 필요합니다. 그런데 "그리스도인이 된 후에 십자가는 어디에 있는가?" 이렇게 질문해 보면 십자가가 없어요. 기독교의 핵심은 십자가인데, 십자가의 현재성이 없는 것이지요.

예수님만 나를 위해 십자가에 죽으셨고, 나는 십자가에 죽지 않고 내 욕심대로 사는 것은 기독교가 아닙니다. 사도 바울은 "나는 날마다 죽노라"(고전 15:31) 하며 우리가 날마다 십자가에 죽었음을 고백해야 한다고 '십자가의 현재성'에 대하여 강조했습니다. 이것을 통하여 신구약의 밀접성과 일치성을 확인하고 얼마나 기뻤는지 모릅니다. 구약에서는 날마다 번제를 드리면서 자기를 하나님 앞에서 죽이는 삶을 요구했고, 신약에서는 날마다 십자가 앞에서 죽었음을 고백하라고 하셨던 것입니다.

그것을 놓치면 이스라엘 백성이 하나님을 알고, 그분을 사랑하고, 하나님 안에 산다고 하면서도 마음은 하나님으로부터 멀어진 것과 똑같은 삶을 오늘 우리도 반복할 수밖에 없습니다. 구약에서 이스라엘 백성이 상번제를 드리면서 자기의 죽음을 고백했듯이, 오늘도 순간순간 십자가 앞에서 내가 죽었음을 고백해야 합니다. 그럴 때 하나님과 나 사이에 거리가 좁혀질 수 있고, 그것이 바로 임마누엘의 삶이며, 하나님과 동행하는 삶이 될 것입니다. 십자가를 통해 세상 바람을 다 빼 버리고 하나님과의 거리를 좁히는 은혜를 누리시길 기도합니다.

2025년 2월 수서동산에서

황명환 목사

01

하나님과의
관계가 우선이다

오늘을 최고의
날로 만들려면

이사야 31:1

미국 펜실베이니아 주립대 샘 리처드(Sam Richards) 교수는 "한국인은 절대로 행복할 수 없는 민족"이라고 말했습니다. 한국은 세계 역사 속에서 유례가 없을 만큼 가난한 나라에서 선진국으로 성장했고, 정치적으로도 민주주의를 이룩한 위대한 나라지만 한국인은 스스로에 대해 과소평가하며, 잘하는 것보다는 못하고 부족한 것에 집중하는 성향이 있고, 높은 기준을 가지고 있기 때문에 업적에 비해 기쁨과 만족을 잘 느끼지 못한다는 것입니다. 그래서 영국인 저널리스트이자 작가인 다니엘 튜더(Daniel Tudor)는 한국을 "기적을 이룬 나라, 기쁨을 잃은 나라"라고 표현했습니다.

여러분은 행복하십니까? 행복하냐고 물으면 "네, 행복합니다." 이렇게 말하는 한국 사람은 거의 없습니다. 오히려 이렇게 반발합니다. "내 상황이 이 모양인데, 어떻게 행복하겠어요?" 지금 나의 삶은 뭔가 부족하기 때문에 더 채우고, 더 개선해야 한다고 생각하고 그렇게 만들려고 몸부림을 칩니다. 이런 자세가 겉으로 볼 때는 당연하고 성실한 모습인 것 같지만 사실은 어리석은 것입니다. 왜냐하면 오늘은 이미 최고이며 최선의 날이기 때문입니다. 이것은 착각이 아니라 팩트입니다.

왜냐하면 하나님은 전능하신 분이고, 나를 진정으로 사랑하시는 분이기 때문입니다. 또한 가장 의로우시고, 실수하지 않으시는 분입니다. 그런 하나님의 손안에 있는 오늘이라면, 그리고 내가 그분의 사랑 안에 있는 존재라면 오늘이 하나님 안에서 최고의 날이 될 수밖에 없습니다. 문제는 오늘을 최고의 날로 만드는 기술이 없다는 것입니다.

마음의 거리

하나님과 나와의 마음의 거리를 보여 주는 것이 예언서의 목적입니다. 이사야서는 전체 66권입니다. 이사야서의 구조를 잘 기억하는 방법이 있습니다. 성경은 구약 39권, 신약 27권 그래서 전체가 66권입니다. 그리고 성경의 내용은 '심판과 구원'인데 이사야서도 똑같습니다. 1-39장까지 전반부 39장의 내용은 '심판'이고, 40-66장까지 후반부 27장의 내용은 '구원'입니다.

이사야서 전체의 주제는 이사야서 29장 13절입니다.

> 주께서 이르시되 이 백성이 입으로는 나를 가까이하며 입술로는 나를 공경하나 그들의 마음은 내게서 멀리 떠났나니 (사 29:13상)

이 말씀은 다시 말하면 입으로는 하나님을 공경하는데, 하나님과 우리의 마음의 거리가 너무 멀다는 것입니다. 하나님은 우리와 함께하기 위해 임마누엘 하시는데 우리는 하나님을 바라보지 않고, 가까이하지 않고, 멀리한다는 것입니다.

그러므로 우리가 해야 할 일은 하나님과 나와의 마음의 거리를 좁히는 것입니다. 나와 하나님 사이에 아무것도 끼어들지 않아야 합니다. 돈도 명예도 건강도 심지어 자녀도 끼어들면 안 되고 완전히 밀착된 관계, 이것이 하나님이 우리에게 요구하시는 관계입니다. 만약에 무언가가 있다면 빼 버려야 합니다. 그래서 이 세상 무엇보다도 먼저 하나님을 생각하고 찾고 부르고 만나는 관계가 될 때, 하나님이 우리의 진정한 현실이 되실 때 이 세상의 어떤 문제도 문제가 되지 않는 것입니다. 그럴 때 우리의 삶은 축복의 통로가 되고, 하나님이 우리를 통해 이 세상에서 뜻을 펼쳐 가십니다. 이것이 하나님의 백성에게 주신 약속이며 명령입니다.

그런데 남유다는 어떠했습니까? 하나님은 그들과 함께하시는데, 임마누엘 하시는데, 그들은 하나님을 마음에 두지 않았습니다. 눈에 보이는 것에 마음을 뺏겨서 하나님을 바라보지 않았습니다. 이것이 그들의 첫 번째 죄입니다.

잘못된 기도

이스라엘 백성은 눈앞에 쳐들어온 앗수르를 두려워하게 되고, 앗수르를 막기 위해 애굽과 연합하려고 시도했습니다. 그들이 마음을 하나님께 두었다면 앗수르를 두려워하지 않았겠지요. 앗수르는 하나님 앞에서 아무것도 아니니까요. 또한 앗수르를 두려워하지 않았다면 애굽에 구원병을 요청할 필요도 없습니다. 그런데 그들이 하나님을 멀리했기 때문에, 하나님께 묻지 않고 애굽과 연합하려고 했던 것입니다.

여호와께서 이르시되 패역한 자식들은 화 있을진저 그들이 계교를 베푸나 나로 말미암지 아니하며 맹약을 맺으나 나의 영으로 말미암지 아니하고 죄에 죄를 더하도다 그들이 바로의 세력 안에서 스스로 강하려 하며 애굽의 그늘에 피하려 하여 애굽으로 내려갔으되 나의 입에 묻지 아니하였도다 (사 30:1-2)

그래서 하나님은 1절 끝에 이렇게 말씀하십니다. "죄에 죄를 더하도다." 첫 번째 죄는 하나님을 마음으로 멀리한 것입니다. 두 번째 죄는 애굽까지 가서 불러올 필요도 없는 군대를 요청한 것입니다.

그것을 보며 하나님은 뭐라고 하셨습니까? "너희는 애굽 군대를 기다리느냐? 나도 기다린다. 너희가 애굽 군대를 간절히 기다리는 것보다 더 간절하게 너희가 내게로 돌아오기를 기다린다." 이것이 이사야서 30장의 내용입니다.

그런데 여러분은 '오늘이 최고의 날'이라는 사실을 믿습니까? 논리적으로는 맞는데 왜 우리는 오늘을 최고의 날이라고 인식하지 못하고 살아가는 것일까요? 내가 원하는 어떤 보이는 조건, 객관적인 필요가 채워져야만 최고의 날이 될 수 있다고 생각하기 때문입니다. 남유다로 말하자면 애굽 군대가 와야만 앗수르에 대항할 수 있고, 그렇게 되는 것이 최선이라고 생각했습니다.

도움을 구하러 애굽으로 내려가는 자들은 화 있을진저 그들은 말을 의지하며 병거의 많음과 마병의 심히 강함을 의지하고 이스라엘의 거룩하신 이를 앙모하지 아니하며 여호와를 구하지 아니하나니 (사 31:1)

그들은 "하나님, 우리에게는 애굽의 강력한 군대가 필요합니다. 그들이 우리에게 군대를 보내 주도록 도와주소서"라고 간구했습니다. 왜냐하면 애굽의 말과 병거의 강함을 의지했기 때문입니다. 그런데 이 기도는 잘못된 것이었습니다. 그래서 하나님은 진노하셨습니다.

"너희가 의지하는 애굽 군대가 아무리 많이 와도 소용없다. 너희와 애굽 군대가 다 망할 것이다. 그러므로 의지할 수 없는 말과 병거를 의지하고 그것을 통해서 강해진다고 착각하지 말라"(3절)고 하십니다. 그러니까 애굽 군대만 있으면 된다는 생각은 인간적인 생각입니다. 지금 남유다의 문제는 애굽 군대가 없어서 생긴 것이 아닙니다. 애굽 군대가 와도 문제는 해결되지 않습니다.

우리가 찾고 구해야할 것

문제에 대한 진정한 해결책은 무엇입니까?

> 이스라엘의 거룩하신 이를 앙모하지 아니하며 여호와를 구하지 아니하나니
> (사 31:1하)

이스라엘의 거룩하신 이, 즉 하나님 자신을 앙모하고 찾고 구해야 합니다. 하나님을 마음으로 간절히 찾을 때 거기에 문제의 해결책이 있습니다. 유다가 이렇게 하나님을 앙모하고 하나님 자신을 구하면 어떻게 될까요?

> 여호와께서 이같이 내게 이르시되 큰 사자나 젊은 사자가 자기의 먹이를 움키고 으르렁거릴 때에 그것을 치려고 여러 목자를 불러 왔다 할지라도 그것이 그들의 소리로 말미암아 놀라지 아니할 것이요 그들의 떠듦으로 말미암아 굴복하지 아니할 것이라 이와 같이 나 만군의 여호와가 강림하여 시온산과 그 언덕에서 싸울 것이라 (사 31:4)

용맹한 사자가 먹잇감을 앞에 두었는데, 목자들이 달려와서 빼앗으려 하면 그것을 놓고 도망가겠습니까? 아닙니다. 아무리 목자들이 달려들어 뺏으려고 해도 "이것은 내가 잡은 먹이야. 손대지 마. 방해하지 마. 저리 가!" 이렇게 으르렁거리며 먹이를 빼앗기지 않듯이, "너희가 나를 의지하고 찾으면 내가 사자가 되어서 너희를 앗수르로부터 지켜 줄 것이다. 결코 너희를 그들의 손에 빼앗기지 않고, 적들과 싸워서 끝까지 너희를 지켜 낼 것이다"라고 하나님은 말씀하셨습니다.

새가 날개 치며 그 새끼를 보호함같이 나 만군의 여호와가 예루살렘을 보호할 것이라 그것을 호위하며 건지며 뛰어넘어 구원하리라 하셨느니라(사 31:5)

"새가 날개를 펴서 새끼를 보호하듯이, 너희가 나를 의지하고 찾으면 내가 그렇게 예루살렘을 보호할 것인데, 너희를 건지고 구원할 것인데 어찌하여 너희는 나를 찾지 않고 애굽 군대를 향하여 달려가느냐?" 하며 하나님이 안타까워하십니다. 하나님을 의지하지 않고 애굽 군대를 의지한 것, 그래서 애굽으로 달려간 것, 이것은 하나님을 거역하는 일입니다. 그러므로 "이스라엘 자손들아 너희는 심히 거역하던 자(하나님)에게로 돌아오라"(6절)는 것입니다.

남유다 백성은 애굽 군대가 없는 것에 결핍을 느꼈지만, 하나님이 보실 때 결핍의 본질은 애굽 군대가 아니라 그들에게 하나님을 사랑하고 찾는 마음이 없는 것이었습니다. 하나님과 그들의 거리가 너무 멀었습니다. 그래서 애굽 군대가 그들 마음속에 들어와 자리를 잡았고, 하나님을 사랑하는 마음으로 그것을 쫓아내야 했는데 그렇게 하지 못했습니다. 그들에게는 하나님보다 이방의 군대가 더 크게 보였기 때문입니다.

결핍의 본질

여기서 우리는 아주 중요한 결론을 내릴 수 있습니다. 우리가 어떤 것을 갈망하고, 그것이 없으면 불행하고 그것이 있으면 행복하다고 생각하는 세상의 가치들이 있습니다. 예를 들면 자녀의 형통, 건강과 재물, 이런 것들이죠. 그런 것이 없어서 내가 힘들고 괴롭고 낙심이 된다고 생각하는데, 사실은 내가 그것 때문에 힘들고 어려운 것이 아닙니다. 행복하지 않은 이유는 내가 원하는 어떤 것이 없거나 부족해서가 아니라 내 마음에 하나님이 없기 때문입니다. 그러므로 세상의 그 무엇보다 하나님을 더 간절히 원하고, 내 마음이 하나님으로 충만해지면 매일매일이 최고의 날이 되는 것입니다.

결핍의 본질은 내가 원하는 어떤 것이 없는 것이 아니라, 내 마음에 하나님이 결핍되어 있는 것입니다. 내 마음이 하나님으로 꽉 차 있다면 내가 원하는 그런 것이 없어도 얼마든지 만족하며 기뻐할 수 있습니다. 그러므로 우리가 어떤 문제 때문에 힘들어한다면 그 문제 자체가 큰 것이 아니라 그 문제에 마음을 빼앗긴 것입니다.

예수님을 한번 생각해 보세요. 예수님께 죽음이 문제가 되겠습니까? 풍랑이 문제가 되겠습니까? 돈이 문제가 되겠습니까? 예수님께는 세상의 어떤 일도 아무 문제가 되지 않습니다. 하나님과 늘 마음이 하나가 되었기 때문에 어떤 문제도 예수님을 흔들 수 없었습니다. 그래서 풍랑 속에서도 예수님은 곤하게 주무셨고, 십자가도 영광으로 알고 기쁘게 질 수 있으셨던 것입니다.

창세기에 나오는 요셉을 생각해 봅시다. 부잣집 아들로 사랑을 받으며 자랐는데, 형들에 의해 종으로 팔려 갑니다. 거기서 열심히 일했습니다. 유혹을 받았습니다. 믿음으로 승리했습니다. 그런데 감옥에 갇힙니다. 결코 빠져나올 수 없는 중죄인이 갇히는 감옥입니다. 그가 감옥에 들어간 날, 그날이 요셉에게는 결코 최고의 날이 아닙니다. 최악의 날입니다. 그러나 하나님이 요셉을 통하여 이루시려고 하는 커다란 계획 안에서 그 사건은 반드시 있어야 하고, 억울하고 힘들지만 꼭 필요한 일입니다. 요셉이 감옥에서 얼마나 힘들었겠어요? 그러나 다른 사람들과 자신을 비교하면서 '나는 감옥에서 나가야만, 노예에서 해방되어야만 행복할 수 있다'고 생각했다면 그 고통을 견딜 수 있었을까요?

요셉은 원망하거나 불평하지 않았습니다. 매일매일을 하나님이 주시는 선물로 받아들였고, 하나님만 바라보았습니다. 〈이집트 왕자 2〉라는 요셉의 이야기를 다룬 애니메이션이 있습니다. 끝부분에 이렇게 고백하는 내용이 나옵니다. "하나님, 나는 이제 왜냐고 묻기를 그쳤습니다. 이제 들려오는 새소리를 들으며 함께 노래하고, 꽃향기를 맡으며 감사하고 있습니다. 감옥 창살을 통해 비치는 햇빛을 즐기고 하루하루를 감사로 채워 가고 있습니다." 그러던 어느 날, 덜컹 감옥의 문이 열렸습니다. 바로가 그를 불렀던 것입니다. 어떠한 처지에서도 하나님을 가까이하고 하나님을 바라볼 때 그 고난을 넉넉히 이기고 하나님의 뜻을 이루어 갈 수 있습니다.

그런데 많은 사람이 내가 원하는 것을 달라고, 그것이 있어야 행복하다고 생각하면서 오늘을 불행하게 살아갑니다. 행복하려면 더 많은 것이 있어야 된다고 생각합니다. 그러나 하나님을 구하고 하나님으로 충만해지면 내 상황이 지금 어떠해도 오늘 이대로가 나에게 최고의 날이 될 수 있습니다.

진정한 해결책

'우리가 원하는 애굽 군대만 있으면 모든 문제는 다 해결되는데!' 이것이 남유다의 마음입니다. 이것을 오늘 우리 용어로 바꾼다면 '나에게 이것만 있다면(건강만 있다면, 취직만 된다면, 저 사람만 변한다면) 그렇다면 나는 행복할 수 있는데!'입니다.

여기에 대한 하나님의 마음은 무엇일까요? '네가 원하는 것을 다 가져도 네 마음을 채울 수 없다. 왜냐하면 네 마음은 하나님으로만 채울 수 있기 때문이다. 오히려 하나님 외에 다른 것을 기대하고 그것으로 행복해지려는 것은 하나님을 업신여기는 행위다. 그러므로 네가 원하는 것을 얻기 위해 몸부림치지 말고 하나님을 구하라. 네 마음을 나로 꽉 채워라. 그러면 어떤 환경에서도 행복할 수 있다.' 그렇게 만족하고 감사할 때, 오늘이 최고의 날이라고 기뻐할 때 하나님이 책임지시고 내 삶의 문제에 개입해 풀어 가신다는 것이 본문의 내용입니다.

"나는 이 병 때문에 앞으로 얼마나 살지 모릅니다. 하루하루가 고통입니다." 이렇게 말하는 환자에게 필요한 것은 무엇일까요? 물론 병이 치료되는 것이겠지요. 그런데 하나님이 원하시는 것은 치료가 아닙니다.

그런 상황 속에서도 하나님을 찾고, 하나님과 더 가까워지는 것입니다. "하나님, 저는 치료를 원합니다. 그러나 치료보다 더 원하는 것은 하나님 자신입니다. 하나님으로 충만하게 하소서. 그리고 오늘 하루가 저에게 주신 최고의 날임을 믿습니다." 이런 고백을 하기 원하시는 것입니다. 이것이 진정한 해결책입니다. 여러분, 이런 고백을 해 보세요. 질병 가운데서도 행복해질 것입니다. 그리고 나머지는 하나님께 맡기면 됩니다.

오늘이 행복하지 않은 이유는 해결되지 않은 어떤 문제 때문이 아니라, 나에게 하나님이 결핍되어 있기 때문입니다. 하나님을 찾고 앙망하면 하나님이 문제를 해결하고 보호하고 구원하십니다. 그래서 오늘이 최고의 날이 되게 하실 것입니다.

"오늘이 최고의 날이라는 것을 믿고 살아가는 행복한 믿음의 사람이 되게 하소서."

살아 계신 하나님!

하나님을 떠난 남유다는 애굽에 군대를 요청하면서 애굽 군대만 있으면 모든 것이 잘될 것이고, 그것이 행복과 기쁨을 줄 것이라고 생각했습니다. 그러나 그것을 기대하고 바라는 마음은 하나님을 업신여기는 행위였습니다. 내 문제를 해결해 줄 것처럼 보이는 애굽 군대를 내려놓고, 하나님을 구하게 하소서. 결핍에 붙들려 불평하며 살지 말고, 하나님을 찾음으로 그 결핍이 결핍 되지 않는 삶을 살게 하소서. 오늘이 최고의 날이 되게 하시고, 매일매일 최고의 날을 살아가는 하나님의 자녀가 되게 하소서.

함께 이야기하기

[1] 이스라엘이 드린 잘못된 기도는 무엇인가요?
  이 기도는 왜 잘못된 것일까요?

[2] 우리가 행복하지 않은 이유는 무엇인가요?

[3] 최고의 날을 보내기 위해 우리가 해야 할 것은 무엇인가요? 또 하나님께 맡겨 드려야 하는 것은 무엇인가요?

02

나를 사랑하는
왕이 있다는 것

이사야 32:1-4

"죽어도 여한이 없다"는 말이 있습니다. 가장 원하던 것이 이루어지고 더 이상의 소원이 없을 때 최고로 행복할 때 하는 말이지요. 옛날 사람들은 이 말을 언제 했을까요? 역사를 보면 남자들은 나를 알아주고 내가 믿고 따르며 충성할 대상, 그런 인물이나 왕을 만났을 때, 다시 말하면 평생 마음을 다해 섬길 '주군'을 만났을 때 "이제는 죽어도 여한이 없습니다"라고 말했습니다. 여자들은 한평생 사랑하고 헌신해도 아깝지 않은 남자를 만났을 때, 최고의 '낭군'을 만났을 때 "죽어도 여한이 없다"고 고백했습니다.

여러분은 어떤 경우에 "이제는 죽어도 여한이 없다"고 하시겠습니까? 내가 세상의 중심이 되고, 내가 하고 싶은 것을 다 해 보고, 모든 사람이 나를 인정해 주고 존경한다면 그렇게 말하시겠습니까? 여기서 질문이 생깁니다. 왜 사람들은 하나님을 갈망하지 않고 세상을 갈망할까요? 마귀가 우리를 속이기 때문입니다. 마귀는 인간이 하나님 없이는 절대로, 영원히 행복할 수 없다는 걸 알고 있습니다. 그런데 인간이 그걸 알면 큰일 납니다. 그래서 모든 수단 방법을 다해서 우리에게 가르칩니다. "하나님 없이도 기쁠 수 있다. 행복할 수 있다." 이것을 믿으라는 것입니다. "하나님이 없어도 내 소원이 이루어지면, 가족이 잘되면, 성공하고 출세하면 얼마든지 기쁠 수 있다. 그것을 향해 달려가라"고 외칩니다. 이것이 세상의 가치관입니다. 그러나 아닙니다. 하나님 외에는 진정한 행복과 기쁨이 없습니다. 이것이 성경의 내용입니다.

그렇다면 우리는 어떻게 세상의 가르침을 극복할 수 있을까요? 하나님 없이도 기쁠 수 있다는 그 마음을 십자가 앞에서 죽이는 것입니다. "하나님, 세상이 뭐라고 해도 인간은 하나님으로만 진정 기뻐할 수 있는

존재입니다. 저는 그 말씀을 믿습니다." 이렇게 고백해야 합니다. 그래야
잘못된 가치에 넘어가지 않고 진리 안에 설 수 있습니다.

하나님의 두 가지 계획

이사야서 32장의 주제는 "애굽의 군대를 바라보지 말고, 세상의 강
한 것을 의지하지 말고, 돌아와 하나님을 바라보라"는 것입니다. 그럴 때
하나님이 우리를 향해 가지고 계신 계획이 두 가지가 있습니다.

첫째, "한 왕을 줄 것이다." 그 왕은 예수님입니다.

보라 장차 한 왕이 공의로 통치할 것이요 방백들이 정의로 다스릴 것이며 (사 32:1)

둘째, "하늘로부터 영을 부어 주겠다." 성령을 부어 주시겠다는 것입니다.

마침내 위에서부터 영을 우리에게 부어 주시리니 광야가 아름다운 밭이 되며 아
름다운 밭을 숲으로 여기게 되리라 (사 32:15)

가장 좋으신 예수님을 왕으로 섬기며, 성령을 따라 살아가는 삶, 그
런 최고의 행복을 선물로 주시겠다는 것입니다. 개인주의에 붙들려 있
는 우리가 생각하는 이상적인 삶은 내가 세상의 중심(왕)이 되고, 내가 하
고 싶은 대로 사는 것이고, 그것이 최고의 행복이라고 생각합니다.

그러나 아닙니다. 그렇게 살면 자아가 파괴됩니다. 나는 이 땅 위에

잠깐 머무는 작은 존재입니다. 나를 초월하는 전능하신 왕, 나에게 존재 목적을 부여하고 삶의 의미를 가르쳐 주시는 왕, 나를 위해 모든 것을 해 주시려 하고 그럴 능력이 있으신 왕, 그런 왕이 있다는 것은 너무나 큰 복입니다. 그리고 그분과 연합하여 하나 됨의 기쁨을 누리는 것이야말로 진정한 행복입니다. 이것을 철학 용어로 표현하면 '하늘과 땅이 만나는 것'입니다.

며칠 전에 친구 목사님과 대화를 나누는데 그분이 이렇게 말했습니다. "나는 지금까지 많은 공부를 하고 책을 읽으면서 인간의 이성과 논리를 믿고 사랑했는데 이제는 내 논리와 판단을 믿을 수 없게 되었어." 왜냐하면 자기가 어떤 목사님을 비난했는데, 그럴 이유가 너무나 명백하고 증거도 많았다는 것입니다. 그래서 정확하게 비판하고 잘했다고 스스로 만족감에 빠져 있었는데, 어느 날 목사님들이 모여서 기도하는 중에 그 목사님에 대한 하나님의 평가를 들으면서 자기 평가와는 너무나 달라 충격을 받았다는 것입니다. 자신은 그 목사님의 말과 행동을 보고 판단했는데, 하나님은 그 목사님의 깊은 마음의 동기와 의도를 기쁘게 여기신다는 내용이었습니다.

그 후 그 목사님을 다시 보았는데 그분의 새로운 면을 알게 되었다고 합니다. 그때 친구 목사님은 인간이 얼마나 자기 논리에 빠져 있는지, 그리고 스스로의 논리에 얼마나 속을 수 있는지를 알았다고 했습니다. 내가 옳다고 하는 것이 얼마나 자기중심적인지, 그래서 인간의 논리와 지식을 넘어서는 성령의 인도가 절실하다는 것을 깨달았다고 했습니다.

여러분, 맹수들은 강하지만 인도자가 없습니다. 그들 스스로의 힘으로 살아가야 합니다. 그러나 양들은 약하지만 목자가 있으므로 걱정하지 않습니다. 많은 사람이 스스로 왕이 되어 스스로를 책임지는 인생을 살아가려고 몸부림을 칩니다. 그래서 인생이 피곤합니다. 이것은 행복이 아닙니다. 불행한 것입니다. 좋은 왕, 위대한 왕, 나를 사랑하는 왕이 있다는 것은 엄청난 축복입니다.

우리 왕은 어떤 분이신가

우리를 사랑하는 위대한 왕이 하시는 일은 세 가지입니다.

첫째, 주님은 우리의 피난처입니다.

또 그 사람은 광풍을 피하는 곳, 폭우를 가리는 곳 같을 것이며 마른 땅에 냇물 같을 것이며 곤비한 땅에 큰 바위 그늘 같으리니 (사 32:2)

주님은 광풍이 불고 폭우가 쏟아질 때 피할 수 있는 항구입니다. 또한 마른 땅, 사막에 흐르는 시냇물입니다. 그리고 큰 바위 그늘입니다. 주님은 그늘이 되십니다. 이스라엘 백성이 광야를 행진할 때 사막의 뜨거운 햇볕을 받으며 걸어갈 수 없었는데, 하나님이 구름 기둥으로 그늘을 만들어 주셔서 시원하게 구름 기둥을 따라 행진할 수 있었던 것을 생각하면 됩니다. 예수님은 인생에 광풍과 폭우를 만났을 때 피할 수 있는 분, 목마른 사막에서 오아시스처럼 내 영혼을 소생시키는 분, 작렬하는 태양의 열기 속에서 허덕일 때 그늘이 되어 주시는 분입니다. 쉴 곳이 없는 인생에게 진정한 피난처는 예수님뿐입니다.

둘째, 예수님은 치료자입니다.

보는 자의 눈이 감기지 아니할 것이요 듣는 자가 귀를 기울일 것이며 조급한 자
의 마음이 지식을 깨닫고 어눌한 자의 혀가 민첩하여 말을 분명히 할 것이라 (사
32:3-4)

인간은 근본적인 질병에 걸려 있습니다. 눈과 귀, 마음과 입이 병들
었습니다. 눈이 있어도 하나님을 보지 못합니다. 그 음성을 듣지 못합니
다. 우리 마음은 너무도 쉽게 미혹됩니다. 우리 입은 자기가 무슨 말을 하
는지도 모르고 말할 때도 많습니다. 그런데 예수님이 오셔서 우리의 눈
과 귀를 열어 주셔서 높은 곳을 보게 하시고, 하나님의 말씀을 듣게 하시
고, 마음으로 깨닫게 하시고, 입으로 신앙을 고백하게 해 주십니다. 우리
의 병든 몸과 마음과 영혼을 치료하시고 하나님을 알게 하십니다.

셋째, 예수님은 세상을 향한 분별력을 주시는 분입니다.

어리석은 자를 다시 존귀하다 부르지 아니하겠고 우둔한 자를 다시 존귀한 자라
말하지 아니하리니 (사 32:5)

하나님이 보시기에 어리석은 자, 우둔한 자를 세상은 존귀하다고 말
합니다. 위대한 사람이라고, 영웅이라고 생각합니다. 그런데 예수님의

말씀을 듣게 되면 분별력이 생겨서 세상의 정체를 알게 됩니다. 이 말씀에 이어서 "이는 어리석은 자는 어리석은 것을 말하며 그 마음에 불의를 품어 간사를 행하며 패역한 말로 여호와를 거스르며 주린 자의 속을 비게 하며 목마른 자에게서 마실 것을 없어지게 함이며"(6절)라고 말합니다. 진리를 알게 되면 세상이 얼마나 어리석고, 불의하며, 하나님을 거스르며, 목마른 자들을 더 목마르게 하고, 거짓말하는지 알게 됩니다. 즉 세상에서 대단해 보이고 알아주는 사람이라도 별것 아니라는 것입니다. 그러니까 세상을 부러워하고, 따라가고, 닮아 가려고 애쓸 필요 없다는 것입니다.

마라톤에서는 2시간 벽을 깨는 것이 목표이고, 100m 경주에서는 10초 벽을 깬 것을 놓고 열광하는데, 5분 더 걸리면 어떻고, 0.01초 더 빠르면 어떻고, 느리면 어떻습니까? 그렇다고 세상이 뒤집어지는 것도 아니고, 살고 죽는 것도 아닙니다. 휴대폰이 21세기 인류의 삶을 바꾸었다고 하지만 그것이 우리에게 얼마나 행복을 가져왔나요? 없을 때도 다 소식 전하며 살았어요. 요즘에 휴대폰을 보면서 시간 낭비하는 사람들이 너무 많습니다. 어두운 밤에 공원에 가 보면 요즘에는 휴대폰 불빛밖에 없습니다. 어두운 벤치에서 다 휴대폰을 들여다보며 앉아 있습니다. 그 자리에서 세상 소식을 다 알게 되니까 머리만 복잡해져요. 세상이 열광하는 것이 전부가 아닙니다. 대단한 사건, 대단한 사람, 하나님이 보실 때 별것도 아닙니다.

언제나 의지할 수 있는 왕이 있는가

그렇다면 정말로 세상에서 중요한 일, 존귀한 일이 무엇일까요?

존귀한 자는 존귀한 일을 계획하나니 그는 항상 존귀한 일에 서리라 (사 32:8)

예수님은 존귀한 분이시며, 존귀한 일을 하셨습니다. 이 땅에 오셔서 하나님이 누구신지, 우리가 어디서 왔고 어디로 가야 하는지, 어떻게 하나님의 자녀가 될 수 있는지, 구원과 영생의 길을 보여 주셨습니다. 그리고 세상의 본질을 알게 하시고, 이 세상이 다가 아니라는 것, 이 세상을 넘어서는 진정한 하나님의 나라를 가르쳐 주셨습니다. 이보다 더 존귀하고 중요한 일이 있습니까? 이것이 예수님이 하신 일입니다.

여러분에게는 이런 왕이 계신가요? 이런 예수님을 왕으로 섬기고 계신가요? 내가 너무 힘들고 어려우면 언제나 다가가서 안길 수 있고, 의지할 수 있고, 그 품에 안겨 울 수 있고, 그것을 다 받아 주고 해결해 주실 왕, 나를 사랑해서 자기 몸을 내어 줄 수 있는 그런 왕이 바로 예수님입니다. 그런 왕을 모시고 사는 사람과 그렇지 않은 사람은 전혀 다른 인생을 살아갈 수밖에 없습니다.

새벽에 일어나서 설교를 마무리하다가 이런 마음이 들었습니다. '몇 시간 후에는 강대상 앞에 서야 하는데, 이사야서 32장을 통해 주님께서 우리에게 하고 싶으신 말씀은 무엇일까? 그리고 이 말씀을 통하여 성도들은 힘을 얻고 세상을 이길 수 있어야 되겠는데, 나는 무슨 말씀을 전해야 하는가? 내용도 제대로 파악하지 못했고, 전할 능력도 없는데 어떻게 하면 좋지? 주님, 저를 이 막막함에서 건져 주소서.' 간절한 마음으로 기도했습니다.

그런데 사진 한 장이 보였습니다. 전투기가 날아가고 있는데, 거대한 공중 급유기가 다가오더니 파이프를 뽑아서 전투기에 연결해 기름을 공급하는 사진이었습니다. 공중 급유 장면입니다. 그 순간 느꼈습니다. '하나님께서 예배 현장에서 나에게 기름을 부어 주시겠구나. 사역을 잘 감당할 수 있도록 힘을 주시겠구나. 성도들의 마음을 위로하시고 새 힘을 주시겠구나.' 그 장면을 보고 참 행복했습니다. 힘들고 두려울 때 예수님이 나의 피난처가 되시는 것을 다시 확인했습니다.

그래서 이렇게 기도했습니다. "감사합니다, 하나님. 바라기는 우리 성도들에게 위기가 닥칠 때 도움이 필요할 때 제게 보여 주신 장면, 공중 급유의 은혜가 그들의 삶의 현장에 임하기를 원합니다. 또한 성도들의 눈과 귀를 열어 주셔서 하나님의 말씀을 들을 때 깨닫고, 이해하고, 마음의 변화를 받아서 그들의 입술에 신앙고백이 살아나게 하소서. '하나님은 살아 계신다. 예수님은 나의 왕이시다. 나는 성령의 인도를 따라가리라.' 이렇게 고백하게 하소서. 그리고 세상을 부러워하지도 말고, 본받으려 하지도 말고, 무서워하지도 말고, 세상 속에서 하나님의 사람으로 존귀하게 살아가게 하소서."

후회 없는 인생을 사는 비결

우리에게는 이렇게 좋은 왕이 계시는데, 왜 사람들은 예수님을 따라가지 않을까요? 왜 자기 고집과 욕심을 따라갈까요? 세상의 가치관에 물들었기 때문입니다. 세상을 더 사랑하고, 세상에 취했기 때문입니다.

> 너희 안일한 여인들아 일어나 내 목소리를 들을지어다 너희 염려 없는 딸들아 내 말에 귀를 기울일지어다 (사 32:9)

하나님을 믿지만 이렇게 세상에 취한 사람들을 "안일한 여인들", "염려 없는 딸들"이라고 합니다. 세상 물정 모르는 철없는 여자들이란 말인데, 이 말은 그 당시 여성들을 가리키는 말이 아닙니다. 유다 백성, 예루살렘 주민들을 의미합니다.

> 너희 염려 없는 여자들아 일 년 남짓 지나면 너희가 당황하리니 포도 수확이 없으며 열매 거두는 일이 이르지 않을 것임이라 (사 32:10)

지금 잠깐 동안 하나님께서 평안을 주셨는데, 1년 정도 있으면 다시 황폐해지고 농사지은 것을 거둘 수 없는 어려운 시간이 올 것이라는 말씀입니다. 그러므로 하나님이 주신 이 짧은 기회를 놓치지 말고, 회개하고 하나님께로 돌아와야 합니다. 그렇게 하면 1년 후에 내리기로 하신 어려운 사건이 일어나지 않을 수도 있습니다.

그런데 이런 경고의 말씀을 들으면서도 그들은 안일하게 생각했습니다. 9절 끝에 이런 말씀이 나옵니다. "내 말에 귀를 기울일지어다." 말씀의 경고에 귀를 기울이고, 마치 그 사건이 일어난 것처럼 받아들이고, 베옷을 입고, "이래서는 안 되지. 하나님 제대로 믿어야지. 정신 차리고 하나님께로 돌아가자"며 말씀에 대한 경각심을 가지고 바르게 응답해야 하는데, 예루살렘 사람들은 안일한 여인들처럼 세상에 빠져서 "1년이 있으면 전쟁이 일어난다니, 설마 그런 일이 있겠나? 애굽 군대가 와서 도와주면 되는 것 아닌가?" 하며 말씀의 경고를 무시했습니다. 그러다가 사건이 꽝, 터진 후에 "아이고, 큰일 났네!" 하지 말라는 것입니다.

그런데 그렇게 하나님께로 돌아와 새사람 되는 것이 나의 인간적인 노력이나 인격이나 수고로 가능한 것일까요? 안 됩니다. 우리는 그럴 수 있는 사람이 못 됩니다. 그러나 예수님을 왕으로 모시고, 그 말씀에 순종하며 응답하려고 애를 쓸 때 어떤 일이 일어날까요? "마침내 위에서부터 영을 우리에게 부어 주시리니"(15절)라고 합니다. "마침내"는 자기를 신뢰하던 마음을 내려놓고, 하나님의 말씀에 응답하여 하나님을 붙잡을 때입니다. 그때 "하늘에서 영을 부어 주신다"고 합니다. 그래서 성령을 따라 살아가는 삶으로 우리를 이끌어 가시겠다는 말입니다.

저는 이런 질문을 받은 적이 있습니다. "성령을 받으면 어떻게 되나요? 성령을 따라가면 저는 허수아비가 되는 것 아닌가요?" 저는 말했습니다. "그렇지 않습니다. 성령을 따라가면 하나님이 원하시는 나, 마땅히 되어야 할 나, 진정한 내가 되는 것입니다." 예수님을 왕으로 섬기고, 성령을 따르는 삶이 가장 이상적이요, 후회 없는 인생을 사는 비결입니다. 우리가 지금까지 어떻게 살아왔든지 앞으로 남은 인생은 예수님을 왕으로 인정하고, 성령을 따라 살아가는 행복한 삶이 되기를 축원합니다.

"내가 주인이 된 삶, 내 욕심을 따르던 삶에서 예수님을 왕으로 모시고, 성령을 따라 사는 삶으로 변화되게 하소서."

살아 계신 하나님!

예수님을 왕으로 모시고 살아가는 행복한 주님의 백성이 되게 하소서.
주님을 통해 위로받고, 치료받고, 세상을 바로 알게 하소서. 세상의 잘
못된 가치관에 속지 않게 하시고, 세상을 바라보며 두려워하거나 부러
워하지 않게 하소서. 위로부터 부어 주시는 성령을 따라 살게 하소서.
그래서 하나님이 원하시는 나, 진정한 나, 마땅히 되어야 할 내가 되게
하소서. 평화와 기쁨을 누리게 하소서.

함께 이야기하기

[1] 위대한 왕이 하는 세 가지 일은 무엇인가요?

[2] 후회 없는 인생을 사는 비결은 무엇인가요?

[3] 하나님의 말씀을 듣고 순종했을 때 하나님께
　　서 베푸신 은혜가 있다면 나눠 봅니다.

03

여호와를 경외하는 마음

이사야 33:6

어떤 성도님이 저에게 이런 질문을 했습니다. "목사님, 하나님은 좋으신 분이잖아요? 모든 것을 창조하시고, 나를 사랑하시고, 내게 모든 것을 주신 분이 하나님이라는 것을 믿습니다. 이것을 머리로는 알겠는데, 마음으로는 좀 무섭습니다. '좋으신 하나님, 좋으신 하나님, 참 좋으신 나의 하나님…' 하며 찬송을 부를 때에도 '하나님을 더 좋아하고 싶다'는 생각을 합니다. 하지만 나는 왜 하나님을 무서워하는지, 그리고 어떻게 하면 하나님을 더 좋아할 수 있는지 그 방법을 말씀해 주세요."

저는 대답했습니다. "참 좋은 질문입니다. 대부분의 성도님들도 그런 마음일 것입니다. 하나님이 무서운 이유는 첫째, 우리가 죄인이기 때문입니다. 하나님은 소멸하는 불이시거든요. 우리 죄를 심판하고 태우고 소멸하는 분입니다. 그러므로 죄인에게는 두려움이 생기죠. 그런데 더 중요한 이유가 있습니다. 하나님을 가까이하면 내가 손해를 볼 수 있다고 생각하기 때문입니다. 하나님은 내가 좋아하는 것을 빼앗는다고 착각하는 것입니다."

올바른 관계를 맺는 원칙

우리가 하나님과 올바른 관계를 맺으려면 원칙이 있습니다. 하나님은 우리와 관계하실 때 언제나 1번이어야 합니다. 다시 말하면 내가 사랑하는 모든 것(가족, 돈, 건강 등)보다 하나님이 먼저이고, 더 우선이며, 중요해야 합니다. 그것이 하나님과 나와의 올바른 관계입니다. 그런데 사실은 하나님보다 더 내가 사랑하고 좋아하고 중요하게 여기는 것들이 많습니다. 그것들을 내려놓아야 합니다.

예를 들면 돈이 우리에게 얼마나 중요합니까? 그러다 보니 얼마나 좋아하고 의지합니까? 그런데 하나님과 올바른 관계를 맺으려면 돈보다 더 하나님을 사랑해야 합니다. 그런데 이것이 쉽지 않습니다. 돈을 사랑하는 마음이 너무 강하기 때문입니다. 그 마음을 잘라 내려면 엄청난 고통이 따라옵니다. 이것을 손해라고 생각합니다.

여러분은 모두 자녀를 사랑하지요? 그러나 하나님을 올바로 사랑하려면 자녀를 사랑하는 마음을 내려놓아야 합니다. 아브라함을 생각해 보십시오. 이삭이 없을 때는 하나님이 제일이었습니다. 그런데 이삭이 생기자 이삭이 모든 기쁨과 만족의 근원이 되었습니다. 이삭이 없으면 살 수가 없게 되었습니다. 이삭을 하나님보다 더 사랑하게 되었습니다.

어느 날, 하나님이 아브라함에게 이삭을 제물로 바치라고 하십니다. 아브라함은 모리아산으로 가면서 많은 생각을 합니다. '이삭이 원래 내 것이었는가? 아니다. 그 아이는 없었다. 하나님이 주신 선물이다. 그런데 어느새 선물을 주신 하나님보다 하나님이 주신 선물을 내가 더 사랑했구나. 하나님보다 이삭을 더 사랑하는 그 마음을 내려놓아야 한다'는 것을 깨닫습니다. 이것이 아브라함에게는 너무나 큰 고통이었습니다.

이삭을 묶고 제단에 바치려고 했을 때 하나님이 막으셨습니다. "아브라함아, 그 아이에게 손을 대지 말라. 네가 나를 경외하는 줄을 이제야 알았노라." 아들을 바치려고 칼을 든 순간, 아브라함의 마음에서 이삭을 사랑하는 마음이 죽었습니다. 그 순간, 아브라함과 하나님의 관계가 제자리로 돌아왔습니다. 동시에 이삭과 하나님의 관계도 올바로 되었습니다. 이제야 비로소 아브라함은 하나님 안에서 아들을 제대로 사랑하게 되었습니다. 이삭도 하나님 안에서 아버지를 제대로 사랑하고 존경하게 되었습니다. 두 사람은 진정한 아버지와 아들이 됩니다.

여러분, 하나님과 어떤 관계를 맺고 싶으세요? 올바른 관계를 맺고 싶습니까, 아니면 잘못된 관계를 맺고 싶습니까? 올바른 관계란 하나님이 어떤 경우에도 1번이 되시는 것입니다. 하나님보다 더 소중한 것이 아무것도 없어야 합니다. 그런데 대부분의 사람들은 하나님과의 관계를 올바르게 세우고 싶다 하면서도 하나님보다 더 사랑하는 것이 있습니다. 그리고 내가 하나님보다 더 사랑하는 것을 내려놓는 것을 손해라고 생각합니다. 그래서 자기도 모르게 하나님을 두려워합니다.

그런데 여러분, 본래 내 것이 있었나요? 자녀도 물질도 내 생명도 다 하나님으로부터 받은 것 아닙니까? 하나님과의 올바른 관계를 위해 이것을 내려놓는 것이 손해인가요? 아닙니다. 잘못된 것을 바로잡는 것이지요. 하나님은 좋은 분입니다. 내가 좋아하는 것을 빼앗아 가시는 분이 아닙니다. 오히려 하나님과 나와의 관계를 바로잡고, 그 안에서 모든 것을 누리라고 하십니다. 그런데 사탄은 이것을 손해라고 느끼게 만듭니다. 우리를 속이는 것입니다.

하나님을 사랑하면 된다

시온의 죄인들이 두려워하며 경건하지 아니한 자들이 떨며 이르기를 우리 중에 누가 삼키는 불과 함께 거하겠으며 우리 중에 누가 영영히 타는 것과 함께 거하리요 하도다 (사 33:14)

하나님이 앗수르를 진멸시키셨습니다. 하나님이 베푸신 기적을 보며 남유다 사람들은 너무나 좋아했습니다. 그런데 유대인들 중에 어떤 사람들은 그것을 좋아하면서도, 이상하게 하나님을 두려워했습니다. 어떻게 "삼키는 불"과 같은 하나님과 함께할 수 있겠는가, 그 옆에 있다가 나도 타 버릴까 무섭다는 말입니다. 그러자 하나님이 말씀하십니다.

> 오직 공의롭게 행하는 자, 정직히 말하는 자, 토색한 재물을 가증히 여기는 자, 손을 흔들어 뇌물을 받지 아니하는 자, 귀를 막아 피 흘리려는 꾀를 듣지 아니하는 자, 눈을 감아 악을 보지 아니하는 자, (사 33:15)

왜 갑자기 이런 사람들이 등장할까요? 이 사람들은 하나님을 사랑하는 사람들을 의미합니다. 십계명을 잘 지키는 방법이 뭘까요? 하나님을 사랑하면 됩니다. 전문 용어로는 1계명을 잘 지키면 됩니다. 그럼 나머지 계명을 다 지킬 수 있습니다. 1계명은 "너는 나 외에는 다른 신들을 네게 두지 말라"입니다. 즉 '네 마음속에 하나님 한 분만을 섬겨라. 하나님만 사랑하라'는 말입니다. 그러면 됩니다.

예언서를 보면 선지자들이 백성들을 꾸짖으면서 왜 너희는 하나님을 사랑하지 않느냐고 하면서 이런저런 계명을 지키지 않았다고 지적합니다. 왜 그런 말을 했을까요? 사람의 마음을 본 것이 아닙니다. 그가 하나님을 사랑하는지, 안 하는지 어떻게 알겠습니까? 그런데 계명을 지키는지, 안 지키는지를 보면 정말 하나님을 사랑하는지, 사랑하지 않는지 알 수 있습니다. 그래서 하나님을 사랑하면 15절처럼 된다는 것입니다. 이어지는 16절은 하나님은 이렇게 하나님을 사랑하는 자에게 모든 좋은 것을 다 주시는 분이라고 설명합니다.

> 그는 높은 곳에 거하리니 견고한 바위가 그의 요새가 되며 그의 양식은 공급되고
> 그의 물은 끊어지지 아니하리라 (사 33:16)

"너희가 나를 무서워하는데, 나는 무서운 하나님이 아니다. 나를 사
랑하면 손해를 볼 수 있다고? 아니다. 나는 나를 사랑하는 자에게 모든
것을 주는 하나님이다." 이렇게 말씀하신 것입니다. 그런데 왜 우리는 하
나님을 두려워하는 것입니까? 하나님의 선물을 내 것이라고 착각하기
때문입니다. 그리고 그것을 하나님보다 더 사랑하기 때문입니다.

그렇다면 어떻게 해야 하나님을 모든 것보다 더 사랑할 수 있을까
요? 하나님보다 더 사랑하는 것들을 십자가 앞에서 죽이면 됩니다. "하
나님보다 더 사랑하는 것이 없게 하소서. 하나님을 제일 사랑하게 하시
고, 나머지는 하나님 안에서 사랑하게 하소서." 이것을 고백해야 합니다.
여기에 참 자유와 기쁨이 있습니다. 그럴 때 내가 사랑하는 모든 것이 하
나님 안에서 복이 되는 것입니다.

기도가 해결책이다

이사야서 32장에서 하나님은 우리가 하나님께로 돌아오면 우리에
게 최고의 왕을 주시고, 성령의 인도를 따라가는 삶을 허락해 주겠다고
하셨습니다. 그런데 그 왕을 경외할 때 어떤 삶이 전개되는지에 대한 내

용이 이사야서 33장의 주제입니다.

지금 예루살렘은 어떤 상황입니까? 앗수르의 산헤립이 두 번째 쳐들어왔습니다. 처음에 쳐들어왔을 때 히스기야는 너무나 두려워서 항복했습니다. 그러자 앗수르는 은 300달란트와 금 30달란트를 요구했습니다. 그 많은 양을 마련할 수 없자 성전 기둥에 입힌 금까지 벗겨서 바치고 겨우 살아남았습니다. 그런데 앗수르는 그것을 받고 나서 약속을 어기고 다시 쳐들어왔습니다.

> 너 학대를 당하지 아니하고도 학대하며 속이고도 속임을 당하지 아니하는 자여 화 있을진저 네가 학대하기를 그치면 네가 학대를 당할 것이며 네가 속이기를 그치면 사람이 너를 속이리라 (사 33:1)

앗수르 군대를 향한 예언입니다. 어떤 나라도 앗수르를 학대하거나 속인 적이 없는데, 그들은 다른 나라들을 학대하고 속이고 잔인하게 짓밟았습니다. 하나님이 그들을 몽둥이로 사용하려고 힘을 주셨는데, 자기 주제를 모르고 날뛰었습니다. 그것을 심판하시겠다는 것입니다.

이렇게 강한 군대가 쳐들어와서 온 나라를 짓밟을 때 나라가 망하게 된 상황에서 유다가 할 수 있는 일이 무엇일까요? 인간적으로는 아무것도 없습니다. 그러나 그런 순간에도 하나님의 백성이 할 일이 있습니다. 기도하는 것입니다.

> 여호와여 우리에게 은혜를 베푸소서 우리가 주를 앙망하오니 주는 아침마다 우리의 팔이 되시며 환난 때에 우리의 구원이 되소서 (사 33:2)

"우리는 힘이 없고, 할 수 있는 것이 아무것도 없습니다. 그리고 자격도 없습니다. 오직 기대할 것은 하나님의 은혜밖에 없습니다. 너무나 나약합니다." 이런 기도가 해결책이 될 수 있을까요? 이렇게 기도한다고 강한 적들이 물러갈까요? 그렇습니다. 왜냐하면 하나님은 살아 계시고, 기도하는 자에게 은혜를 베푸시며 자기 백성을 위해 일어나시는 분이기 때문입니다. 그 기도의 결과가 3-4절에 나옵니다.

> 요란한 소리로 말미암아 민족들이 도망하며 주께서 일어나심으로 말미암아 나라들이 흩어졌나이다 황충의 떼같이 사람이 너희의 노략물을 모을 것이며 메뚜기가 뛰어오름같이 그들이 그 위로 뛰어오르리라 (사 33:3-4)

환상을 보았는데, 주께서 일어나셨습니다. 그래서 하나님의 천사들이 앗수르 군대를 쳐서 하룻밤에 18만 5천 명이 죽습니다. 그러자 앗수르 군대는 황급하게 철수합니다. 그 사건을 예언하는 것입니다. "앗수르 군대가 황충의 떼처럼 다른 나라들을 쳐들어가서 많은 것을 빼앗았는데, 이제는 반대로 유다 사람들이 그들을 추격하며 전리품을 취할 것이다. 상상할 수 없는 일이 벌어질 것이다. 그래서 하나님이 악인을 심판하시고 정의와 공의를 이루실 것이다"(5절). 그 결과 "나라에는 평안이 찾아오고, 구원과 영적인 지혜와 지식이 풍성해질 것이다"(6절). 이렇게 예언하는 것입니다.

경외함이 보배다

이렇게 된 것은 오직 하나님의 은혜입니다. 그런데 그 은혜를 현실화하는 비결이 뭘까요? 바로 "여호와를 경외함"입니다.

네 시대에 평안함이 있으며 구원과 지혜와 지식이 풍성할 것이니 여호와를 경외함이 네 보배니라 (사 33:6)

우리는 "하나님을 경외한다"는 말을 자주 하는데, 정말 경외란 무엇인가요? 그 개념을 정확하게 알아야 합니다. 두려움에는 두 종류가 있습니다. 하나는 경외이고, 또 하나는 공포입니다. 경외는 그 대상이 없는 것을 두려워하는 것이고, 공포는 있는 것을 두려워하는 것입니다. 예를 들어 보겠습니다. 돈은 있으면 두려운가요, 없으면 두려운가요? 없으면 두렵죠. 그렇다면 돈은 경외의 대상이 됩니다. 나쁜 사람들은 없으면 두려운가요, 있으면 두려운가요? 있으면 두렵죠. 이것은 공포의 대상이 되는 것입니다.

하나님이 원하시는 것은 하나님 경외로 모든 공포를 이기라는 것입니다. 하나님은 임마누엘의 하나님입니다. 나와 함께하십니다. 그러므로 나도 하나님과 함께하려는 마음을 가져야 합니다. "하나님과 함께하고 싶다. 하나님이 없으면 안 된다." 하나님이 없는 것을 두려워하는 마음, 하나님만 계시면 충분하다는 마음, 이렇게 하나님을 꼭 붙잡는 마음이 경외입니다. 경외함이 있을 때 우리는 하나님과 함께할 수 있습니다. 하나님과 함께한다면 무엇이 두렵겠습니까? 무엇이 부족하겠습니까?

그러므로 경외함이 보배입니다.

"여호와를 경외함이 네 보배니라"(6절). 이 말씀을 여러분 인생의 좌우명과 가훈으로 여기고, 언제나 잊지 않고 살아가기를 바랍니다. 우리에게 가장 필요한 것이 무엇입니까? 물질입니까? 건강입니까? 인맥입니까? 아닙니다. 여호와를 경외하는 마음이 가장 필요합니다.

"뭐가 없으면 두렵습니까?" 물었더니 어떤 분은 휴대폰이라고 하더군요. 맞습니다. 휴대폰이 없으면 외출도 못합니다. 나가다가 휴대폰이 없으면 "아차!" 하고 다시 들어와서 가지고 나가야 합니다. 그런데 하나님은 없어도 불편함을 느끼지 못합니다. 너무도 좋아서 없으면 무서운 것, 없으면 못 견디는 것을 경외라고 했습니다. 하나님을 간절히 필요로 하는 마음이 경외입니다. 여러분, 다 없어도 됩니다. 여호와를 경외하는 마음, 이것만 있으면 하나님이 나와 함께하시고 내 삶을 책임지십니다. 그래서 여호와를 경외함이 보배인 것입니다.

하나님을 경외할 때 하시는 일

하나님을 경외할 때 하나님께서 어떻게 하시는지 몇 가지만 찾아보겠습니다.

너희가 겨를 잉태하고 짚을 해산할 것이며(사 33:11상)

적들이 나를 공격해도, 하나님의 능력이 나타나심으로 나를 향한 공격이 보잘것없는 겨와 짚처럼 아무 위험이 되지 않고 헛수고가 될 것입니다.

> 네 마음은 두려워하던 것을 생각해 내리라 계산하던 자가 어디 있느냐 공세를 계량하던 자가 어디 있느냐 망대를 계수하던 자가 어디 있느냐(사 33:18)

마침내 적들이 다 사라지고 눈에 보이지 않게 될 것입니다.

> 네 돛대 줄이 풀렸으니 돛대의 밑을 튼튼히 하지 못하였고 돛을 달지 못하였느니라 때가 되면 많은 재물을 탈취하여 나누리니 저는 자도 그 재물을 취할 것이며
> (사 33:23)

적들은 마치 파선한 배처럼 철저하게 패배할 것입니다. 반면에 하나님을 경외하는 주의 백성에게는 안정과 평강을 보장해 주십니다.

> 우리 절기의 시온성을 보라 네 눈이 안정된 처소인 예루살렘을 보리니 그것은 옮겨지지 아니할 장막이라 그 말뚝이 영영히 뽑히지 아니할 것이요 그 줄이 하나도 끊어지지 아니할 것이며(사 33:20)

이스라엘 백성은 3대 절기 때 전국에서 남자들이 다 시온성, 예루살렘에 모여 축제를 벌입니다. 일주일 내내 즐거운 잔치가 전국적으로 벌어집니다. 그때는 온 도성에 기쁨이 넘칩니다. 모든 사람이 기쁨으로 충만합니다. 여호와를 경외하는 자에게 그런 기쁨을 주시겠다는 것입니

다. 그리고 하나님은 우리 몸과 마음과 영혼을 치유하십니다.

> 그 거주민은 내가 병들었노라 하지 아니할 것이라 거기에 사는 백성이 사죄함을
> 받으리라(사 33:24)

우리는 세상을 살아가면서 "줄을 잘 서야 한다"는 말을 자주 듣습니다. 하지만 세상의 줄은 별것 아닙니다. 세상의 줄이 아닌 하나님을 붙잡아야 합니다. 마음을 둘 곳이 없고 어디로 가야 하는지 목적도 없는 인생들이 세상에 얼마나 많습니까? 그러나 하나님을 경외하면 하나님이 우리의 닻이 되어 주시고 돛이 되어 주십니다. 하나님이 내 인생의 닻이 되시면 흔들리는 세상 속에 살아도 흔들리지 않는 인생이 될 수 있습니다. 더 나아가서 하나님이 돛이 되시면 어디로 가야 할지 모르는 인생 속에서 목적이 분명한 삶을 살아갈 수 있습니다.

하나님이 원하시는 것은 오직 여호와를 경외하는 것입니다. 그러므로 여호와를 경외하는 것이 우리의 보배입니다. 지금까지 어찌 살았든지 앞으로 남은 날 동안 하나님을 경외하는 삶을 사시고, 여호와를 경외하는 자에게 주신 약속을 삶에서 경험하는 여러분 되기를 축원합니다.

> "'여호와를 경외함이 네 보배니라'라는 말씀을 결코 잊지 않고 살게 하소서."

임마누엘의 하나님!

유다 사람들은 여호와 경외를 잃었을 때 적들 앞에서 공포에 떨었습니다. 그러나 여호와를 경외했을 때 적들을 두려워하지 않고 물리쳤습니다. 세상에 소중한 것이 많지만 여호와를 경외하는 것보다 더 큰 보배는 없음을 알게 하시고, 우리와 우리 자손들이 여호와 경외를 배우고, 가르치며, 저도 그렇게 살게 하소서. 나에게는 이것이 없다, 저것이 없다고 걱정하거나 불평하지 말게 하소서. 여호와를 경외하는 마음이 없는 것을 안타깝게 여기고 언제나 하나님을 가까이하고 하나님 없이는 살 수 없다는 마음, 하나님으로 꽉 찬 마음, 여호와를 경외하는 마음으로 살게 하소서.

함께 이야기하기

[1] 하나님과 올바른 관계의 원칙은 무엇인가요?

[2] 하나님을 경외한다는 것의 의미는 무엇이고,
    하나님을 경외할 때 하나님께서는 어떤 일들
    을 하실까요?

[3] 하나님을 경외함으로 삶의 어려움을 이겨 낸
    적이 있다면 나눠 봅니다.

04

역사의 주인 되시는 하나님

이사야 34장, 35:1-4

제가 잘 알고 있는 어느 분의 이야기입니다. 그분은 하루에 세 종류의 일기를 씁니다. 첫째는 있었던 사실을 그냥 단순하게 기록하고, 둘째는 거기에 대하여 자기가 느낀 것, 솔직한 자기 생각을 기록합니다. 마지막으로는 하나님의 마음을 기록합니다. 하나님의 눈으로 자기 하루를 평가하고, 자기의 생각과 말과 행동에 대해 하나님이 어떻게 말씀하시는가, 기도하고 받아 적습니다.

저는 질문했습니다. "아니, 한 가지 입장에서 기록하는 것도 쉽지 않을 텐데 세 가지 입장에서 기록하다니 너무 힘들지 않으세요? 시간도 많이 걸릴 것 같은데 매일 그것이 가능합니까?" "처음에는 힘들었지요. 그러나 이제는 습관이 되어 괜찮아요. 오히려 그 시간을 기다립니다. 일기를 쓰는 시간이 하루 중에서 가장 소중하거든요. 저는 그 시간을 통해 위로와 치료를 받기도 하고, 책망과 경고를 들으면서 하나님 앞에 서는 시간을 갖습니다."

"하나님의 마음으로 기록하는 것이 잘됩니까?" 그러자 그분은 이렇게 말했습니다. "때로는 내 생각이 맞다고 생각했는데, 하나님의 마음으로 그것을 바라보면 얼마나 잘못된 것인지 느껴지곤 해요. 그럴 땐 정말 부끄럽지요. 그런가 하면 내 생각을 하나님이 인정하고 칭찬해 주실 때는 큰 위로와 감격을 맛보기도 합니다. 이런 과정을 통해 지금도 하나님을 알아 가고 있습니다. 하나님이 나에게 얼마나 깊은 관심을 가지고 있는지, 얼마나 섬세하게 말씀하시는지 놀랄 때가 많습니다. 저는 일기를 통해 '무엇이 진짜 사실인가?'를 배웠습니다. 내가 생각하는 것, 사람들이 말하는 것도 사실이 아닙니다. '하나님이 어떻게 바라보시는가?'가 진짜 사실입니다. 내 생각보다 하나님 생각이 더 옳습니다."

올바른 역사 이해

세 가지로 일기 쓰는 방법을 세계 역사에 대입해 봅시다. 역사에는 세 가지 관점이 있습니다. 있는 그대로의 사실을 기록하는 것, 발생한 사실 자체가 역사라는 입장입니다. 이것을 '실증주의 역사관'이라고 하는데, 대표적인 학자가 독일의 레오폴트 폰 랑케(Leopold von Ranke)입니다.

한편 역사란 발생한 사건과 그것을 바라보는 역사가의 상호 대화라고 생각하는 입장도 있습니다. 다시 말하면 사실 자체에 해석을 더한 것이 역사라는 것입니다. 이것을 '상대주의 역사관'이라고 하는데, 대표적인 학자는 영국의 에드워드 카(Edward Hallett Carr)입니다.

그런데 이것을 뛰어넘는 또 다른 역사관이 있습니다. 곧 '구원 역사'인데, 하나님의 입장에서 바라보는 역사입니다. 그러니까 인간의 눈에 보이는 객관적인 역사가 있지만, 그것이 다가 아닙니다. 그 속에는 보이지 않는 하나님의 뜻이 들어 있습니다. 이것이 올바른 역사 이해입니다.

유다 백성은 하나님을 경외함으로 앗수르에 대한 공포를 이겨 내고 하나님을 붙잡았습니다. 그런 유다를 위해 하나님이 일어나 앗수르를 물리치시고, 여호와를 경외하는 자에게 어떠한 은혜를 베풀 것인지 말씀하셨습니다. 그 사건으로 인해 앗수르는 철수했고, 곧바로 멸망합니다. 당시 세계 최강국이었던 앗수르가 역사 속에서 완전히 사라지는 이 엄청난 사건을 바라보면서 이사야는 이제 역사의 종말에 대해 선포합니다. 지금 사람의 눈에는 앗수르라는 나라가 망하는 것에 불과하지만 좀 더 정확하게 말하면 그 속에는 하나님의 심판이 들어 있고, 시야를 확대해 보면 역사의 끝에는 온 세상을 향한 하나님의 심판이 있을 것입니다.

하나님의 심판방식

이사야서 34-35장은 세상 역사와 구원 역사가 어떻게 서로 교차하면서 역사를 완성해 가는지 설명합니다. 34장의 주제는 "심판"이고, 35장의 주제는 "구원"입니다. 먼저 심판에 대한 이야기입니다.

> 열국이여 너희는 나아와 들을지어다 민족들이여 귀를 기울일지어다 땅과 땅에 충만한 것, 세계와 세계에서 나는 모든 것이여 들을지어다 (사 34:1)

열국과 민족들, 땅과 땅에 충만한 것들, 이 세상 모든 만물이 듣고 알아야 할 것이 있습니다.

> 하늘의 만상이 사라지고 하늘들이 두루마리같이 말리되 그 만상의 쇠잔함이 포도나무 잎이 마름 같고 무화과나무 잎이 마름 같으리라 (사 34:4)

세상의 끝날이 있다는 것입니다. 그리고 그날에 하나님이 모든 것을 심판하실 것입니다. 하나님의 심판을 나타내는 용어가 나옵니다. "여호와의 칼"(34:5)입니다. 하나님이 그 칼로 세상을 심판하시는데 하늘에서 피를 흡족하게 마셨다고 했습니다. 다시 말하면 심판은 어설프지 않다는 것입니다. 아주 철저하다는 것입니다.

그 심판을 받을 대상은 에돔 사람들입니다. 왜 하필이면 에돔일까요? 에돔은 택함 받지 못한 자들입니다. 그러므로 항상 하나님에 대하여 적대감을 가지고 있습니다. 그리고 하나님의 백성을 핍박했습니다. 역사적으로 에돔 사람들은 적들에게 이스라엘 사람들을 넘겨주고 그들이 망할 때 너무너무 좋아서 춤을 추었습니다.

마지막으로 에돔의 특징이 나옵니다. 예언서 오바댜서를 보면 에돔에 대한 심판을 말씀하는데, 그들의 특징이 교만입니다.

너의 마음의 교만이 너를 속였도다 바위 틈에 거주하며 높은 곳에 사는 자여 네가 마음에 이르기를 누가 능히 나를 땅에 끌어내리겠느냐 하니 (옵 1:3)

네가 네 형제 야곱에게 행한 포학으로 말미암아 부끄러움을 당하고 영원히 멸절되리라 (옵 1:10)

종합하면 에돔 사람들은 하나님의 택함을 받지 못하고, 하나님의 백성을 괴롭히는, 아주 교만한 사람들입니다. 이 세상 사람들을 대표합니다. 그렇다면 하나님은 어떤 기준으로 그들을 심판하실까요? 갑자기, 감정에 의해서 심판하실까요? 아닙니다.

너희는 여호와의 책에서 찾아 읽어 보라 이것들 가운데서 빠진 것이 하나도 없고 제 짝이 없는 것이 없으리니 이는 여호와의 입이 이를 명령하셨고 그의 영이 이것들을 모으셨음이라 (사 34:16)

짝을 맞추어 보라고 했습니다. 어떤 사람들이 어떤 죄를 지었을 때 언제 어떻게 망한다는 말이 다 예언되어 있습니다. 시간이 지나면 정확하게 말씀대로 된다는 것입니다. 다시 말하면 심판은 아무렇게나 이루어지는 것이 아니라 미리 이런 사건이 있을 것이라고 예언하고, 시간이 지나면서 그대로 성취된다는 것입니다. 역사를 자세히 살펴보면 '아, 정말 그렇게 되는구나' 하고 인정할 수밖에 없다는 것입니다.

우주적인 구원의 역사

이사야서 35장은 구원에 관한 말씀입니다. 하나님을 모르는 자들, 대적하는 자들을 향한 심판이 있는가 하면, 동시에 하나님을 신뢰하고 의지하며 그 말씀을 따라 살려고 몸부림치는 자들에게는 그날에 구원이 이루어질 것입니다. 유다 백성이 하나님을 경외하고 하나님께 매달렸을 때 구원이 임했던 것처럼 역사의 종말에는 그 백성을 향한 우주적인 구원의 역사가 일어나겠다는 것입니다.

그런데 구원은 아주 복잡한 개념입니다. 그 구원의 이미지를 여러 가지로 설명합니다. 먼저는 자연의 회복을 말합니다.

광야와 메마른 땅이 기뻐하며 사막이 백합화같이 피어 즐거워하며 (사 35:1)

광야와 메마른 땅, 물이 없어서 말라비틀어진, 생명이 살 수 없는 황폐한 땅이 비가 내려서 옥토가 되고 백합화가 무성하게 피어나는 아름다운 곳이 되는 것처럼, 그런 엄청난 회복의 역사가 일어날 것입니다.

무성하게 피어 기쁜 노래로 즐거워하며 레바논의 영광과 갈멜과 사론의 아름다

움을 얻을 것이라 그것들이 여호와의 영광 곧 우리 하나님의 아름다움을 보리로 다 (사 35:2)

지명이 세 군데 나옵니다. 레바논, 갈멜, 사론입니다. 레바논은 나무가 울창한 숲 지대입니다. 갈멜은 풍요한 곡창 지대입니다. 사론은 아름다운 꽃이 만발하는 곳입니다. 유다 지역에 있는 가장 아름다운 세 장소를 말하면서 사막과 같이 메마른 곳이 그렇게 아름답고 풍요로운 곳으로 바뀌겠다는 것입니다.

그런가 하면 이어서 육신의 장애가 치료되는 것으로 말씀합니다. "맹인이 눈을 뜨고, 못 듣는 사람의 귀가 열리고, 말 못하는 사람이 노래하고, 다리를 저는 자가 사슴과 같이 뛰겠다"(35:5-6). 그런데 이것보다 더 완전한 구원은 무엇일까요? "영적으로는 하나님을 향하여 거룩한 길이 열리겠다"(35:8). 그 길로 누가 지나갑니까? 예수님의 피로 구속함을 받은 사람들만 갈 수 있는 길입니다. "구원을 받은 사람들을 해치는 것이 전혀 없겠다"(35:9)고 합니다.

마지막으로 그들에게는 "영원한 기쁨과 즐거움이 있을 것"(35:10)이라고 합니다. 다시 말하면 구원이 이루어질 때 자연도 변하고, 우리의 몸과 마음과 영혼이 다 새로워질 것이라는 말입니다.

그런데 이 말씀을 듣고 있는 유다는 지금 전쟁에 온 국토가 유린되고 무너지는 상황입니다. 사람들은 모두 다치거나 죽어 갑니다. 두려워서 어쩔 줄을 모릅니다. 도무지 희망이 보이지 않습니다. 그러나 미래에는 하나님의 구원을 보게 될 것입니다. 그 과정에는 심판도 있고 고난도 있겠지만, 결국은 하나님께서 구원으로 인도하시는 역사를 바라보라는 것입니다. 그러므로 우리가 할 일이 있습니다.

> 너희는 약한 손을 강하게 하며 떨리는 무릎을 굳게 하며 겁내는 자들에게 이르기
> 를 굳세어라, 두려워하지 말라, 보라 너희 하나님이 오사 보복하시며 갚아 주실
> 것이라 하나님이 오사 너희를 구하시리라 하라 (사 35:3-4)

하나님은 우리에게 약한 손을 강하게 하며 떨리는 무릎을 굳게 하라고 하십니다. 다 끝났다고 낙심하거나 포기하지 말고, 두려워하지도 말라고 말씀하십니다. 더 나아가 다른 사람들에게도 "하나님이 갚아 주시며 구원하여 주실 것"이라고 말하라고 하십니다. 이렇게 자신과 이웃에게 하나님의 구원을 선포하라는 것입니다.

역사의 결론

여러분, 이 세상의 역사가 어디로 흘러간다고 생각하십니까? 강대국이 의도하거나 이 세상의 지도자들이 예측하는 대로 흘러갈까요? 아닙니다. 하나님이 역사의 주인입니다. 그러므로 눈에 보이는 세속 역사가 엉망으로 흘러가고 내 뜻대로 진행되지 않아서 실망할 수도 있지만, 그 속에는 보이지 않는 하나님의 뜻이 들어 있습니다. 지금도 역사 속에서는 하나님의 뜻이 이루어지고 있습니다.

그 하나님의 뜻을 요약하면 '심판과 구원'입니다. 전쟁과 환난, 크고 놀라운 사건들이 우연이나 단순한 자연 현상일까요? 아닙니다. 그 속에

인간의 계획과 의도가 들어 있지만 그것을 넘어서는 하나님의 심판과 구원이 있는 것입니다.

악한 자를 향한 심판이 세상에서는 다 드러나지 않고 오히려 은폐되고, 죄인들이 영웅으로 대접을 받기도 합니다. 그러나 하나님의 심판은 절대로 없어지지 않습니다. 하나님의 자녀들을 향한 구원은 보이지 않고 세상에서는 오히려 핍박을 받고 있는 것 같지만, 아닙니다. 반드시 하나님의 구원이 임하고 찬송하며 기뻐할 날이 있겠다는 것입니다. 그래서 'history'(역사)란 'His Story'(하나님의 이야기)가 되는 것입니다. 지금 완벽한 심판이 없는 것 같고, 지금 완전한 구원이 보이지 않는다고 낙심하지 마세요. 이 세상 모든 사람에게 완전한 심판과 완전한 구원이 약속되어 있습니다.

미국의 역사학자 찰스 오스틴 비어드(Charles Austin Beard) 박사에게 기자들이 물었습니다. "박사님, 한평생 역사를 연구하셨는데, 역사의 결론이 무엇입니까?" 그러자 그는 이렇게 말했습니다. "네 가지입니다." 그가 말한 네 가지 중 첫째는 "하나님의 계획에는 차질이 없다"입니다. 벌은 꽃으로부터 꿀을 빼앗아 갑니다. 그러나 동시에 꽃가루를 옮겨 수정이 되게 하고 열매를 맺게 합니다. 역사를 보면 벌과 같은 강도들이 악을 행하지만, 그들을 통해서도 합력하여 선을 이루시는 하나님의 계획은 정확하게 이루어집니다. 둘째, "하나님의 맷돌은 천천히 돌아가지만 곱게 갈린다"입니다. 100년이란 시간은 길지만 인류의 역사로 보면 순간입니다. 역사를 압축해 보면 하나님의 심판은 신속하고 철저합니다. 셋째, "어두움이 깊을수록 별이 뚜렷하게 보인다. 그러므로 모든 게 끝났다거나 소망이 없다고 비관할 필요가 없다"는 것입니다. 암흑과 혼란이 깊어질수록 소망의 별이 나타날 때가 가까운 것이기 때문입니다. 넷째, "하나님이 망하게 하실 때는 교만하게 만드신다"는 것입니다. 개인이든 회사든 국가든 교만하면 망합니다.

하나님은 심판할 자를 심판하시고 구원할 자를 구원하십니다. 우리가 진정으로 심판과 구원을 믿는다면 우리의 삶은 변화될 것입니다. 심판이 확실하다면 아무렇게나 살지 않겠죠. 불의한 세상을 보며 낙심하거나 원망하거나 분노하지 않을 것입니다. 나도 막 살아야겠다는 잘못된 생각을 하지 않겠지요. 또한 구원이 확실하다면 끝까지 인내하고 소망을 가지고 그날을 기다릴 것입니다. 그래서 심판과 구원은 아주 중요합니다. 이것을 확실히 믿어야 합니다.

그럴 때 우리는 마침내 여호와의 영광, 곧 우리 하나님의 아름다움을 보게 될 것입니다(35:2). 심판과 구원을 통해서 하나님의 아름다움과 영광이 드러날 것입니다. 지금 사람들은 눈이 멀어서, 내 현실에 마음을 다 뺏겨서 하나님의 아름다움과 그 영광을 보지 못합니다. 그러나 그날에는 개인과 인류의 역사 속에서 하나님의 아름다움과 영광을 보게 될 것입니다.

여러분! 인생을 살고 보니 내 힘으로 산 것 같습니까? 내 힘이 아니라 하나님 은혜로 살았습니다. 내 인생의 지나온 날들을 겉으로 보면 주인공은 분명히 나였는데, 자세히 보니 내 인생의 진정한 주인공은 하나님이셨습니다. 그날에 누구에게 감사와 찬양을 드리겠습니까? 주인공은 하나님입니다. 이것이 하나님의 영광입니다. 하나님이 진정한 승리자입니다.

그런데 하나님의 아름다움이 무엇인지 잘 이해가 되지 않았습니다.

그래서 "하나님의 아름다움이란 무엇입니까?" 하고 기도했습니다. 이런 생각이 들었습니다. '이 세상 역사 속에 사람들의 눈물과 억울함이 얼마나 많겠는가? 그들의 모든 슬픔과 억울함을 누가 풀어 주겠는가? 이 세상의 수많은 죄, 그 죄를 누가 의롭게 심판하겠는가? 누가 그들의 교만을 꺾겠는가? 하나님을 바라보는 자들을 은혜에 감격하게 만드시고, 아들까지 주어 그 피로 구원하시는 사랑은 얼마나 아름다운가?'

그러니까 하나님의 아름다움이란 화장하고 옷을 예쁘게 입는 그런 차원의 아름다움이 아닙니다. '모든 죄를 심판하시고, 모든 인간의 소망을 이루어 주시고, 역사를 완성시키시는 하나님의 그 솜씨야말로 정말 아름다운 것이구나.' 이것을 깨닫고 나니 너무나 감격스러웠습니다. 눈에 보이는 창조 세계! 참 아름답습니다. 그러나 이 속에서 이루어지는 인간의 온갖 행위에 대해 가장 완벽하게 심판하고 구원하시는 하나님이야말로 가장 아름다운 분입니다. 그리고 하나님의 아름다움과 그 영광을 믿고 살 때 우리의 삶도 아름답고 영광스럽게 되겠구나 고백했습니다.

마지막 날에 우리는 터질 듯한 감격을 가지고 하나님의 아름다움과 영광을 보게 될 것입니다. 이것이 우리의 미래입니다. 그러므로 오늘도 불의 앞에서 낙심하거나 두려워하지 말고, 눈을 들어 높이, 멀리 보고, 하나님의 아름다움과 영광을 바라보며 달려가기를 축원합니다.

"역사의 주인이 되시는 하나님의 심판과 구원을 믿고 살게 하소서. 심판과 구원을 통해 하나님의 아름다움과 영광이 드러날 것입니다."

역사를 주관하시는 하나님 아버지!

이 세상의 역사가 사람들에 의해 좌우되는 것 같지만 사실은 하나님의 뜻대로 움직인다는 것을 결코 잊지 않게 하소서. 역사의 목적은 완전한 심판과 구원이며, 그 과정을 통해 하나님의 아름다움과 영광이 드러날 것을 알게 하소서. 그것을 믿고 오늘도 세상에 흔들리지 말고, 저 영원한 구원의 날을 바라보며 믿음으로 전진하도록 우리의 시야를 넓혀 주소서.

함께 이야기하기

[1] 역사의 결론은 무엇인가요?

[2] 하나님의 아름다움은 무엇인가요?

[3] 우리의 역사를 완성하시는 하나님을 신뢰할 때 오늘의 나는 하나님께 어떠한 고백을 드릴 수 있을까요?

05

지금 무엇을
믿고 있는가

이사야 36:4

어느 기독교 단체에서 질문이 왔습니다. "목사님, 지금 우리나라 자살 문제가 심각하지 않습니까? 아시는 바대로 우리나라의 자살률은 경제협력개발기구(OECD) 국가 중에서 가장 높습니다. 10년 동안 이 기록이 깨지지 않고 있는데, 더 심각한 것은 기독교인들도 예외가 아니라는 것입니다. 그래서 기독교인들을 위한 자살 방지 프로그램을 만들려고 하는데 꼭 포함되어야 할 내용이 뭔지 말씀해 주시면 고맙겠습니다." 이런 내용이었습니다.

저는 이렇게 몇 가지 조언을 해 주었습니다. "문제를 만났을 때 무엇을 바라보는가? 이것이 가장 중요합니다. 예를 들면 마태복음 26-27장에 보면 베드로와 가룟 유다가 예수님을 배반합니다. 그 후에 베드로는 통곡하고 돌아와서 초대교회의 지도자로서 자기 역할을 잘 감당했습니다. 그런데 유다는 자살로 그 생을 마감합니다. 똑같이 배신하고 똑같이 괴로워했는데, 어째서 한 사람은 더 충성된 사람이 되고 한 사람은 영영 돌아오지 못했을까요?

베드로는 괴로워하면서도 예수님을 바라보았습니다. 자기가 배신할 것을 아시면서도 끝까지 자기를 믿어 주고 사랑하시는 예수님을 바라보았습니다. 비록 큰 죄를 지었지만 그래도 자기가 예수님의 사랑 안에 있다는 것을 알았습니다. 그러나 가룟 유다는 끝까지 자신만을 바라보았습니다. 그리고 스스로 문제를 해결하려고 했습니다. 그런데 해결할 방법이 없자 자기 목숨을 끊은 것입니다.

그러므로 기독교인들의 자살을 방지하려면 아무리 절박한 상황에서도 하나님을 바라볼 수 있도록 가르쳐야 합니다. 인생의 가장 절박한 순간에 자기 스스로 문제의 해결자가 되려고 하면 희망이 없습니다. 그러나 문제의 진정한 해결자는 내가 아니라 하나님이시라는 것을 인정하고, 내가 지금도 그 사랑 안에 있는 존재라는 것을 잊지 않는다면 전혀 다른 선택을 할 수 있고 인생이 새로운 방향으로 전개될 수 있습니다. 결국은 올바른 신앙을 갖게 해 주어야 합니다. 그 프로그램에 이런 내용들을 포함시키면 좋을 것 같습니다."

문제가 없는 세상은 없습니다. 그러나 아무리 큰 문제를 만나도 하나님을 바라보면 됩니다. 하나님으로 내 마음을 꽉 채우면 하나님 앞에서 그 문제는 작아집니다. 하나님이 현실이 되면 내가 만난 문제는 단순한 사실에 지나지 않게 됩니다. 더 중요한 것은 그럴 때 하나님이 그 문제에 개입하신다는 것입니다. 그 문제를 하나님이 해결하십니다. 이 공식을 절대로 잊지 않기를 바랍니다.

무엇을 믿는가

이사야서 36장부터 39장은 구체적인 역사 기록입니다. 지금까지는 예언의 말씀이었는데 갑자기 역사 기록이 등장하는 이유는 예언의 말씀이 실제 역사를 통해 어떻게 성취되었는지 보여 주려는 것입니다. 예언만 있고 성취된 역사가 나오지 않으면 '이 말씀은 그대로 되었을까?' 의심할 수밖에 없지요. 그러나 예언의 말씀이 나온 후에 성취된 역사를 보여 주면 '아, 이렇게 성취되었구나' 믿게 되고 더 나아가서 먼 미래에 대한 예언도 확실히 이루어진다는 것을 믿을 수 있는 것입니다.

이제 눈앞에 펼쳐지는 현실은 어떠합니까? 히스기야 왕 14년에 앗수르 왕 산헤립이 약 20만 대군을 거느리고 유다를 두 번째 침공했는데, 남유다 모든 도시가 함락되고 수도인 예루살렘만 남았습니다(1절). 산헤립은 라기스를 점령한 후에, 사령관 랍사게를 예루살렘으로 보내서 완전히 포위하고 유다에게 항복하라고 협박합니다(2절).

왜 특별히 라기스라는 지명을 언급합니까? 라기스는 예루살렘 남쪽에 있는 큰 도시로, 애굽으로 내려가는 길목에 있습니다. 애굽에서 구원병이 온다면 반드시 라기스를 통과해야 예루살렘에 도착할 수 있습니다. 지금 유다는 앗수르가 무서워서 애굽을 의지했고, 애굽의 구원병을 기다리는 중입니다. 그런데 앗수르는 이것을 알고 라기스를 점령했으므로 애굽의 구원병은 절대로 예루살렘으로 올 수 없게 된 것입니다. 앗수르는 유다의 마지막 희망을 완전히 끊어 버린 후에 예루살렘을 포위하고 항복을 요구합니다.

랍사게가 앗수르 대표로 나오자 유다 쪽에서도 협상단이 나갔습니다. 세 사람입니다(3절). 그들에게 랍사게가 긴 연설을 하는데 그 핵심 내용이 "네가 믿는 것이 무엇이냐?"입니다. 쉽게 말하면 "너희가 지금 무엇을 믿고 까부느냐?" 이렇게 말한 것입니다(4절). 그러면서 유다가 믿는 것을 하나씩 부정합니다.

첫째, "애굽을 믿는가? 그들은 상한 갈대 지팡이다."

보라 네가 애굽을 믿는도다 그것은 상한 갈대 지팡이와 같은 것이라 사람이 그것을 의지하면 손이 찔리리니 애굽 왕 바로는 그를 믿는 모든 자에게 이와 같으니라 (사 36:6)

애굽은 갈대로 유명합니다. 그런데 상했어요. 보기에만 그럴듯하지 실제로 아무 힘이 없어요. 그것을 만지면 손만 다치지 지팡이 역할을 할 수 없습니다. 애굽은 믿고 붙잡을 것이 못 된다는 말입니다.

둘째, "하나님을 믿는다고?"

> 혹시 네가 내게 이르기를 우리는 우리 하나님 여호와를 신뢰하노라 하리라마는 그는 그의 산당과 제단을 히스기야가 제하여 버리고 유다와 예루살렘에 명령하기를 너희는 이 제단 앞에서만 예배하라 하던 그 신이 아니냐 하셨느니라 (사 36:7)

히스기야가 종교개혁을 하면서 모든 산당을 제거하고 하나님만 믿겠다고 몸부림치고 있지만 다 소용없는 짓이라고 말합니다. 우상을 섬기는 산당을 무너뜨린 것은 신앙인이 볼 때는 잘한 것이지만 이방인이 볼 때는 그 산당도 하나님을 섬기는 제단과 다를 바가 없습니다. "네 손에 의해서 부서지는 산당의 신, 그 하나님이 무슨 힘이 있겠느냐"는 말입니다.

셋째, "유다의 군사력을 믿느냐?"

> 그러므로 이제 청하노니 내 주 앗수르 왕과 내기하라 내가 네게 말 이천 필을 주어도 너는 그 탈 자를 능히 내지 못하리라 (사 36:8)

"내가 말 2천 필을 내준다 한들 그 말을 타고 싸울 만한 기마병이나 있느냐? 우리가 무기를 준다고 해도 그 무기를 운용할 능력도 없는 주제에 감히 우리와 싸우겠다고?" 하며 가소로워합니다.

랍사게가 소리를 지르자 협상단은 사정합니다. "백성이 다 듣고 있는데, 너무 창피하니 유다 말로 하지 말고 (그 당시 근동 지방의 공용어인) 아람어로 말해 주시오. 우리가 아람어를 압니다"(11절). 이렇게 말하자 랍사게는 "내가 왕과 협상단 너희뿐 아니라 성안의 모든 백성에게 말하라고 왕이 나를 보내신 것이다. 너희는 이제 포위되었으니 꼼짝 못 하고, 너무나 배고파서 자기 똥을 먹고, 너무나 목이 말라 자기 오줌을 마시게 될 것이다. 이렇게 되지 않으려면 앗수르에 항복하라"(12절)고 말합니다. 그러면 "자기 양식과 물을 마시게 해 주겠다"(16절)고 답합니다.

하나님과 세상, 어느 것을 선택해야 하는가

지금 앗수르가 이렇게 큰소리를 치는 이유가 뭘까요? 하나님이 앗수르를 막대기로 사용하려고 힘을 주셨는데 그들은 스스로의 힘으로 그렇게 된 것처럼 까불고 있습니다. 막대기가 교만해진 것입니다. 어느 정도였습니까?

이 열방의 신들 중에 어떤 신이 자기의 나라를 내 손에서 건져 냈기에 여호와가 능히 예루살렘을 내 손에서 건지겠느냐 하셨느니라 하니라 (사 36:20)

"세상의 어느 신이 앗수르로부터 그 나라를 구원했느냐? 하나님도 불가능하다"며 끝까지 하나님을 모독합니다.

지금 랍사게가 이렇게 하나님을 모독하는 장소가 어디입니까? 윗못 수도 곁 세탁자의 밭 큰 길입니다(2절). 이 장소를 왜 이렇게 자세히 기록했는가? 이유가 있습니다. 여기서 어떤 일이 있었을까요? 수십 년 전에 아람과 북이스라엘이 동맹을 맺고 남유다를 침략했습니다. 유다 백성과 아하스 왕은 너무나 두려워서 숲이 바람에 흔들리는 것처럼 떨고 있었는데, 하나님이 이사야 선지자를 보내 히스기야 왕의 아버지 아하스에게 이렇게 말씀하셨습니다.

> 어떤 사람이 다윗의 집에 알려 이르되 아람이 에브라임과 동맹하였다 하였으므로 왕의 마음과 그의 백성의 마음이 숲이 바람에 흔들림같이 흔들렸더라 그때에 여호와께서 이사야에게 이르시되 너와 네 아들 스알야숩은 윗못 수도 끝 세탁자의 밭 큰 길에 나가서 아하스를 만나 그에게 이르기를 너는 삼가며 조용하라 르신과 아람과 르말리야의 아들이 심히 노할지라도 이들은 연기 나는 두 부지깽이 그루터기에 불과하니 두려워하지 말며 낙심하지 말라(사 7:2-4)

아람과 북이스라엘은 연기 나는 두 개의 부지깽이에 불과하다며 두려워하지 말라는 것입니다. 그런데 아하스는 그 말을 듣고도 하나님을 믿지 못하고 두 나라의 연합군이 무서워서 앗수르를 끌어들였습니다. 그 결과 이제는 앗수르가 남유다까지 무너뜨리려는 지경에 이른 것입니다. 만약에 역사의 필름을 뒤로 돌려서 아하스가 여호와를 경외했더라면, 그러면 두 나라를 두려워하지 않았을 것이고, 그렇다면 앗수르를 불러들이지 않았을 것이고, 그랬다면 이 같은 상황은 없었을 것입니다. 두 가지 사건이 똑같은 장소에서 일어났습니다. 7장에서는 하나님이 "하나님을 믿을래, 세상을 믿을래? 세상을 믿지 말고 하나님을 믿어라" 하고 말씀하셨습니다. 36장에서는 똑같은 장소에서 세상(앗수르)이 "하나님을 믿을래, 세상을 믿을래? 세상을 믿어라" 하고 말합니다.

여러분, 이 내용이 과거 남유다의 이야기에 국한된다고 생각하십니까? 아닙니다. 오늘 우리도 똑같은 상황입니다. 하나님과 세상 모두 우리에게 선택을 요구합니다. "하나님을 믿을래, 세상을 믿을래?" 이 질문에 분명히 대답해야 합니다.

하나님과 세상, 둘 중에서 선택을 잘하기 위해 하나님과 세상이 어떤 관계인지 확인해 봅시다. 세 가지를 생각하면 됩니다. 첫째는 존재에 대해서, 하나님은 있음 자체입니다. 둘째는 선에 대해서, 하나님은 좋음 자체입니다. 셋째는 소유에 대해서, 진정한 주인은 하나님입니다.

예를 들어, 돈다발이 가득히 쌓여 있습니다. 눈으로 보고 만질 수 있어요. 돈은 분명히 있습니다. 그리고 돈은 좋은 것입니다. 돈으로 할 수 있는 것이 얼마나 많습니까? 그리고 돈은 내 것입니다. 내가 주인입니다. 맞습니까? 이것이 우리 인간의 시각입니다. 그런데 하나님의 눈으로 보면 해석이 완전히 달라집니다.

이 돈은 있음 자체가 아니라 있게 된 것입니다. 없었던 적이 있습니다. 그러므로 있음 자체이신 하나님이 볼 때 이 돈은 없는 것과 같습니다. 언제든지 있게도 하고 없게도 할 수 있습니다. 또한 이 돈은 좋은 것입니다. 그러나 이 돈보다 돈을 주신 하나님은 더 좋은 분입니다. 그러니까 돈을 좋아하는 것이 나쁜 것은 아니지만, 하나님보다 더 좋아하면 잘못입니다. 선물을 주신 분보다 선물을 더 좋아하는 것이기 때문입니다. 마지막으로 이 돈은 내 것입니다. 내가 주인이니 내 마음대로 하면 됩니다. 그러나 하나님이 볼 때는 아닙니다. 돈의 진짜 주인은 하나님입니다. 내 생명도, 내 모든 소유도 하나님이 주실 수도 있고, 거두실 수도 있기 때문입니다. 내가 보는 시각과 하나님이 보는 시각은 이렇게 다릅니다.

세상은 분명히 존재하고, 세상은 좋은 곳이며, 내가 주인이라고 생각하지만, 아닙니다. 하나님이 있게 하셔서 있게 된 것이고, 하나님이 좋게 만드셨기 때문에 이 세상이 좋은 것이고, 진정으로 이 세상을 소유하고 다스리시는 분은 하나님 바로 그분입니다. 그러므로 하나님과 세상은 비교 대상이 안 됩니다. 그런데 우리는 하나님과 세상을 비교합니다. 이것 자체가 하나님에 대한 모독입니다. 더 큰 문제는 하나님보다 보이는 세상을 더 믿고 신뢰하는 것입니다. 이것이 우리의 죄성입니다.

제가 돈을 예로 들었지만 돈 대신 여러분이 좋아하는 모든 것을 대입해도 됩니다. 자녀, 회사, 여러분이 염려하는 건강과 생명을 집어넣어도 마찬가지입니다. 진정 그것을 있게 하고, 그것을 좋다고 느끼게 하며, 그것이 내 것이라고 생각하는 그 모든 것의 진정한 주인은 하나님입니다. 그러므로 당연히 하나님을 선택해야 합니다.

막다른 골목에서 우리가 취할 자세

지금 앗수르는 외치고 있습니다. "누가 너희를 내 손에서 건지겠느냐? 나를 믿으라"고 강요합니다. 이런 막다른 골목에서 하나님의 자녀들

이 취할 자세는 무엇일까요?

> 그러나 그들이 잠잠하여 한 말도 대답하지 아니하였으니 이는 왕이 그들에게 명
> 령하여 대답하지 말라 하였음이었더라 (사 36:21)

세상이 우리를 압박할 때, 나에게는 아무 대책도 없을 때, 그때 우리는 아무 말도 하지 말아야 합니다. 침묵한다는 것은 무슨 뜻일까요? 나에게는 아무 대책이 없다는 것입니다. 그러나 '나는 아무것도 할 수 없다'로 끝나면 낙심합니다. 자살할 수밖에 없습니다. 그러나 하나님은 모든 것을 하실 수 있습니다. 그러므로 '가만히 있다'는 것은 '나는 아무것도 할 수 없다'는 의미이고, 동시에 '하나님만 바라본다'는 의미입니다.

가만히 있는 이 순간은 인간적으로는 가장 무능하고 비참한 순간입니다. 그런데 하나님은 바로 이 순간을 기다리신 것입니다. 나는 아무것도 할 수 없는 존재임을 인정하면서 하나님만 바라보는 이 순간을! 그리고 그때 하나님이 개입하십니다. 이제 앗수르를 격퇴하는 일은 유다의 일이 아니라 유다의 주인 되시는 하나님의 일이 되는 것입니다. 이것이 하나님 백성의 특권입니다.

여러분, 내가 나서서 이리 뛰고 저리 뛰는 것이 문제의 해결책이라고 생각하시나요? 아닙니다. 그것은 세상 사람들의 방법입니다. 우리에게는 전능하신 하나님이 계십니다. 하나님이 개입하셔서 문제를 풀어 가실 때 거기에 진정한 해결책이 있습니다. 그래서 히스기야는 아무 말도 하지 말라고 했던 것입니다.

며칠 전에 제가 예배당으로 올라가는데, 어떤 집사님이 그곳에서 기

도하고 내려오다가 눈이 마주쳐서 인사를 나눴습니다. 그분이 저에게 "목사님, 교회 오니까 참 좋아요" 하기에 "저도 참 좋습니다. 그런데 교회에 오는 것이 왜 좋습니까?" 하고 물었습니다. "하나님께 나오면 모든 문제가 해결되니까요." 이렇게 말했습니다. 그 말을 듣고 저는 감격했습니다. "참 멋진 말입니다. 모든 성도가 집사님처럼 고백할 수 있으면 얼마나 좋을까요?" 그랬더니 그분이 말했습니다. "목사님은 왜 교회 오는 것이 좋으세요?" 그래서 저는 "하나님 앞에 조용히 앉아 있으면 세상의 문제가 작아지기 때문입니다. 그리고 결국 문제가 없어집니다. 문제투성이 세상에서 문제가 없어지니 얼마나 좋습니까?" 하고 말했습니다.

성전은 문제가 해결되는 곳입니다. 더 중요한 것은 하나님 앞에서 문제가 없어지는 곳입니다. 살다 보면 문제가 너무 많아서, 그 문제가 너무 무거워서 못살겠다고 소리를 지르곤 합니다. 그러나 문제가 생기면 성전으로 와야 합니다. 그래야 세상을 살아갈 힘을 얻고 어떤 문제도 넉넉히 감당할 수 있습니다. '앞도 막히고, 뒤도 막히고, 이젠 꼼짝없이 죽었다'고 생각되는 순간에도 하늘은 열려 있습니다. 그러므로 '나는 아무것도 할 수 없다. 다 끝났다'고 포기하면 안 됩니다. 막막할 때 비명을 지르거나 원망 불평하며 한숨 쉬지 마시고 잠잠히 하나님을 바라보세요. 그럴 때 하나님께서 개입하셔서 내가 만난 문제, 나의 앗수르를 처리하실 것입니다. 이 은혜가 우리가 사는 날 동안 항상 함께하길 축원합니다.

"'네가 믿는 것이 무엇이냐?' 이 질문 앞에 올바로 대답하게 하소서. '나는 세상이 아니라 하나님을 믿는다'라고 대답하는 우리가 되게 하소서."

문제의 해결자가 되시는 하나님 아버지!

'앞도 막히고, 뒤도 막히고, 이제 나는 끝났다.' 세상 사람들은 이렇게 생각합니다. 그러나 하나님을 믿는 우리는 언제나 위가 열려 있다는 것을 잊지 않게 하소서. 감당할 수 없는 일 앞에서 비명을 지르지 말고, 원망불평하지 말고, 입을 다물고, 나는 아무것도 할 수 없다는 것을 인정하면서 잠잠히 하나님을 바라보게 하소서. 그때 주께서 그 문제에 개입하시고 해결하시는 은혜를 경험하게 하소서. 이것이 하나님의 백성에게 주신 특권임을 절대로 잊지 않게 하소서.

함께 이야기하기

[1] 랍사게는 부정했지만 유다가 믿었던 세 가지
    는 무엇인가요?

[2] 세상 가운데 존재와 선, 소유에 있어서 하나
    님은 어떤 분이신가요?

[3] 인생의 어려움 가운데 어떤 자세를 취해야 할
    까요? 하나님을 바라보았을 때 하나님께서
    해결하신 은혜가 있다면 나눠 봅니다.

06

어려운 일을
만났을 때

이사야 37:14-20

해외에 계신 어느 성도님이 주일 설교를 듣고 이런 문자를 보냈습니다. "목사님, 어려운 일을 만났을 때 내가 아무것도 할 수 없다는 것을 인정하고 잠잠히 하나님만 바라보면 하나님이 개입하시고, 그 문제를 해결하신다는 말씀을 듣고 은혜를 많이 받았습니다. 그런데 그 말씀대로 살아 보려고 노력하는 중에 질문이 있어 드리니 대답해 주시면 고맙겠습니다. 먼저 제 생각에는 기독교가 소극적인 종교가 아닌데, 무기력하게 가만히 있는 것보다는 오히려 나가서 일하거나 싸울 수 있도록 힘을 달라고 기도하는 것이 더 적극적이고 믿음 있는 행위가 아닐까요? 또한 가만히 있어야 할 때는 언제이고, 일할 때는 언제입니까? 그것을 잘 구분하고 싶습니다. 마지막으로 가만히 있는 것이 쉬운 일인데 왜 사람들은 가만히 있지 못하는 것입니까?" 이런 내용이었습니다.

신뢰와 순종의 관계

저는 이런 질문에 대해서 대답을 잘 하지 않지만, 오해하기 쉬운 내용이라서 대답해 주었습니다. "우리가 하나님께 응답하는 방법은 크게 두 가지가 있습니다. 하나는 신뢰이고, 또 하나는 순종입니다. 신뢰는 내가 아무것도 할 수 없을 때 하는 것입니다. 아무것도 할 수 없을 때 잠잠히 하나님을 바라보는 것이 신뢰입니다. 순종은 내가 해야 할 일이 있을 때 그것을 기쁨으로 감당하는 것입니다."

그런데 신뢰는 쉬운 일이 아닙니다. 왜냐하면 신뢰 속에는 자기의 죽음이 들어 있기 때문입니다. 그런데 내가 죽는 것으로 끝난다면 소극

적이고 약한 것입니다. 여기에 하나가 더 있어야 합니다. '그러나 하나님은 전능하시다.' 이것을 인정해야 합니다. 그러니까 신뢰 속에는 두 가지가 들어 있습니다. '나는 할 수 없다'는 자아에 대한 철저한 포기와 '하나님은 모든 것을 하실 수 있다'는 하나님의 전능성에 대한 인정입니다. 이 두 가지가 함께 있어야만 신뢰가 형성됩니다. 나는 할 수 없지만 하나님은 하실 수 있다는 것을 믿고 바라보는 것이 신뢰이기 때문에 매우 어려운 것입니다.

그렇다면 신뢰와 순종은 어떤 관계일까요? 살다 보면 신뢰해야 할 시간이 있습니다. 신뢰해야 할 시간에 충분히 신뢰하면, 하나님께서 해야 할 것을 알려 주십니다. 그때 순종하는 것입니다. 그러면 하나님의 개입과 역사가 나타납니다.

출애굽기 14장에 보면 이스라엘 백성이 홍해 앞에 도착했습니다. 앞은 바다인데 뒤에서 바로의 군대가 죽이려고 쫓아왔습니다. 독 안에 든 쥐가 되었습니다. 그때 이스라엘 백성은 두려워하면서 "왜 우리를 이곳으로 인도했는가!" 모세를 원망하며 애굽 사람을 섬기는 것이 광야에서 죽는 것보다 낫다고, 애굽으로 돌아가겠다고 소리를 질렀습니다.

그러자 하나님을 신뢰했던 모세는 "너희는 두려워하지 말고 가만히 서서 여호와께서 오늘 너희를 위하여 행하시는 구원을 보라 … 여호와께서 너희를 위하여 싸우시리니 너희는 가만히 있을지니라"(출 14:13-14)라고 말했습니다.

그러자 하나님이 모세에게 "지팡이를 들고 손을 바다 위로 내밀어 그것이 갈라지게 하라"(출 14:16)고 명령하십니다. 모세는 하나님 말씀대로 바다 위로 손을 내밀었고, 바람이 불어와서 바다를 양쪽으로 갈라 육지가 드러납니다(출 14:21). 이스라엘 자손이 바다 가운데를 걸어갑니다(출 14:22). 이것이 순종입니다. 신뢰해야 할 시간에 충분히 신뢰하면 순종의 영역으로 들어가게 되고, 그렇게 순종했을 때 하나님의 역사가 나타나는 것입니다.

우리가 하나님을 신뢰할 때 왜 새로운 길이 열릴까요? 신뢰 속에는 나의 죽음이 들어 있기 때문에 부활의 은혜가 주어집니다. 자기를 내려놓았기 때문에 자기 욕심으로 인해 들을 수 없었던 하나님의 음성을 들을 수 있고, 그 음성에 진정으로 순종할 수 있습니다. 그래서 하나님은 때때로 우리가 신뢰하는 것 외에는 아무것도 할 수 없는 지경으로 우리를 몰아가시고, 그래서 우리를 신뢰하는 자로 만드시며, 신뢰를 통해 육신적인 우리를 죽이시고 새로운 영적인 세계로 인도하시는 것입니다.

하나님을 신뢰할 때 기도한다

앗수르의 두 번째 침공을 받은 히스기야는 확실히 깨닫게 되었습니다. '이 세상 어디를 봐도 믿을 것이 없는 상황이다. 이제 하나님밖에 믿을 이가 없다.' 그래서 그는 어디로 갔습니까?

히스기야왕이 듣고 자기의 옷을 찢고 굵은 베옷을 입고 여호와의 전으로 갔고 (사 37:1)

아무것도 할 수 없을 때 갈 곳은 한 군데뿐입니다. 성전입니다. 왜 그럴까요? 성전이란 문제가 해결되는 곳이고, 더 나아가서 문제가 사라지는 곳이기 때문입니다. 그래서 여호와를 신뢰하는 자는 성전으로 나갑니다.

히스기야는 성전에서 기도합니다. 기도하면서 그는 깨닫습니다. 제일 먼저 깨달은 것은 '이런 비참한 사건이 왜 발생했는가?'입니다. 죄 때문이라고 고백합니다. 3절에 "책벌"이란 말이 바로 그런 뜻입니다. '잘못에 대한 징계로서 주어지는 사건'이라는 뜻입니다. 그렇다면 어떤 죄 때문이었을까요? 유다는 하나님을 두려워하지 않고 세상을 두려워했습니다. 그래서 앗수르를 불러들였습니다. 이것은 하나님을 무시하고 세상을 의지한 결과입니다. 그 죄에 대하여 베옷을 입고 회개합니다. 그런데 자기 죄를 깨닫게 되자 앗수르의 죄가 무엇인지도 보았습니다.

> 당신의 하나님 여호와께서 랍사게의 말을 들으셨을 것이라 그가 그의 상전 앗수르 왕의 보냄을 받고 살아 계시는 하나님을 훼방하였은즉 당신의 하나님 여호와께서 혹시 그 말로 말미암아 견책하실까 하노라 그런즉 바라건대 당신은 이 남아 있는 자를 위하여 기도하라 하시더이다 하니라 (사 37:4)

앗수르의 죄는 그들이 너무 교만해졌다는 것입니다. 하나님이 그들을 막대기로 사용하기 위해 힘을 주셨는데, 그들은 스스로의 힘으로 강해진 것으로 착각하고 하나님을 모욕했습니다. 유다의 잘못은 막대기를 들고 계신 하나님을 바라보아야 하는데 하나님은 보지 않고 막대기만 쳐다보며 두려워한 것이고, 앗수르의 잘못은 하나님이 그들을 막대기로 세우셨는데 스스로 교만하고 하나님을 모욕한 것입니다. 그러므로 이런 죄를 범한 우리를 용서해 주시고, 교만해진 앗수르를 심판해 달라고 기도합니다. 그래서 "우리가 구원받게 해 주소서"라고 기도합니다(20절).

올바른 기도의 모습

37장에 나오는 히스기야의 기도를 분석해 보면 아주 독특합니다. 이기게 해 달라는 말이 없습니다. 지금 나라가 전쟁을 하는 중인데 가장 먼저 기도할 것이 뭐겠습니까? 어떻게 해서라도 이기고 살아남아야 하지 않겠습니까? 그런데 그런 내용이 없습니다. 우리의 죄를 용서해 주시고, 저들의 교만을 심판해 달라는 것뿐입니다.

다시 말하면 기도의 중심이 변했습니다. 지금까지는 어떻게 해서든지 살아남는 것이 목적이었지만, 이제는 우리가 이기고 지는 것보다 하나님보다 세상을 더 믿고 의지했던 우리 죄를 용서해 달라고 기도합니다. 앗수르와 하나님을 비교하면 앗수르는 아무것도 아닌데, 그 '막대기'가 하나님을 모독하는 것이 너무나 분하고, 그것이 또 우리 때문이었다는 것을 깨닫고 히스기야는 통곡합니다.

"우리 하나님은 너희가 생각하는 그런 하나님이 아니시다. 우리 하나님은 이런 분이시다"라고 말하고 싶은데 그럴 힘이 없는 것입니다. "아이를 낳으려 하나 해산할 힘이 없음 같도다"(3절)라는 말이 바로 그런 뜻입니다. 하나님을 모욕하는 그들에게 하나님이 어떤 분인가를 알려주고 싶은데, 우리도 하나님을 의지하지 못했기 때문에 그 말을 할 수 없는 초라한 모습을 보면서 눈물을 흘리는 것입니다.

히스기야의 기도에서 올바른 기도 자세를 배워야 합니다. 우리가 생각하는 기도란 내가 만난 어떤 문제를 가지고 하나님 앞에 나와서, 이 문제를 내가 원하는 대로 해결해 달라고 떼쓰는 것입니다. 그런데 이것보다 더 중요한 것이 있습니다. 문제를 하나님 앞으로 가지고 와서 이 문제보다 하나님이 더 크신 분이라는 것을 인정하는 것입니다. 이 문제를 하나님보다 더 크게 여기고, 문제에 마음을 다 빼앗기고, 문제만 바라보았던 것을 회개하고, 그런 마음을 내려놓는 것이 올바른 기도입니다.

여러분, 풍선 불어 보셨죠? 풍선은 아주 작습니다. 그런데 바람을 불어 넣으면 엄청나게 커집니다. 세상의 문제가 다 그렇습니다. 하나님 앞에서 큰 문제는 없습니다. 그런데 하나님을 바라보지 않고 문제를 자꾸 바라보고 걱정하면 그 문제가 커집니다. 이제 시선을 돌려 하나님을 바라보면 부풀었던 그 문제는 원래의 크기로 돌아옵니다. 이것이 하나님의 집에 와서 해야 할 일이고, 이것이 바로 하나님을 신뢰하는 것입니다.

여호와의 열심

이 기도에 대한 하나님의 반응이 나옵니다.

아모스의 아들 이사야가 사람을 보내어 히스기야에게 이르되 이스라엘의 하나님 여호와께서 말씀하시되 네가 앗수르의 산헤립 왕의 일로 내게 기도하였도다 하시고 (사 37:21)

"네가 … 내게 기도하였도다." 하나님의 감격이 느껴지십니까? 우리가 하나님을 신뢰할 때 자기를 내려놓고, 잠잠히 하나님만 바라보며 기도할 때 하나님은 기뻐하십니다. 그래서 응답하십니다.

> 네가 나를 거슬러 분노함과 네 오만함이 내 귀에 들렸으므로 내가 갈고리로 네 코를 꿰며 재갈을 네 입에 물려 너를 오던 길로 돌아가게 하리라 하셨나이다 (사 37:29)

하나님은 앗수르를 향하여 "네 교만을 내가 심판하겠다. 내가 네 코를 갈고리로 꿰어 왔던 길로 돌아가게 하리라"고 말씀하셨습니다. 어떻게 이것이 가능할까요? 세계 최강의 군대가 승리를 앞에 두었는데 어떻게 스스로 물러가겠습니까? 그런데 가능합니다. 그 이유가 "여호와의 열심이 이를 이루시리이다"(32절)입니다. 여호와의 열심이 그 일을 약속대로 성취한다는 것입니다. "여호와의 열심." 대단한 말입니다. 하나님이 나에 대하여 열심이 있다는 말입니다. 믿으시나요? '나는 나를 잘 모르겠다. 내가 무엇을 해야 하는지 모르겠다' 하며 열정 없는 이들이 많습니다. 그런데 하나님은 나를 향하여 열심을 갖고 있다는 것입니다.

부모님들은 다 알 것입니다. 여러분, 자녀에 대한 열심 많으시죠? '우리 애가 어떻게 돼야 하는데!' 자녀는 편한데 부모의 속이 끓어요, 자녀에 대한 열심이 많아서. 그런데 부모의 열심이 하나님의 열심을 방해할 때가 많습니다. 조심해야 합니다. 하나님의 열심이 우리의 열심보다 월등합니다. 우리 자녀를 향해 하나님의 열심이 작동되어야지, 내 열심이 너무 뜨거워서 하나님의 열심을 밀어내면 안 됩니다. 부모의 열심을 조절해야 합니다.

그렇다면 어떻게 해야 하나님의 열심이 작동될 수 있을까요? 그 방법이 신뢰와 순종입니다. 자녀에 대해서도 잠잠히 신뢰하며 기다려야 할 때가 있고, 하나님이 하라고 하시는 것을 기쁨으로 순종해야 합니다. 하나님보다 앞서지 말고 내 열심을 조절해야 합니다. 그럴 때 하나님의 열심이 작동됩니다. 실제로 성경에 아주 구체적으로 나옵니다.

> 여호와의 사자가 나가서 앗수르 진중에서 십팔만 오천인을 쳤으므로 아침에 일찍이 일어나 본즉 시체뿐이라 (사 37:36)

앗수르 군대 18만 5천 명이 하룻밤에 죽었습니다. 역사 기록에 의하면 페스트가 돌았다고 합니다. 전염병으로 하룻밤에 대군이 전멸한 것입니다. 얼마나 놀랐겠습니까? 기겁을 하고 철수합니다. 자기 나라로 돌아갑니다(37절). 그리고 자기 신에게 예배하던 중에 아들들에게 암살당합니다(38절). 산헤립의 거창했던 꿈이 너무도 비참하게 끝납니다. 하나님 말씀대로 완전히 해결됩니다. 여호와의 열심이 엄청난 일을 이루었습니다.

견고한 믿음의 길

주중에 어떤 분과 상담을 했는데 그분이 이런 말을 했습니다. "저는 어릴 때 부모님하고도 관계가 힘들었는데 지금은 제 자녀하고도 정말 힘이 듭니다. 왜 하나님은 제 인생을 이렇게 힘들게 만드셨을까요? 그것만 생각하면 괴로워 견딜 수가 없습니다. 그런데 목사님, 꼭 묻고 싶은 게 있습니다. 목사님도 많은 고난과 역경을 겪으셨는데 어떻게 그것을 다 이기고 하나님과 사람 앞에 우뚝 서셨나요?"

"저요? 아직 제대로 서지 못했습니다. 헤맬 때도 많습니다. 그러나 저에게는 분명한 것이 있습니다. 내가 할 수 없는 것, 내 책임이 아닌 것에 대해서는 절대로 고민하지 않습니다. 예를 들면 '어떤 부모님 밑에서 태어났는가?', '왜 하나님이 나에게 어려운 환경을 주셨는가?' 이런 것은 고민하지 않습니다. 왜냐하면 그것은 내가 정하는 것이 아니라 하나님의 영역이니까 하나님께 맡깁니다. 거기에 대해서 왜냐고 자꾸 물으면 대답도 없고, 그 문제에 빠질 뿐입니다. 해결책이 없고 인생만 피곤해집니다.

다만 '내가 할 수 있는 것, 지금 해야 할 일에 대해서 하나님 앞에 어떻게 잘 응답할 것인가?' 그것만 생각합니다. 내 삶에 고통이 많았다면 하나님께서 거기에 대해 언젠가 충분한 설명과 함께 위로를 주시겠지요. 그러므로 필요 없는 질문은 하지 마시고, 원망하거나 불평하지 마시고, 신뢰하며 하나님께 맡기세요. 오늘 주어진 일만 잘 감당하면 인생은 훨씬 단순해집니다."

제 말을 듣고 그분은 말했습니다. "목사님 말씀을 들어 보니 제가 지금까지 너무 필요 없는 일에 에너지를 낭비했군요. 이제는 그렇게 살지 않고 내가 하나님께 어떻게 응답할 것인가만 생각하며 살도록 하겠습니다. 좋은 말씀 감사합니다." 그러고는 헤어졌습니다.

저는 그분을 위해 기도했습니다. "그분이 하나님을 신뢰하게 하소서. 자기가 할 수 없는 것, 자기 책임이 아닌 것에 대하여 왜 그러냐고 질문하지 않게 하시고, 하나님께 맡기게 하소서. 전능하시고 사랑이 많으신 하나님이 주신 여건을 선물로 받아들이고, 자기가 할 일에 최선을 다하는 착하고 충성된 사람이 되게 하소서. 그럴 때 하나님이 개입하시고 문제를 풀어 가시는 것을 보며 기뻐하는 믿음의 사람이 되게 하소서."

여러분, 우리 삶에 많은 고민이 왜 생기는지 아세요? 해석할 수 없는 내 인생을 해석하려고 몸부림치기 때문인데, 그것은 우리에게 신뢰가 부족하기 때문입니다. 대답 없는 문제를 가지고 고민하지 마시고, 하나님의 선한 뜻에 위탁하기를 바랍니다. 그리고 오늘 하나님이 내게 주신 그 일에 대하여 나는 어떻게 응답할까만 생각하면 됩니다.

그래서 신뢰와 순종은 신앙의 핵심이 되고, 두 가지가 있을 때 우리의 신앙은 견고하여 흔들리지 않게 되는 것입니다. 다른 종교에는 신뢰와 순종이 없습니다. 내 뜻을 이루기 위해 신을 이용할 뿐입니다. 그러나 하나님은 우상이 아닙니다. 전능하신 분이고, 사랑이 많으신 분이고, 지혜로우신 분이고, 인격적이신 분이고, 의로우신 분입니다. 하나님이 우리를 인도하시는 과정 속에 이해 못할 일도 종종 있습니다. 그럴 때는 신뢰하면 되고, 뭘 해야 할지 알려 주실 때는 기쁨으로 순종하면 됩니다. 그럴 때 하나님은 우리 삶을 책임지시고, 우리는 흔들리지 않고 견고한 믿음의 길을 걸어갈 수 있습니다. 이 은혜가 함께하기를 축원합니다.

"어려운 일을 만났을 때 다른 곳으로 가서 헤매지 말고, 성전으로 나오게 하소서. 여기서 세상에 찌든 마음이 하나님으로 채워지고, 문제에 눌려 있던 마음이 회복되게 하소서. 하나님을 신뢰하고, 하나님께 순종하는 사람이 되게 하소서."

전능하신 하나님!

아무것도 할 수 없는 인생의 막다른 길에서 히스기야는 성전으로 갔습니다. 그리고 잠잠히 하나님을 바라보며 기도했습니다. 그런 가운데 이런 일이 왜 생겼는지, 그리고 자신과 적들의 죄가 무엇인지 깨닫고 회개했습니다. 하나님은 그의 기도를 들으시고 하나님의 열심으로 그 문제를 해결하셨습니다. 우리도 어려운 일을 당할 때 성전으로 나가 기도하게 하소서. 내 영역이 아닌 것을 가지고 고민하지 말고 하나님께 맡기고 신뢰하게 하시고, 내게 명령하신 것에 대해서는 기쁨으로 순종하게 하소서.

함께 이야기하기

[1] 내게 '하나님을 신뢰한다'는 것은 어떤 의미인가요?

[2] 히스기야를 통해 알 수 있는 올바른 기도의 모습은 무엇인가요?

[3] 하나님을 신뢰함으로 경험한 은혜가 있다면 나눠 봅니다. 그때 나는 어떻게 기도했나요?

07

죽음에 대한
올바른 자세

이사야 38:1-6

코로나 팬데믹 당시 제가 가장 많이 받았던 질문은 "사람은 언제 죽습니까?"였습니다. "왜 그런 질문을 하세요?" 하자 어떤 목사님은 이렇게 말했습니다. "교인 중에 한 분이 너무 늦게 병원에 가서 진단을 받고 바로 돌아가셨습니다. '좀 더 빨리 알았더라면, 좋은 병원이나 의사를 만났더라면, 좀 더 살 수 있지 않았을까?' 유족들이 너무나 괴로워하고 있습니다. 이럴 때는 어떻게 대답하면 됩니까? 지금 이렇게 돌아가신 것이 하나님의 뜻인지, 아니면 좀 더 살 수 있었는데 그 기회를 놓친 것인지 정확하게 알고 싶습니다."

저는 말했습니다. "우리는 어떤 병 때문에 죽는다고 생각하지만 질병 때문에 죽는 일은 없습니다. 하나님이 부르실 때 죽는 것입니다. 아무리 건강해도 하나님이 오라 하시면 가는 것이고, 아무리 아파도 하나님이 부르지 않으시면 죽지 않습니다. 제가 큰 병원 앞에 살다 보니 가끔 의료 사고가 나면 유족들이 '왜 아무개를 죽였느냐!' 고함치는 소리를 듣는데, 참 안타까운 일이지만 사람은 하나님이 정하신 때가 아니면 죽고 싶어도 못 죽습니다."

"성경에 그런 예가 있어요?" "있습니다. 한 군데만 찾아볼까요? 시편 139편 16절입니다. '내 형질이 이루어지기 전에 주의 눈이 보셨으며 나를 위하여 정한 날이 하루도 되기 전에 주의 책에 다 기록이 되었나이다.' 태어나기 전부터 나의 수명이 하나님의 책에 기록되었다, 이미 결정이 되었다는 것입니다. 우리는 모르지만 이미 내 생명의 길이는 정해져 있고, 그 시간을 살아가고 있는 것입니다."

각자에게 인생의 길이가 있다

신학자 칼 바르트(Karl Barth)는 인간과 시간의 관계를 이렇게 설명했습니다. 첫째로 'beginning time', 시작하는 시간이 있습니다. 자기의 출생 시간입니다. 둘째로 'ending time', 끝나는 시간이 있습니다. 사망 시간입니다. 셋째는 'given time', 주어진 시간입니다. 시간은 내 의지로 소유하거나 쟁취하는 것이 아닙니다. 모든 인간에게 주어진 것입니다. 마지막으로는 'alloted time', 할당된 시간입니다. 똑같은 시간이 주어지는 것이 아닙니다. 각자에게 일정한 기간이 할당되어 있습니다.

〈세상에 이런 일이〉라는 TV 프로그램에 나온 이야기입니다. 어떤 사람이 배를 타고 가는데 갑판에서 주변을 구경하다가 미끄러져서 깊은 바다 한가운데 빠졌습니다. 아무도 그 사람이 바다에 빠진 것을 몰랐습니다. 그 사람은 수영도 못해서 꼼짝없이 죽게 됐는데, 갑자기 어디서 큰 거북이 한 마리가 나타나서 태워 주어 살았습니다. 세상에 이런 일이! 그러니까 살 사람은 아무도 없는 바다 한가운데 빠져도 살고, 죽을 사람은 죽을 환경이 전혀 아닌데도 죽습니다. 수명은 태어날 때부터 정해진 것이기 때문입니다. 건강을 위해 잘 먹고 운동하면 그만큼 활기차게 살 수는 있지만, 수명을 늘리거나 줄일 수는 없습니다. 죽는 시간과 방법은 하나님이 정하시는 것입니다.

현대 과학은 인간이 주인이라고 생각하기 때문에 죽음을 일종의 실패로 보고, 인간의 능력으로 생명을 연장할 수 있다고 생각합니다. 그래서 이제는 '트랜스휴먼'(Transhuman), '포스트휴먼'(Posthuman)이라는 용어도 나왔습니다.

트랜스휴먼이란 인간의 신체 일부를 교환해서 새로운 사람으로 만드는 것입니다. 여러분 중에 〈600만 불의 사나이〉라는 미국 드라마를 보신 분이 있을 것입니다. 눈이 나쁜 사람에게 눈 대신 고성능 카메라를 장착하고, 다리가 없는 사람에게 엄청나게 강하고 빠른 다리를 이식해서 새로운 사람으로 만들어진 주인공이 활약하는 드라마입니다. 약한 것을 강한 것으로 개조해서 원래 인간보다 월등하게 만든 인간을 트랜스휴먼이라고 합니다.

포스트휴먼이란 트랜스휴먼을 넘어선 인간, 초인간을 말합니다. 쉽게 말하면 죽지 않는 인간입니다. 포스트휴먼 시대가 오면 죽음이 필수가 아니라 선택이 될 것이라고 주장합니다. 생명 연장의 꿈. 좋은 것이죠. 그러나 인간은 죽는 존재입니다. 태어난 인간은 모두 죽습니다. 올 때는 순서라도 있지만 갈 때는 순서도 없습니다. 그래서 독일의 철학자 마르틴 하이데거(Martin Heidegger)는 말했습니다. "사람은 태어나면서부터 죽을 만큼 충분히 늙었다." 나이와 상관없이 언제 어느 때라도 죽을 수 있다는 말입니다. 나는 죽을 존재라는 것을 인정하고 살아가는 것이 인간이 가져야 할 가장 기본적인 자세입니다.

생명이 끝나는 상황에서 깨닫는 것

히스기야가 성전에 가서 기도했을 때 하나님께서 그 기도를 들으셔서 유다의 위기가 완전히 해결되었습니다. 이제 예루살렘과 온 나라가 축제 분위기입니다. 또한 히스기야를 향한 백성의 칭송이 온 땅에 가득

합니다. 나라를 구했거든요. 그의 위상은 높아졌고, 그에게는 이제 절대적인 지지를 바탕으로 앞으로 하고 싶은 일을 얼마든지 할 수 있는 모든 가능성이 다 열렸습니다. 최고의 전성기를 맞이한 것입니다. 그때 히스기야에게 어떤 일이 발생했나요?

> 그때에 히스기야가 병들어 죽게 되니 아모스의 아들 선지자 이사야가 나아가 그에게 이르되 여호와께서 이같이 말씀하시기를 너는 네 집에 유언하라 네가 죽고 살지 못하리라 하셨나이다 하니 (사 38:1)

그때에 선지자 이사야를 통해 하나님의 말씀이 들려왔습니다. "네가 곧 죽을 것이니 유언을 준비해라." '왜 하필이면 지금인가? 하나님이 도와주셔서 여기까지 왔는데, 모든 것이 잘되고 있는데, 할 일이 얼마나 많은데… 왜 하필이면 이럴 때 오라고 하시는가?' 여기서 알아야 할 것이 있습니다. 하나님의 부르심은 언제든지 일어납니다. 내 상황과 상관없습니다. 하나님은 우리를 설득하지 않으시고, 이유를 설명하지도 않으십니다. 언제든지 오라면 가는 것입니다. 그분이 생명의 주인이시기 때문입니다.

죽는다는 소리를 듣고 히스기야는 어떻게 했습니까?

> 히스기야가 얼굴을 벽으로 향하고 여호와께 기도하여 (사 38:2)

얼굴을 벽으로 향했습니다. 그는 지금까지 어디를 보았나요? 세상을 보았습니다. 세상을 보면서 할 일이 뭔가를 알았고, 그 일을 열심히 했고, 엄청난 업적을 이루어 냈습니다. 그러나 삶을 정리하라는 말씀을 듣는 순간 깨닫습니다. '이 세상의 모든 일이 참 별것 아니구나.' 생명이 끝나는 상황에서 무엇이 중요하겠습니까? 그러므로 그는 지금까지 바라보던 모든 것을 뒤로하고 벽을 쳐다봅니다. 지금까지 자기가 기대하고 의지했던 모든 것을 내려놓고 하나님을 바라보았다는 뜻입니다.

> 이르되 여호와여 구하오니 내가 주 앞에서 진실과 전심으로 행하며 주의 목전에서 선하게 행한 것을 기억하옵소서 하고 히스기야가 심히 통곡하니 (사 38:3)

"나를 기억하옵소서." 히스기야는 나름 진실하게 최선을 다해 살아온 것을 기억해 달라고 부르짖어 기도했습니다. 이제 하나님 앞에 서야하는데, 뭐가 제일 중요할까요? 하나님이 나를 기억해 주셔야 합니다. "내가 너를 안다. 내가 너를 기억한다. 이 험한 세상에서 하나님의 사람으로, 진실한 마음으로 최선을 다해 살았고, 믿음을 지키려고 몸부림을 친 것을 내가 안다." 이 말씀이 중요합니다. 하나님이 나를 모른다고 하시면 내 인생은 아무것도 아닙니다.

'그런데 지난날을 돌이켜 보니 그렇지 못한 순간도 많았습니다. 이렇게 빨리 끝날 줄 알았다면 인생을 좀 더 진지하게 살아야 했는데 그렇게 하지 못했습니다. 일에 빠져서 허덕이며 살다 보니 참 후회가 많습니다. 다시 한 번 저에게 기회를 주신다면 정신 차리고 제대로 살아 보겠습니다.' 이 마음이 가득했던 거예요. 그래서 "나를 다시 한 번 살려 주시면 새 인생 살아 보겠습니다" 하고 간절히 기도했습니다.

주여 사람이 사는 것이 이에 있고 내 심령의 생명도 온전히 거기에 있사오니 원하건대 나를 치료하시며 나를 살려 주옵소서 (사 38:16)

하나님이 그 기도를 들으시고 "네 기도를 들었다. 그리고 15년을 더 살게 하겠다"(5절)고 이사야에게 말씀하십니다.

인생의 길이는 하나님이 정하신다

이사야서 38장의 주제는 "죽음에 대해 어떤 자세를 가져야 하는가?" 입니다. 죽음에 대한 올바른 자세는 무엇일까요? 제가 질문할 테니 둘 중에 하나를 선택하세요. ① 기도로 우리의 생명을 연장할 수 있다. ② 하나님이 나를 부르시는 때가 가장 좋은 때다. 둘 중에 어느 것입니까? 죽음에 대한 올바른 태도는 ②번입니다.

많은 성도가 히스기야의 기도를 보며 열광합니다. '대단하다. 기도의 모델이다. 죽을 사람이 기도로 다시 살아나다니! 간절히 기도하면 하나님이 생명도 연장시켜 주신다.' 이렇게 생각합니다. 그런데 여기서 어떤 결과가 나왔습니까? OECD 국가 중에서 죽음의 질이 가장 나쁜 나라가 대한민국입니다. 죽을 준비를 하면서 인생의 마지막 시간을 의미 있게 보내지 못한다는 말입니다. 그런데 한국 기독교인들은 예수를 믿지 않는 사람들보다도 더 죽음을 준비하지 못합니다. 죽음의 질이 믿지 않는 사람들보다도 더 못합니다.

왜 그럴까요? 내 생명을 기도를 통해서 연장시킬 수 있다고 생각하기 때문입니다. 이것을 지지해 주는 성경이 이사야서 38장입니다. 히스기야가 기도했을 때 하나님이 죽는다고 말씀하셨지만 다시 살아났으므로, 병원에서 "더 이상 방법이 없으니 준비하세요"라고 말해도 "아니에요. 기도하면 돼요" 하면서 끝까지 죽을 준비를 하지 않는 것입니다.

생명이 얼마 남지 않은 환자에게 말씀을 전해 달라고 부탁받을 때가 있습니다. 가 보면 하나님이 부르시는 것이 분명해요. 준비를 하셔야 되겠다는 마음이 들면 얘기합니다. "하나님이 부르시는 것 같습니다. 이제 마음의 준비를 하셔야 합니다. 신앙고백을 해 봅시다."

그러면 "네" 하면 좋은데, "내가 왜 죽어요? 기도하면 살 수 있잖아요? 아무개가 그러는데 나 기도하면 살 수 있대요. 이걸 통해서 하나님이 나를 크게 쓰시려고 연단하는 거래요." 이렇게 죽음을 거부하는 분들이 많습니다. 그래서 돌아가시는 그날까지도 아무 준비도 못하고, 유언도 못 남기고 돌아가시는 경우가 많습니다. 자녀들이 부모님의 이런 모습을 보면서 갈등하는 것을 많이 보았습니다.

하나님이 히스기야에게 "네가 죽으리라" 말씀하신 그때 그의 나이가 39세였습니다. 25세에 왕이 되어서 14년간 통치했습니다. 정말 죽기에는 너무 아까운 나이죠. 그래서 그가 눈물로 기도했을 때 하나님이 생명을 연장해 주셨는데, 그 생명 연장의 의미가 무엇인가를 정확하게 이해해야 합니다.

하나님의 원래 계획은 39세에 부르는 것이었는데 히스기야의 기도가 너무나 간절해서 계획을 변경하신 걸까요? 원래 하나님의 계획에 하자가 있었던 것일까요? "내가 잘못 생각했다. 네 기도를 들어 보니 조금 더 사는 것이 좋겠구나. 15년을 더 살아라" 하신 것일까요? 아닙니다. 본문은 죽을 때가 되어도 기도하면 생명을 연장할 수 있다는 말이 아니라 정반대입니다. "내가 너를 부르기로 정한 시간은 완전하다. 너에게 가장 좋은 시간이다. 그러니 생명을 연장해 달라고 하지 말라"는 뜻입니다.

그럼 왜 기도를 들어 주셨나요? 그것은 오(誤)시범, 잘못된 시범입니다. 잘못된 것을 보여 주면서 이렇게 하지 말라고 가르치신 것입니다. 그런데 사람들이 이것을 정(正)시범으로 해석한 것입니다. 기도하면 죽을 사람도 산다고 본문의 의도를 오해한 것입니다. 육체적 삶에 대한 애착 때문에 하나님의 의도를 오해한 것입니다. 증거가 있습니다. 히스기야가 생명을 연장받은 사건 때문에 유다 역사에서 두 가지 중요한 사건이 발생합니다.

첫째, 히스기야는 39세에 자식이 없었어요. 후사 없이 죽는 것이 너무도 마음 아파서 울었는데 하나님이 생명을 연장해 주시고 3년 후에 그에게 아들을 주셨습니다. 그 아들의 이름이 므낫세입니다. 므낫세를 낳은 결과가 좋았는가? 나빴습니다. 최악이었습니다. 므낫세의 죄가 어느 정도였는가는 열왕기하에 기록돼 있습니다.

요시야와 같이 마음을 다하며 뜻을 다하며 힘을 다하여 모세의 모든 율법을 따라 여호와께로 돌이킨 왕은 요시야 전에도 없었고 후에도 그와 같은 자가 없었더라 그러나 여호와께서 유다를 향하여 내리신 그 크게 타오르는 진노를 돌이키지 아니하셨으니 이는 므낫세가 여호와를 격노하게 한 그 모든 격노 때문이라 여호와께서 이르시되 내가 이스라엘을 물리친 것같이 유다도 내 앞에서 물리치며 내가 택한 이 성 예루살렘과 내 이름을 거기에 두리라 한 이 성전을 버리리라 하셨더라 (왕하 23:25-27)

요시야 왕은 온 마음을 다해 하나님을 섬긴 아주 훌륭한 왕이었습니다. 이렇게 전무후무한 훌륭한 왕이 있으면 하나님이 그를 봐서라도 진노를 참으실텐데 요시야 왕이 있어도 안 된다는 것입니다. 왜냐하면 므낫세 왕의 죄가 너무나 커서, 므낫세에 대한 하나님의 진노가 극에 달해서 유다를 향한 하나님의 진노를 돌이킬 수 없다고 하십니다. 그래서 유다와 예루살렘과 성전을 버리겠다고 선언하십니다. 므낫세의 죄 때문에 하나님은 유다에 대한 멸망을 확정하십니다.

둘째, 히스기야가 병에서 회복된 것을 축하하면서 바벨론이 축하사절단을 보냅니다. 감격한 히스기야는 보물 창고와 병기고를 다 보여 줍니다. 그때 하나님이 히스기야를 심판하십니다. "네 보물 창고와 병기고를 다 보여 줬지? 그런데 그것 때문에 바벨론에 망할 것이다." 여기에 대한 내용은 다음 장에서 살펴보겠습니다. 결국 히스기야가 15년 더 산 것 때문에 남유다가 바벨론에 망하게 됩니다.

그래서 히스기야의 15년은 아무 의미가 없는, 개인과 국가에 불행한 사건을 가져오고 맙니다. 하나님의 결정이 가장 선하다는 것을 보여 주려고 일부러 원래 결정을 번복하면서 후대에 교훈을 주신 것입니다. 물론 우리는 하나님의 자녀로서 간구해야 하고 응답을 받지만, 그리고 더 많이 응답을 받아야 하지만, 그러나 하나님이 어느 순간에 분명한 결정을 선포하실 때는 그것을 수용하는 것이 올바른 믿음입니다.

만약에 하나님이 부르실 때 히스기야가 그대로 순종했다면, 39세에 인생을 끝냈다면, 그는 역사에 길이 남을 성군이 되었을 것입니다. 정말 실수 없이 깨끗한 인생을 살아간 모델이 되었을 것입니다. 39세는 우리가 볼 때는 짧지만 하나님이 볼 때는 충분한 것입니다. 오래 살면 인생이 더 완성되고 짧게 살면 미완성이 아닙니다. 하나님이 허락하신 인생의 길이, 그것으로 족한 것입니다.

"몇 살까지 살고 싶으세요?" 누군가 물었을 때 우리는 어떻게 대답하면 될까요? "그것은 아무도 모릅니다. 하나님이 허락하신 그때까지 살겠지요. 다만 주어진 시간을 진실하게 살다가 부르실 때 기쁘게 가기를 원합니다." 이것이 정답입니다.

이사야서 38장을 통하여 하나님은 말씀하십니다. "너에게 얼마나 시간을 더 주면 만족하겠느냐? 내가 너를 부르는 그 시간이 너에게 가장 좋은 시간이다. 그러므로 하루하루를 진실하게 최선을 다해 살다가, 내가 부를 때 '아멘!' 하고 오는 사람이 돼라." 여기에 바로 응답하기를 축원합니다.

> "주신 시간을 귀하게 여기고 열심히 살다가, 주께서 부르실 때 '아멘!' 하고 갈 수 있게 하소서."

생명의 주인이신 하나님!

하나님이 부르시는 그날은 언제일지 모르며 순서도 없다는 것을 알게
하소서. 나를 부르시는 그때가 최선의 시간이라는 것을 깨닫게 하시고,
더 나아가서 죽음이란 두려운 것이 아니라 하루하루를 진실하게 살아
간 사람에게는 하나님의 선물이라는 것을 잊지 않게 하소서. 질병을 겁
내지 않도록 도와주시고, 오히려 질병을 통해 우리의 연약함과 생명의
중요성을 다시 확인하고, 잘 회복되어 더 진실하고 가치 있는 인생을
살게 하소서. 그러나 하나님이 부르실 때는 "아멘!" 하며 나아가는 귀한
믿음을 허락해 주소서.

함께 이야기하기

[1] 생명이 끝날 것이라는 소식 앞에 히스기야는
    어떻게 기도했나요?

[2] 하나님께서 히스기야의 기도를 들어 주신
    이유는 무엇인가요?

[3] "몇 살까지 살고 싶은가?"에 대한 올바른 응
    답은 무엇일까요? 만약 히스기야와 같은 상
    황에서 나는 어떻게 응답했을까요?

08

교만의
결과

이사야 39:1-3

어떤 사람이 자기 멋대로 살다가 마음을 잡고 교회를 다니기 시작했습니다. 신앙생활에 재미를 붙이고 즐겁게 봉사도 했습니다. 그런데 어느 날 병에 걸렸습니다. 그리고 1년 후에 죽었습니다. 장례식을 하는데 믿지 않는 친척들이 뒤에서 비난을 했습니다. "예수 안 믿고 살 때는 건강했는데 교회 다니고 열심히 예수 믿었는데 왜 병에 걸려 죽게 하는가? 하나님도 참 심술궂다." 그 말을 듣고 목사님은 이렇게 말했습니다. "하나님은 사람을 언제든지 불러 가실 수 있습니다. 그런데 질병을 통해 그 영혼을 깨끗하게 씻고 잘 준비시켜서 하나님 나라로 불러 가신 것은 큰 은혜입니다." 그 말을 듣고 친척들은 조용해졌다고 합니다.

하나님이 사람을 불러 가시는 방법은 많습니다. 질병으로, 사고로, 예측할 수 없는 여러 가지 방법으로 하나님은 사람을 부르십니다. 그런데 가장 많이 불러 가시는 방법이 질병입니다. 저는 죽음을 연구하면서 '하나님은 왜 가장 많은 사람을 질병을 통해 부르실까? 거기에는 하나님의 뜻이 있을 텐데 그것이 무엇일까?' 많이 생각했습니다.

질병은 하나님을 만날 기회다

사람은 왜 병에 걸릴까요? 직접적인 이유는 의학적으로 따질 수 있습니다. 그러나 신학적으로는 분명합니다. 육체와 연관된 모든 소망을 내려놓으라는 것입니다. 그래서 진정한 소망이신 하나님을 바라볼 수 있도록 해 주는 것이 질병입니다. 가장 답답하고 무기력한 병상에서 자기의 한계를 인식하고 영원한 생명을 바라보게 하려는 것입니다.

시편 39편에 보면 다윗 왕이 병들었습니다. '하나님은 나를 사랑하신다면서 왜 내게 이런 병을 주시는가?' 마음속에 많은 질문과 불평이 생겼습니다. 그러나 묵묵히 아픔을 참고 견뎌 내면서 그는 마침내 깨닫게 되었습니다.

첫째, '인간이란 참 연약한 존재로구나.' 아프기 전에는 꿈도 많았고, 능력도 있고, 모든 것을 다 할 수 있다고 생각했는데, 아프고 보니 내 맘대로 할 수 있는 것이 없다는 것을 알게 되었습니다. 둘째, '인생은 참 짧구나.' 건강할 때는 죽음이 남의 일입니다. 그러나 아프고 나니 내가 언제 어떻게 될지 모릅니다. '내 인생은 한 뼘에 불과하구나. 이 짧은 인생을 돌이켜 보니 뭐 하느라고 바쁘게 살았는가? 헛된 일로 소란했구나.' 가치 없는 일로 너무 바빴다는 것을 알게 되었습니다. 셋째, '소망은 하나님께 있구나.' 그래서 고백합니다. "주여 이제 내가 무엇을 바라리요 나의 소망은 주께 있나이다"(시 39:7). 육체를 통해 연결되는 모든 소망을 잃어버린 후에, 진정으로 소망을 하나님께 두는 사람이 되었습니다. 명예, 재산, 자녀, 권력… 이 모든 것이 나의 진정한 소망이 될 수 없다는 것을 깊이 깨닫게 된 것입니다.

다행히 다윗은 회복되었습니다. 그 후에 그는 질병이란 자기의 연약함과 인생의 짧음과 하나님만이 진정한 소망이라는 것을 알게 해 주는 하나님의 은혜라는 것을 깨닫고 백성에게 이것을 가르치려고 시편을 기록한 것입니다.

많은 사람이 말합니다. "9988234! 99세까지, 88하게 살다가, 2-3일 아프고, 죽으면(4, 死) 좋겠다." 참으로 원하는 바입니다. 그러나 그렇게 되면 인간은 교만해집니다. 자기의 연약함도 모르고, 인생의 짧음도 모르고, 하나님께 소망을 두지도 않고, 이 세상이 전부인 것처럼 정신없이 살다가 하나님이 부르실 때 아무 준비도 없이 서게 될 것입니다. 평소에 하나님을 만날 준비가 잘 되었다면 마지막 날까지 건강하게 살다 가면 더 바랄 게 없지요. 그러나 혹시 아픈 가운데 있다면 하나님을 만날 준비를 하는 기회로 삼아야 합니다. 그 후의 인생이 새로워질 것입니다. 이런 의미에서 질병은 하나님을 만날 준비를 하게 해 주는 은혜입니다.

히스기야의 실수

히스기야에게 덤으로 주어진 15년의 삶은 어떠했을까요? 바벨론 왕이 히스기야의 회복을 축하하는 사절단을 보냈습니다(1절). 그 당시 바벨론은 앗수르에 눌려 있던 나라입니다. 그런데 유다 때문에 앗수르가 망하게 되었으니, 세상에 이렇게 기쁜 일이 없죠. 고맙기도 하고 잘 지내야겠다고 생각한 것입니다.

이것은 정치적 목적이고, 또 하나는 종교적 목적도 있었습니다. 바벨론은 태양신을 섬기는 나라입니다. 그런데 히스기야가 회복되면서 아하스의 해시계에서 해 그림자가 10도 물러갔습니다(사 38:8). 굉장한 일입니다. 바벨론 사람들이 볼 때는 자기들이 섬기는 신이 히스기야에게 은총을 베푼 것입니다. 그러므로 '도대체 유다는 어떤 나라이며 히스기야는 어떤 사람인가?' 그것을 알아내야겠다고 생각한 것입니다.

여기에 대한 히스기야의 반응은 어떠했습니까?

히스기야가 사자들로 말미암아 기뻐하여 그들에게 보물 창고 곧 은금과 향료와 보배로운 기름과 모든 무기고에 있는 것을 다 보여 주었으니 히스기야가 궁중의 소유와 전 국내의 소유를 보이지 아니한 것이 없는지라 (사 39:2)

'바벨론은 유다와는 비교가 되지 않는 큰 나라인데 그 나라의 왕이 나에게 사절단을 보내다니! 예물과 함께 글을 보내다니!' 하며 감격합니다. 여기서 글이란 '두 나라가 힘을 합쳐서 끝까지 앗수르에 대항하고 동맹으로 살아가자'는 동맹 제의 문서입니다. 히스기야는 대규모 축하 사절단과 동맹 제의를 받고 너무나 기뻐했습니다. '그렇다면 나도 뭔가 보여 줘야지. 그들의 기대에 어긋나지 않을 만큼 나도 힘이 있다는 것을 보여 줘야지.' 그래서 우리도 이런 보물과 무기를 가지고 있다는 것을 과시하려고 다 보여 주었습니다.

이사야가 히스기야를 찾아가서 물었습니다. "그들이 무슨 말을 하였으며 어디서 왔습니까?" 그러자 히스기야는 "멀리 바벨론에서 왔습니다. 내가 가진 것을 다 보여 주었습니다" 하고 대답합니다. 여기에 대한 하나님의 심판이 나옵니다.

보라 날이 이르리니 네 집에 있는 모든 소유와 네 조상들이 오늘까지 쌓아 둔 것이 모두 바벨론으로 옮긴 바 되고 남을 것이 없으리라 여호와의 말이니라 또 네게서 태어날 자손 중에서 몇이 사로잡혀 바벨론 왕궁의 환관이 되리라 하셨나이다 하니 (사 39:6-7)

"네가 보여 준 모든 것이 하나도 남김없이 바벨론으로 옮겨질 것이다. 바벨론에 몽땅 뺏길 것이다. 그리고 유다의 왕족들이 바벨론의 환관 노릇을 할 것이다. 유다가 바벨론에 망하고, 포로로 잡혀갈 것이다"라고 말씀하셨습니다. 이렇게 해서 이사야서 전반부(39장)가 끝납니다.

39장은 이사야서의 전반부(1-39장)와 후반부(40-66장), 두 부분을 이어 주는 교량 역할을 합니다. 39장은 유다가 바벨론에 망할 것이라는 예언으로 끝납니다. 그리고 40장부터는 바벨론에 포로로 끌려간 사람들에게 예언하는 내용입니다. 그러니까 39장과 40장 사이는 시간이 100년 이상 차이가 납니다. 39장에서는 아직 앗수르도 망하지 않았습니다. 망하려고 하는 중입니다. 그런데 40장은 바벨론이 일어나서 앗수르를 멸망시켰고 전 세계를 제패했으며, 유다가 바벨론에 망한 이후의 이야기입니다.

다 보여준 이유

여기서 질문이 생깁니다. "히스기야가 바벨론에게 모든 것을 보여 준 것이 나라가 망할 만큼 큰 죄인가? 궁전의 보물과 무기고를 보여 준 바로 그 죄 때문에 나라가 망하는 것인가?" 아닙니다. 수없이 많은 죄가 쌓여서 망하는 것이지요. 그러나 히스기야의 행위 속에 결정적인 죄가 들어 있습니다.

그 죄가 뭘까요? 그 죄의 이름은 교만입니다. 히스기야가 앗수르로부터 벗어나고 죽을병에서 살아나게 된 것이 히스기야의 힘이었나요? 아닙니다. 하나님의 은혜였습니다. 은혜의 결과로 히스기야가 그만큼

커졌지만 그것은 그의 실제 모습이 아닙니다. 그런데 사람들은 히스기야를 크게 만드신 하나님이 보이지 않기 때문에 히스기야가 위대하다고 생각하고 축하하며 그를 높였습니다.

그런데 히스기야는 거기에 만족하지 않았습니다. '너희가 나를 이 정도라고 생각하지? 그러나 사실 나는 너희가 생각하는 것보다 더 큰 사람이야.' 하나님이 높여 주신 것보다 자기는 더 큰 사람이라고 스스로를 높였습니다. 이것이 교만입니다. 히스기야 뒤에 하나님이 있을 때 히스기야가 큰 사람이 되는 것이지, 하나님이 빠져 버린 히스기야는 아무 힘도 없는 초라한 인간에 불과합니다. 그런데 히스기야는 이것을 몰랐던 것이지요.

마치 무엇과 같은가? 옛날에 임금님이 타는 당나귀 한 마리가 있었습니다. 임금님이 당나귀를 타고 여기저기를 순찰하면 많은 백성이 나와서 왕에게 환호하고 엎드려 절했습니다. 임금님을 등에 태운 당나귀는 왕을 태웠기 때문에 온갖 아름다운 장식을 해서 멋지게 보였습니다. 자기 모습을 바라보던 당나귀는 백성의 환호 소리를 듣다가 갑자기 왕을 땅에다 내동댕이쳤습니다. 왕이 없으면 그 모든 백성의 환호를 자기 혼자 다 받을 수 있을 것이라고 생각했기 때문입니다. 그러나 당나귀가 왕을 땅에다 내동댕이치는 순간 당나귀의 목이 잘렸습니다. 《이솝우화》에 나오는 이야기입니다.

히스기야가 왜 이렇게 되었습니까?

그때에 히스기야가 병들어 죽게 되었으므로 여호와께 기도하매 여호와께서 그에게 대답하시고 또 이적을 보이셨으나 히스기야가 마음이 교만하여 그 받은 은

혜를 보답하지 아니하므로 진노가 그와 유다와 예루살렘에 내리게 되었더니

(대하 32:24-25)

전쟁에서 이기고 죽을병에서 살아난 히스기야는 교만해졌습니다. 그래서 하나님 은혜에 보답하지 않습니다. 그래서 결국 어떻게 되었을까요?

그러나 바벨론 방백들이 히스기야에게 사신을 보내어 그 땅에서 나타난 이적을 물을 때에 하나님이 히스기야를 떠나시고 그의 심중에 있는 것을 다 알고자 하사 시험하셨더라 (대하 32:31)

바벨론의 사신들이 찾아왔을 때 하나님이 히스기야를 떠나셨습니다. 그리고 히스기야를 시험하셨습니다. 겸손하게 하나님을 인정하는 사람인지, 교만하여 자기를 드러내는 사람인지 테스트를 하셨습니다. 하나님의 시험에서 그는 낙방했습니다.

바벨론 사절단이 와서 물었습니다. "도대체 어떻게 된 일입니까?" 이것이 하나님의 시험 문제였습니다. 이 질문에 대해 히스기야가 어떻게 대답해야 했을까요? "주여, 저 사람들이 왜 왔나이까? 제가 이럴 때 어떻게 해야 합니까? 가르쳐 주소서." 그렇다면 하나님이 뭐라고 대답하셨을까요? "네가 가진 가장 큰 자랑거리가 있지? 너는 하나님을 자랑하라. 그러면 하나님은 영광을 받으실 것이고 너와 네 나라는 안전하리라. 그리고 그들은 하나님을 알게 되리라." 이렇게 대답해 주시지 않았을까요?

이렇게 히스기야는 하나님을 증거할 절호의 기회를 잃어버렸습니

다. 그렇게 되었다면 바벨론이 깨달았을 것입니다. '유다는 작지만 그 뒤에는 여호와 하나님이 계시는구나. 여호와 하나님이 히스기야를 사랑하시는구나.' 그렇다면 감히 누가 건드리겠습니까? 인간의 무기와 군사력으로 어떻게 해 볼 수가 없는 것입니다. 그래서 하나님을 자랑하고 하나님께 영광을 돌리면 하나님은 영광을 받으시고, 나는 안전한 것입니다. 그 복을 영원히 누리는 것입니다.

하나님이 나와 함께하시는 비결

하나님이 나를 떠나지 않고 나와 함께하시는 비결이 뭘까요? 겸손하면 하나님이 함께하십니다. 겸손한지 아닌지 어떻게 알 수 있습니까? 하나님께 영광을 돌리면 겸손한 것입니다. 그러면 하나님이 함께하시고, 그를 통해 영광을 받으시고, 더 나아가서 그를 높여 주십니다. 그러나 내가 교만하면 하나님은 나와 함께하실 수 없습니다. 그래서 떠나십니다.

생각해 보세요. 내가 스스로를 영광스럽게 하는 것과 주님이 나를 영광스럽게 하시는 것, 둘 중에서 어느 것이 클까요? 어느 것이 나에게 유익할까요? 하나님이 나를 영광스럽게 하시는 것입니다. 논리적으로 설명해 보겠습니다. 내가 스스로 까치발을 들고 뛰어야 얼마나 되겠어요? 50센티미터도 안 될 것입니다. 그리고 다리가 아파서 오래 서 있지도 못합니다. 그러나 하나님이 나를 높이시면 얼마든지 높아집니다. 영광의 공식을 알려 드릴 테니 평생 잊지 말고 실천하기 바랍니다.

만일 하나님이 그로 말미암아 영광을 받으셨으면 하나님도 자기로 말미암아 그에게 영광을 주시리니 곧 주시리라 (요 13:32)

이스라엘의 사울 왕은 자기 영광에 목말랐던 사람입니다. 왜 그렇게 자기 영광에 목말랐을까요? 그 마음이 하나님을 떠났기 때문입니다. 그 빈 마음을 채우기 위해 그는 하나님의 영광을 도적질합니다. 그 결과 그는 망합니다. 그러나 다윗 왕은 자기 영광에 목마르지 않았습니다. 오직 하나님께 영광을 돌렸습니다. 그런데 하나님이 그를 높여 주셨습니다. 그래서 가장 위대한 왕이 됩니다. 이것이 하나님이 주시는 진짜 영광입니다. 그러므로 의심하지 말고 하나님께 영광 돌리기를 힘써 보세요.

내가 아랫사람이라면 윗사람에게 영광을 돌리세요. 그러면 손해 볼 것 같습니까? 아닙니다. 그 사람이 나를 귀하게 여겨 줄 것입니다. 부부 사이에도 영광을 돌리세요. 나에게 영광을 돌리라고 하면서 계속 손해만 보지 말고 먼저 배우자에게 영광을 돌리세요. 가정이 변할 것입니다.

우리가 자랑할 것은 내가 아닙니다. 오늘의 나를 있게 하신 하나님입니다. 여러분 모두 하나님의 은혜를 기억하며 하나님께 영광 돌리며 언제나 하나님과 함께 걸어가는 인생이 되기를 축원합니다.

"하나님의 은혜로 살면서 자기 스스로 그렇게 된 것처럼 교만했던 히스기야처럼 변질되지 않고 끝까지 겸손하게 하나님께 영광을 돌리며 살게 하소서."

우리에게 복 주기를 기뻐하시는 하나님!

연약할 때는 하나님을 의지하다가 힘이 생기면 하나님을 떠나 스스로의 힘으로 사는 것처럼 착각하지 않게 하소서. 스스로 영광을 추구하다가 망하지 않게 하소서. 영광의 공식을 알고 실천하며 살게 하소서.

함께 이야기하기

[1] 바벨론의 사절단이 찾아왔을 때 히스기야가 지은 죄는 무엇일까요?

[2] 하나님께서 나와 함께하시는 비결은 무엇인가요?

[3] 겸손히 하나님께 영광을 올려 드릴 때 경험한 유익이 있다면 나눠 봅니다.

02

하나님과
나 사이에
걸림돌 치우기

09

진정한 위로는
어디에 있는가

이사야 40:1

전에 일본 여행을 하다가 유명한 신사를 방문하게 되었는데 그 신사에서 인상적인 장면을 보았습니다. 고등학교 교복을 입고 모자까지 쓴 학생과 그 아들의 손을 잡은 아버지가 신사에 있는 어떤 나무 앞에서 경건하게 기도하는 모습이었습니다. 너무도 간절해서 한참 쳐다보다가 들어갔는데 그 신사를 한 시간 넘게 돌아보고 나왔는데도 두 사람이 그때까지 그 자리에 서 있었습니다.

아마도 아들의 진학 문제로 함께 기도하고 있는 것 같았는데 어쩌면 저렇게 정성껏 서서 미동도 하지 않고 기도할 수 있을까 놀라면서 속으로 생각했습니다. '두 사람의 믿음은 큰데 그들이 믿는 신이 너무 초라하구나. 참 안타깝다. 저런 기도를 하나님께 드릴 수 있다면 얼마나 좋을까?' 그러면서 내가 하나님을 알고 믿고 사랑하게 된 것이 인생 최대의 축복이라는 것을 고백하며 신사를 내려온 적이 있습니다.

위로가 있어야 쓰러지지 않는다

이사야서 후반부가 시작되는 40장은 바벨론에 포로로 끌려간 유다 백성에게 하나님이 주시는 예언입니다. 40-66장까지 후반부 내용은 신약성경과 아주 비슷합니다. 바벨론 포로에서 해방될 것이라는 복음을 선포하면서, 그것을 예표로 해서 마지막 날에 이루어질 메시아의 오심과 죽음, 그리고 그 결과로 이루어지는 메시아 나라의 완성(재림과 새 하늘과 새 땅)에 대한 예언까지 나옵니다.

이제 이사야는 먼 미래에 있을 바벨론에 포로 된 유다 백성을 향해 예언합니다.

> 너희의 하나님이 이르시되 너희는 위로하라 내 백성을 위로하라
>
> (사 40:1)

하나님이 고통 중에 있는 자기 백성을 위로하시겠다는 말씀입니다. 포로가 된 사람에게는 위로와 소망이 필요합니다. 그것이 있어야 쓰러지지 않습니다. 그러므로 위로하라는 것입니다. 바벨론 강가에서 강제 노역에 시달렸던 히브리 노예들이 얼마나 많이 울었을까요? 얼마나 슬프고 낙심했겠습니까? 하나님이 이렇게 되지 말라고 얼마나 많은 예언자를 보내서 말씀하셨는데 그것을 비웃고 불순종하다가 이렇게 되었습니다. 노예 생활도 힘들고, 하나님을 거역하고 버림받은 것 같은 슬픔과 두려움이 그들을 사로잡았습니다. 인간적으로는 아무 희망도 없습니다. 그런데 놀라운 일이 일어났습니다. 하나님의 말씀이 들려왔습니다.

> 너희는 예루살렘의 마음에 닿도록 말하며 그것에게 외치라 그 노역의 때가 끝났고 그 죄악이 사함을 받았느니라 그의 모든 죄로 말미암아 여호와의 손에서 벌을 배나 받았느니라 할지니라 하시니라 (사 40:2)

지금까지는 호통치고 협박도 했습니다. 그러나 이제는 형식적인 말이 아니라 "마음에 닿도록" 진정으로 부드럽게 그들을 위로하고 포로에서 해방될 것을 선포하라는 것입니다. 그 선포의 내용이 무엇입니까? "노역의 때가 끝났고 죄악이 사함을 받았으며 벌을 배나 받았느니라."

노역이란 강제로 해야 하는 어려운 노동입니다. 포로의 삶 자체가 노역입니다. "노역이 끝났다!"는 해방을 선포합니다.

　포로 생활은 왜 있었습니까? 죄 때문입니다. 그럼 고통을 통해 죄가 사라진 것일까요? 아닙니다. 아무리 10년, 100년 동안 고통을 받아도 고통 자체가 죄를 사해 주지는 못합니다. 고통은 죄를 깨닫고 회개하게 만드는 촉진제일 뿐입니다. 죄 사함은 회개를 통해서만 가능합니다. 벌을 배나 받았다는 말은 그들의 죄에 비해서 하나님이 너무 많은 벌을 주셨다는 뜻이 아닙니다. 사실 지은 죄에 비하면 그들이 받은 죄는 당연하고 더 받아야 합니다. 그래서 참으로 회개하는 사람은 반드시 이렇게 고백하게 되어 있습니다. "내 죄에 비하여 징계는 가벼운 것이었습니다." 그러나 그들을 사랑하시는 하나님은 그들이 벌을 배나 받은 것처럼 아파하십니다. "얼마나 힘들었니? 고생이 너무 많았다." 이렇게 위로하시는 것입니다.

준비되어야 받을 수 있다

　그렇다면 하나님이 주시는 위로를 어떻게 받아야 할까요? 저쪽에서 아무리 주려고 해도 이쪽에서 준비되지 않으면 받을 수 없습니다. 하나님은 이사야에게 세 가지를 일러주십니다. 이사야서 40장에는 "이르되"라는 말이 세 번 나옵니다. 즉 "이렇게 말하라"는 것입니다.

첫째, 하나님과 나 사이에 마음의 길을 만들라고 하십니다.

외치는 자의 소리여 이르되 너희는 광야에서 여호와의 길을 예비하라 (사 40:3상)

광야는 길이 없는 곳입니다. 광야를 가 보면 골짜기는 움푹 패이고 산과 언덕도 많고 길 같지도 않은 길이 굽이굽이 나 있습니다. 사람의 마음이 광야와 같다는 것입니다. 나와 하나님 사이에 길을 만들어야 합니다. 그 길을 어떻게 만들 수 있습니까?

골짜기마다 돋우어지며 산마다, 언덕마다 낮아지며 고르지 아니한 곳이 평탄하게 되며 험한 곳이 평지가 될 것이요 (사 40:4)

골짜기처럼 가라앉고 낙심한 마음은 돋우고, 산과 언덕처럼 높아지고 교만한 마음은 낮추고, 왜곡되고 굽은 마음은 펴서 평탄한 대로를 만들어야 합니다. 하나님과 나 사이에 마음의 고속도로를 만들어야 합니다. 그래야 하나님의 말씀을 그대로 받을 수 있습니다.

이렇게 마음의 길을 만드는 작업이 회개입니다. 세례 요한은 마태복음 3장에서 본문을 인용합니다. "회개하라 천국이 가까이 왔느니라" 하면서 "너희는 주의 길을 준비하라 그가 오실 길을 곧게 하라"(마 3:2-3)고 말했습니다. "포로가 된 이유가 죄 때문이니까 회복되려면 회개를 통해 하나님과 너 사이에 길을 만들어라." 그리하면 "여호와의 영광이 나타난다"(5절)고 설명합니다.

둘째, 바벨론을 두려워하지 말라고 하십니다.

이르되 모든 육체는 풀이요 그의 모든 아름다움은 들의 꽃과 같으니

(사 40:6하)

왜 이런 말씀을 하시는 걸까요? '정말 우리가 노예에서 해방되어 고국으로 돌아가는 일이 가능할까? 우리는 노예이고 상대는 세계 최고의 강대국 바벨론인데 우리가 무슨 수로 해방이 되어 고국으로 돌아갈 수 있겠는가? 불가능하다.' 이런 마음이 백성에게 있었기 때문입니다. 그래서 하나님은 말씀하십니다. "모든 육체는 풀이며 꽃이다. 그 아름다움은, 인간의 힘과 영광은 들의 꽃과 같다. 바벨론은 육체에 불과하다. 그 나라는 영원하고 그 권세는 강해서 결코 그 손에서 벗어날 수 없을 것 같지? 아니다. 여호와의 바람이 한 번 불면 시들어 떨어지는 것이다. 바벨론 제국이 아무리 화려하고 강해 보여도 꽃처럼 떨어진다. 그러므로 바벨론을 두려워하지 말라."

셋째, 하나님을 바라보라고 하십니다.

아름다운 소식을 시온에 전하는 자여 너는 높은 산에 오르라 아름다운 소식을 예루살렘에 전하는 자여 너는 힘써 소리를 높이라 두려워하지 말고 소리를 높여 유다의 성읍들에게 이르기를 너희의 하나님을 보라 하라 (사 40:9)

"너희가 회개하여 세상을 두려워하지 않고 하나님을 바라보면 하나님의 구원이 너희에게 임할 것이다"라고 하십니다. 그러니까 자신을 보아도 안 되고 세상을 바라보아도 안 됩니다. 자신을 보면 노예일 뿐입니

다. 바벨론이라는 세상을 쳐다보면 낙심할 수밖에 없습니다. 세상을 바라보면 낙심하고 불안해집니다. 그렇다고 자신을 바라보면 용기가 생기나요? 그렇지 않습니다. 우리 인간의 마음은 아주 커다란 텅 빈 공간이기 때문에 자신을 바라보면 어두워지게 되어 있습니다.

최근에 한 성도님이 제게 이런 말을 했습니다. "제게 우울함에서 벗어나는 비결이 있습니다." 제가 "뭔데요?" 하고 물으니 "우울해지면 누워 있지 않고 벌떡 일어나서 운동을 합니다. 그런데 운동만 가지고는 안 됩니다. 목사님의 설교 말씀을 들으면서 운동을 하면 깨끗이 해결됩니다"라고 했습니다. 그 말을 들으면서 '참 대단하시다. 어쩌면 저렇게 정확하게 그 방법을 아실까?' 생각했습니다. 우리는 스스로 빛날 수 있는 자체 발광체가 아닙니다. 빛이신 하나님을 바라보지 않으면 금방 어두워지는 존재입니다.

하나님은 어떤 분이신가

그렇다면 우리가 바라보아야 할 하나님은 어떤 분입니까? 아주 다정하고 섬세하게 양 떼를 돌보시는 목자입니다(11절). 동시에 어마어마하게 큰 분이십니다. 열방이 한 방울의 물과 같고, 저울의 티끌 같으며 섬들은 먼지와 같다고 하십니다(15절). 아무리 강대국이라 할지라도 하나님 앞에서 아무것도 아니고 하나님은 그들을 없는 것같이 여기십니다(17절). 그러니 걱정하지 말라고 하십니다. 진정한 있음 자체이신 하나님 앞에 세상의 모든 것은 없는 것과 같습니다.

반면에 우상은 어떤 존재입니까? 우상은 없는 것, 사람이 만든 것, 제 스스로 움직이지도 못하는 것입니다. 그러나 하나님은 창조주입니다. 그러므로 하나님과 우상을 비교하지 말라고 하십니다(18절). 왜 이런 말을 하실까요? 유다 백성이 하나님의 위로를 받아들이고 기뻐하며 환호성을 질러야 되는데 그들의 반응은 전혀 그렇지 않았기 때문입니다.

> 야곱아 어찌하여 네가 말하며 이스라엘아 네가 이르기를 내 길은 여호와께 숨겨졌으며 내 송사는 내 하나님에게서 벗어난다 하느냐(사 40:27)

그들은 "하나님이 내 사정을 어떻게 아시겠는가? 내가 이렇게 원통하게 압제당하는데 하나님은 내 편을 들어 주지 않으신다"고 원망했습니다. 하나님은 답답해서 "너는 알지 못하였느냐 듣지 못하였느냐"며 자신을 설명하십니다(28절).

이스라엘 백성이 늘 반복하는 이야기가 있습니다. "우리는 애굽의 노예였는데 하나님께서 편 팔과 강한 손으로 우리를 건져 내셨다. 그리고 광야 40년을 동행해 주셨다. 또한 우리의 힘으로는 절대로 들어갈 수 없는 가나안을 정복하게 하시고 거기 들어가서 찬란한 이스라엘 국가를 형성하고 번성했게 하셨다." 그런데 하나님은 "그걸 다 잊었다는 말이냐?" 하고 말씀하십니다.

"영원하신 하나님 여호와"(28절), 즉 '하나님은 영원하시다'는 무슨 의미일까요? 하나님은 과거에만 머무르시는 분이 아니라는 것이죠. 오늘도 그들을 돌보고 사랑하시는 분이고 앞으로도 그러실 분이라는 말입니다. 그리고 "땅끝까지 창조하신 이"(28절)는 그들이 옛날에 살던 예루살렘만 하나님이 창조하신 게 아니라 그들이 포로로 잡혀 와 있는 바벨론도 하나님이 창조하셨고, 땅끝이라고 생각하는 곳에도 하나님이 계신다는 말입니다.

또한 하나님은 "피곤하지 않으시며 곤비하지 않으시며 명철이 한이 없으시며"(28절)는 하나님이 전지전능하셔서 피곤한 자에게 능력을 주시고 무능한 자에게는 힘을 더하실 수 있다는 것입니다. 다시 말하면 누구라도, 어떤 환경에 있어도 하나님이 도와주실 수 있다는 말입니다. 그런데 "너희는 왜 그렇게 낙심하느냐?"고 되물으십니다(27절).

어떻게 위로를 받을 수 있는가

전에 어떤 집사님에게 심방을 갔는데 본문을 가지고 말씀을 전했습니다. 하나님을 앙망하면 새 힘을 주실 것이라고 위로했습니다. 그러자 그분이 이렇게 말했습니다. "하나님은 제 마음을 너무도 잘 아시네요." 저는 그분이 좋은 뜻으로 한 말이라고 생각해서 "그럼요, 하나님은 집사님 마음을 잘 아시지요" 그랬더니 "아니, 제 말은 그런 뜻이 아닙니다. 나는 하나님이 내 형편을 모르신다고 생각하는데, 나의 서운한 마음이 성경에 그대로 나와 있다는 것이 놀랍습니다. '내 길은 여호와께 숨겨졌으며 내 송사는 내 하나님에게서 벗어난다'(27절)는 말씀이 바로 제 마음입니다. 하나님은 능력이 많다면서 그 능력을 나한테 조금만 주시면 내 병도 낫고 문제도 해결될 텐데 능력은 베풀어 주지 않으시면서 능력이 있다고 말씀만 하시면 뭐 합니까?" 하시는 겁니다.

그때 저는 충격을 받았습니다. '본문을 이렇게 읽을 수도 있구나.' 앞이 캄캄했습니다. '이럴 때 내가 무슨 말을 해야 되는가?' 가만히 눈을 감고 기도했습니다. 그리고 이렇게 말했습니다. "하나님이 그런 능력을 가지고 내가 원하는 환경을 만들어 주시면 당장은 좋을 것 같아도, 그렇게 되면 나는 점점 더 세상으로 빠져들어 갑니다. 정말로 하나님이 원하시는 것은 하나님의 능력으로 내가 원하는 세상을 만드는 것이 아니고, 그런 하나님을 믿고 집사님이 세상으로부터 빠져나오는 것입니다. 가진 것이 없고 몸이 불편해도 하나님으로 인하여 만족하고 기뻐하는 그런 사람이 되기를 원하시는 것입니다.

성경에도 있잖아요? '비록 무화과나무가 무성하지 못하며 포도나무에 열매가 없으며 감람나무에 소출이 없으며 밭에 먹을 것이 없으며 우리에 양이 없으며 외양간에 소가 없을지라도 나는 여호와로 말미암아 즐거워하며 나의 구원의 하나님으로 말미암아 기뻐하리로다'(합 3:17-18). 하나님이 원하시는 것이 바로 이것입니다.

집사님이 지금 경제 상황도 좋지 않고 몸도 불편해서 입원해 계시지만 하나님이 무능해서가 아닙니다. 여호와를 앙망하면서 다시 독수리 날개 치며 올라감 같은 것, 그것이 바로 하나님이 원하시는 것입니다. 그럴 때 집사님은 세상을 이긴 사람이 되고 세상을 향하여 하나님을 증거하는 사람이 될 수 있습니다. 하나님의 능력을 의심하지 마세요. 하나님이 나를 사랑하신다는 것도 의심하지 마세요. 그런 하나님을 믿고 이 세상을 두려워하지 말고, 낙심하지 말고 당당하게 살아가는 집사님이 되세요. 그럼 나머지는 하나님이 책임지시지 않겠습니까?"

어떻게 그런 말씀이 생각났는지, 그런 용기가 생겼는지 저도 놀랐습니다. 그 말씀을 나누면서 저와 집사님 모두 마음이 뜨거워져서 함께 간절히 기도하고 돌아온 적이 있습니다. 여러분도 이런 마음이 있지요? '하나님은 능력이 많은데 왜 안 베푸시는가?' 불평하는 마음이 있지요? 그러나 그 능력을 믿고 그 상태에서 일어나는 것이 먼저입니다.

> 오직 여호와를 앙망하는 자는 새 힘을 얻으리니 독수리가 날개 치며 올라감 같을 것이요 달음박질하여도 곤비하지 아니하겠고 걸어가도 피곤하지 아니하리로다
> (사 40:31)

돈을 앙망하고, 직장을 앙망하고, 자녀를 앙망하면서 하나님의 이름만 부르면 안 됩니다. 앙망하는 척만 하면 안 되고 오직 여호와를 앙망해야 합니다. 그럴 때 하나님으로부터 새 힘이 부어집니다. "진정한 위로는 어디 있는가?" 위로의 출처는 돈, 업적, 가족일까요? 아닙니다. 하나님입니다. 전능하신 창조주이기 때문입니다. 위로를 받을 대상은 누굴까요? 병들고 가난한 사람일까요? 아닙니다. 모든 인간입니다. 왜냐하면 풀과 꽃같이 연약하기 때문입니다. 어떻게 위로를 받을 수 있을까요? 위로를 받는 방법은 여호와를 앙망하는 것입니다. 마지막으로 위로의 결과는 어떤 형편에 있든지 독수리처럼 새 힘을 얻는 것입니다. 진정한 위로자이신 하나님의 위로가 우리 모두에게 넘치기를 축원합니다.

> "진정한 위로가 어디 있는지 알게 하시고 하나님의 위로를 받을 수 있게 하소서. 여호와를 앙망하며 독수리처럼 날아오르는 신앙의 용사들이 되게 하소서."

전능하신 하나님!

이스라엘 백성은 하나님이 주신 위로를 들으면서도 위로받지 못했습니다. 그들의 마음이 광야처럼 황폐해졌기 때문입니다. 그들의 마음에 대로를 만들라고 하신 하나님, 우리 마음에도 하나님의 음성을 그대로 듣고 순종하는 대로가 열리게 하소서. 자기를 바라보며 낙담하거나 세상을 두려워하지 않고 언제나 하나님을 바라보게 하소서. 여호와를 앙망하는 사람, 그래서 독수리처럼 날개 치며 올라가는 신앙인이 되게 하소서.

함께 이야기하기

[1] 진정한 위로는 누구에게 받아야 할까요?

[2] 하나님의 위로를 받는 세 가지 방법은 무엇인가요?

[3] 하나님께 위로받은 경험을 나눠 봅니다.

10

누가 세상을
다스리는가

이사야 41:1-4

어떤 아버지가 지붕 위에서 일을 하고 있었습니다. 그것을 바라보던 어린 아들은 자기도 지붕에 올라가고 싶다고 졸랐습니다. 위험하다고 했지만 아이는 막무가내였습니다. 아버지는 그렇다면 조심해서 올라오라고 허락했습니다. 아이는 사다리를 타고 올라가기 시작했습니다. 그런데 중간쯤 올라가던 아이가 밑을 내려다보더니 "아버지, 무서워요!" 하고 소리를 질렀습니다.

그러자 아버지는 말했습니다. "밑을 보면 안 된다. 아버지만 바라봐야지. 사다리는 내가 꼭 붙들고 있으니 걱정하지 말고 나만 쳐다보아라." 아이는 무서웠지만 위에 있는 아버지만 보면서 발을 옮겼습니다. 아이가 한 칸씩 올라갈 때마다 아버지는 "그렇지, 그렇지!" 하면서 아이를 격려했습니다. 마침내 아이는 아버지의 손을 잡았고, 아버지는 힘센 손으로 아이를 붙잡아 끌어올렸습니다.

아이가 지붕에 올라가려면 오직 아버지만 바라보아야 합니다. 다른 것을 바라보면 무서워집니다. 영적으로도 그렇습니다. 나를 바라보고, 세상을 바라보고, 사건을 바라보면 무서워집니다. 주님만을 바라보아야 합니다. 주님만을 바라보며 믿음으로 한 걸음씩 나가야 합니다.

세우는 분도, 무너뜨리는 분도 하나님

이사야서 41장은 '세상을 다스리시는 분'에 대한 말씀입니다. 이 주제는 다시 세 가지로 나눌 수 있는데, '누가 세상을 다스리는가?', '어떻게 세상을 다스리시는가?', '하나님이 참 신이시라는 것을 어떻게 증명할 수 있는가?'입니다.

첫째, 누가 세상을 다스리고 있습니까?

> 섬들아 내 앞에 잠잠하라 민족들아 힘을 새롭게 하라 가까이 나아오라 그리고 말
> 하라 우리가 서로 재판 자리에 가까이 나아가자 (사 41:1)

여호와 하나님이 지금 온 세상을 향해 외치고 있습니다. "모든 나라
와 민족들아, 힘을 모아 보라. 배에 힘을 주고 가까이 나오라. 우리가 재
판 자리에 나가서 누가 진짜 신인지 한번 따져 보자"(1절)고 하십니다. "동
방에서 사람을 일으키고 그 앞에서 모든 나라가 무릎을 꿇게 할 사람이
누구인가?"(2절)라고 물으시는데 이사야서 45장 1절에 고레스라는 이름
이 등장합니다.

> 여호와께서 그의 기름 부음을 받은 고레스에게 이같이 말씀하시되 내가 그의 오
> 른손을 붙들고 그 앞에 열국을 항복하게 하며 내가 왕들의 허리를 풀어 그 앞에 문
> 들을 열고 성문들이 닫히지 못하게 하리라 (사 45:1)

하나님이 고레스를 통해 바벨론 포로에서 유다 백성을 해방시키겠
다는 것입니다. 역사적으로 바벨론을 무너뜨린 왕이 바사(페르시아)의 고
레스(영어로 키루스) 대왕입니다. 이 예언을 언제 했을까요? 지금은 앗수르
가 다스리는 시대입니다. 아직 바벨론이 크게 성장하지도 못했던 시기
입니다. 그런데 앞으로 바벨론이 세계 최강의 나라가 되고, 유다가 바벨

론에 포로로 끌려갈 것이며, 그 후에 고레스에 의해 해방될 것을 예언하는 것입니다. 고레스는 아직 태어나지도 않았던 때입니다.

> 그가 그들을 쫓아가서 그의 발로 가보지 못한 길을 안전히 지났나니 (사 41:3)

바벨론은 난공불락의 성이라서 거의 무너질 수 없었습니다. 그런데 바벨론에 내분이 일어나서 그 결과 멸망합니다. 그래서 고레스는 피를 흘리지 않고 바벨론을 정복했습니다. 3절은 그 사건을 말하는 것입니다.

> 이 일을 누가 행하였느냐 누가 이루었느냐 누가 처음부터 만대를 불러내었느냐 나 여호와라 처음에도 나요 나중 있을 자에게도 내가 곧 그니라 (사 41:4)

4절에 "누가"라는 말이 계속 나옵니다. "내가 곧 그니라"는 "나다. 나 여호와 하나님이 그 일을 할 것이다"라는 의미입니다. 여러분, 한 나라의 지도자를 누가 세웁니까? 그 나라 국민들이 투표해서 세우는 것 같지만, 아닙니다. 사람을 세우고 무너뜨리는 분은 하나님입니다. 여기에 중요한 말씀이 나옵니다. "누가 처음부터 만대를 불러내었느냐"는 수많은 나라들의 흥망성쇠, 만대에 이르기까지 끝없이 세우고 무너뜨리는 이는 "내가 곧 그니라", 즉 하나님입니다. 하나님이 지도자와 나라를 세우기도 하시고, 폐하기도 하십니다. 하나님이 역사를 다스리십니다.

회복이 먼저다

둘째, 하나님은 어떻게 세상을 다스리십니까?

다스림의 방법입니다. 하나님은 사람을 선택하여 세우십니다. 고레스를 불러서 바사를 세우고 바벨론을 무너뜨리게 하십니다. 그러니까 겉으로 보면 고레스가 역사의 주인공처럼 보입니다. 그러나 그는 하나님이 세우신 도구일 뿐입니다. 하나님이 필요한 사람을 일으켜 사용하시는 것입니다. 출애굽을 시키려고 모세를 부르시고, 가나안 정복을 위해 여호수아를 부르시고, 이스라엘을 만들기 위해 다윗 왕을 일으키시고…. 이것이 일반 역사 속에서 일어나는 일입니다.

하나님은 택하여 세운 사람들을 통해 어떤 일을 하십니까? 세상을 심판하시고, 동시에 하나님의 백성을 구원하십니다. 그중에서도 역사의 핵심은 하나님 백성의 구원입니다. 8-9절에서, 하나님은 이스라엘을 택하고 사랑했다고 말씀하십니다. 그러나 그들은 포로가 되어 끌려갑니다. 여기서 질문할 수 있습니다. "아니, 하나님이 유다를 택하셨고 사랑하신다면 포로로 끌려가지 않게 해 주셔야지, 왜 포로가 되게 하시고, 또 그들을 구원할 사람을 보내면서 수고하시는가?"

이스라엘 백성은 하나님을 버리고 우상을 섬겼습니다. 세상으로 마음을 채웠습니다. "그러므로 우상의 나라인 바벨론에 가서 세상을 한번 똑바로 경험하고 돌아와서 하나님을 잘 섬기라." 세상 나라를 잃고 가장 큰 고통을 겪더라도, 더욱 중요한 영원한 하나님 나라를 잃어버리지 않게 하시려는 것입니다. 이것을 다른 말로 바꾸면, '축복이 먼저가 아니고 회복이 먼저'입니다. 회복이 이루어지면 축복은 반드시 따라옵니다. 이 것이 영적인 법칙입니다.

하나님과의 관계도 그렇습니다. 사람들은 내가 원하는 축복, 내가 바라는 것이 이루어지기만 원하지, 관계의 회복을 원하지 않습니다. 그 러나 하나님이 보실 때 중요한 것은 하나님과의 관계 회복입니다. 축복 은 회복이 이루어지면 따라오는 것입니다. 그러므로 회복이 먼저이고, 그다음이 축복입니다.

> 가련하고 가난한 자가 물을 구하되 물이 없어서 갈증으로 그들의 혀가 마를 때에 나 여호와가 그들에게 응답하겠고 나 이스라엘의 하나님이 그들을 버리지 아니 할 것이라 내가 헐벗은 산에 강을 내며 골짜기 가운데에 샘이 나게 하며 광야가 못 이 되게 하며 마른 땅이 샘 근원이 되게 할 것이며 (사 41:17-18)

이스라엘 백성은 나라를 잃고 이방 땅에 포로로 끌려가서 헐벗고 굶 주리고 채찍에 맞았습니다. 얼마나 목이 말랐던지 입이 말라서 혀가 입 천장에 붙을 때 그런 엄청난 고통 속에서 정신을 차리고 회개합니다. 그 때 하나님이 응답하시고 소생하는 은혜를 부어 주겠다는 말씀입니다.

사람이 하나님께 돌아오는 것은 쉬운 일이 아닙니다. 이래서는 안 된 다는 것을 알면서도 거기서 돌이키는 것이 그냥 되지 않습니다. 그런데 아프면 고칩니다. 마찬가지로 고난을 통해서 인간은 비로소 우상을 버리 고 하나님을 새롭게 만나게 됩니다. 바벨론 포로 생활은 영원한 구원을 위한 잠깐의 심판입니다. 그들을 치료하기 위한 수술이었던 것입니다. 하나님은 하나님을 떠난 백성을 그렇게 다스리십니다.

참 신이시라는 증거

그 당시는 모든 나라와 민족들이 자기들의 신을 섬기던 시대입니다. 어느 나라의 신이 강하고 진짜인가에 대한 판단의 근거는 그 신을 섬기는 나라의 형편입니다. 유다는 지금 바벨론의 포로가 되었고, 그들의 신이 여호와 하나님입니다. 그들을 정복한 나라는 바벨론입니다. 그러므로 사람들은 바벨론의 신이 진짜 신이라고 생각하겠지요. 이 문제를 놓고 하나님은 자신과 다른 신을 비교하면서 하나님이 참된 신이라고 설명하십니다. 하나님이 직접 말씀하시는 하나님의 존재 증명입니다. 그래서 아주 중요한 본문입니다.

제가 전에 하나님을 믿지 않는 친구에게 전도를 했는데, 그 친구가 이런 말을 했습니다. "나도 신앙을 가졌으면 좋겠다는 생각을 하고 있는데, 세상에 종교가 얼마나 많은가? 그중에서 어떤 종교를 택해야 할지 고민이야. 하나님이 정말 참된 신이라는 증거를 말해 주면 잔소리 안 하고 믿을게." 신앙생활을 하고 싶다는 말을 듣고 깜짝 놀랐고, "하나님만이 참된 신이라는 증거를 대 보라"는 말을 듣고 목사로서 책임감을 느꼈습니다. 이런 경우에 어떤 말을 해야 할까요? 본문을 사용하면 됩니다.

하나님이 우상들에게 하시는 말씀입니다. "너희가 신이라면 나에게 확실한 증거를 보이라"(21절)고 하는데 참 신과 우상의 차이를 구별하는 확실한 증거가 있습니다. "장차 당할 일을 우리에게 진술하라"(22절)에서 "장차 당할 일"은 예언입니다. 앞으로 이런 일이 있을 것이라고 하십니다. "뒤에 올 일을 알게 하라"(23절)에서 "뒤에 올 일"은 역사입니다. "앞으로 어떤 일이 있을 것인지 먼저 예언을 하고, 그 뒤에 그 예언이 어떻게 성취되었는지 역사를 통해 증명해 보라. 너희가 그렇게 할 수 있다면 내가 너희를 신이라고 인정해 주마"라는 의미입니다. "그런데 너희는 못하지? 그러니까 너희는 허망한 우상들이다. 이름만 신이지 헛것이다. 그러나 나는 그 일을 한다. 그러니 내가 무엇을 예언했고 그것이 어떻게 이루어졌는지 확인해 보라. 그러면 누가 진짜 신인지 알게 될 것이다"(24절).

그러니까 참 신이라는 것을 증명하는 방법은 두 가지입니다. 예언과 역사입니다. 예언과 역사가 왜 중요할까요? 제가 어떤 아가씨에게 예언을 했습니다. "당신은 언젠가 결혼할 것입니다. 끝!" 그런데 세월이 흐른 후에 이 아가씨가 결혼하게 되었다면 제가 한 예언이 맞았다고 감격할까요? 아닙니다. 제가 한 말은 얼마든지 이뤄질 수 있는 것이기 때문입니다.

반면에 "당신은 5년 후 오늘, 즉 몇 년 몇 월 며칠에 백악관에서 결혼식을 올릴 것인데 신랑은 이탈리아 사람이고, 주례는 미국 대통령이 맡고, 그 자리에 세계 각국 정상 25명이 참석할 것이며, 축사는 이란 대통령이 할 것입니다. 그런데 그날 아시아 어느 지역에서 큰 지진이 날 것입니다"라고 말했다고 합시다. 전혀 가능성이 없던 일인데 그날이 다가오면서 뭔가 징조가 보이더니 정말 그날이 되자 꿈에도 생각하지 못했던 일이 일어납니다. 예언한 그대로 이루어졌습니다. 매우 놀라겠지요. 막연하게 예언하고 막연하게 맞는 것은 의미가 없습니다. 그러나 예언이 구체적일수록, 그 예언의 스케일이 클수록 정확하게 이루어지는 것은 불가능합니다.

예언을 하고 그것을 이루어 간다는 것은 어떤 의미가 있을까요? 그 예언을 이루기 위해서는 전 세계의 정치가들을 마음대로 주무를 수 있는 능력이 있어야 합니다. 또한 이 지구의 모든 환경을 마음대로 조종할 수 있어야 합니다. 그리고 등장할 사람들이 나이가 많다면 그때까지 살게 해야 합니다. 따라서 신이 아니면 불가능한 것입니다.

> 내가 한 사람을 일으켜 북방에서 오게 하며 내 이름을 부르는 자를 해 돋는 곳에서 오게 하였나니 그가 이르러 고관들을 석회같이, 토기장이가 진흙을 밟음같이 하리니 (사 41:25)

"한 사람을 북방에서, 해 돋는 곳, 즉 동방에서 오게 할 것이다"는 무슨 의미일까요? 북방이면 북방이고 동방이면 동방이지 한 번은 북방에서, 한 번은 동방에서 부르는 것이 말이 될까요? 네, 그렇습니다. 페르시아는 바벨론의 북동쪽에 있습니다. 정말 유다 민족이 바벨론 포로에서 돌아올 것이라고 누가 생각을 했겠습니까(26절)? 아무도 몰랐습니다. 그런 말을 하는 사람도 없었고, 그런 말을 했더라도 듣지도 않았어요.

그런데 시온에게 "그들이 포로에서 돌아오는 것을 보리라"(27절)고 합니다. '시온'은 예루살렘의 별명입니다. 이렇게 기쁜 소식을 듣게 될 것이라고 합니다.

> 내가 본즉 한 사람도 없으며 내가 물어도 그들 가운데에 한 말도 대답할 조언자가 없도다 보라 그들은 다 헛되며 그들의 행사는 허무하며 그들이 부어 만든 우상들은 바람이요 공허한 것뿐이니라(사 41:28-29)

그래서 예언과 역사는 중요한 것입니다. 성경을 잘 보면 예언과 역사로 이루어져 있습니다. 어떤 예언이 어떻게 역사 속에서 이루어졌는가를 대조해 보면 놀랄 수밖에 없습니다. 물론 하나님의 예언 중에는 아직 이루어지지 않은 것들도 있습니다. 그러나 하나님의 말씀은 반드시 이루어지기 때문에 앞으로 예언하신 모든 말씀도 다 이루어질 것입니다. 우리는 그 말씀을 믿고 나가는 것입니다.

지금도 하나님은 세상을 다스리시며, 사람을 세우시고, 그를 통하여 심판과 구원을 이루어 가십니다. 그리고 하나님 이외에 다른 신은 없습니다. 우리가 이것을 안다면 어떻게 될까요?

두려워하지 말라 내가 너와 함께함이라 놀라지 말라 나는 네 하나님이 됨이라 내가 너를 굳세게 하리라 참으로 너를 도와주리라 참으로 나의 의로운 오른손으로 너를 붙들리라(사 41:10)

어니 젤린스키(Ernie Zelinski)라는 학자는 두려움에 관한 책을 썼는데, 제목이 재미있습니다.《모르고 사는 즐거움》입니다. 요즘 사람들은 왜 이렇게 걱정이 많습니까? 너무 많이 알아서, 괜히 어설프게 알아서 그렇습니다. 정말 중요한 것은 모르면서 사소하고 잡다한 것을 너무 많이 알아서 문제라는 것입니다.

여러분, 세상을 다 몰라도 됩니다. 하나님이 세상을 다스리신다는 것, 그리고 나를 사랑하시고 끝까지 책임지신다는 것을 확실히 알면 됩니다. 이것을 알고 오늘도 두려워하지 말고, 놀라지 말고, 하나님이 나를 붙들고 계심을 믿고 살아가시기를 축원합니다.

"하나님이 세상을 다스리신다는 것을 확실히 믿게 하소서. 그러므로 두려워하지 말고, 놀라지 말고, 하나님이 항상 나를 도와주시고 붙들고 계심을 믿고 살게 하소서."

세상을 다스리시는 하나님!

어떤 사람이나 국가나 이데올로기가 세상을 다스리지 않고, 하나님이 세상을 다스리신다는 말씀이 얼마나 위로가 되는지 모릅니다. 하나님 의 사랑과 그 크신 능력으로 이 세상을 다스리사 심판과 구원이 이 땅 에 올바로 시행되게 하소서. 오늘도 목말라 헐떡이는 우리에게 은혜의 생수를 마시게 하시고, 메마른 땅에서 생수가 솟아나게 하소서. 우리가 세상을 다 알지 못하지만 하나님이 나를 사랑하시고 책임져 주실 것을 확실히 믿고 담대히 살아가게 하소서.

함께 이야기하기

[1] 세상의 주인은 누구입니까?

[2] 나를 사랑하시고 끝까지 책임지시는 분은 누 구입니까?

[3] 하나님을 신뢰하며 따라갈 때 나는 오늘을 어 떻게 살아갈 수 있을까요? 내게 주어진 상황 을 생각하며 나의 결심을 나눠 봅니다.

11

하나님이 원하시는 정의

이사야 42:1-4

만약 이런 일이 발생한다면 어떻게 하는 것이 좋을까요? 승객을 가득 태운 기차가 달려가고 있는데 기관사가 눈을 들어 보니 레일 위에서 일꾼 다섯 명이 일을 하고 있습니다. 깜짝 놀라서 브레이크를 밟는데 브레이크가 고장 나서 말을 듣지 않았습니다. 이대로 가면 다섯 명은 죽을 수밖에 없습니다. 그런데 둘러보니 옆의 레일에서는 한 사람이 일하고 있습니다. 지금 선로를 바꿀 수는 있습니다. 이 순간에 어떻게 하는 것이 정의로운 것일까요? "다섯 명보다는 한 명이 죽는 것이 더 정의로운 것이다." 이렇게 주장하는 사람들이 있습니다. 이것을 '공리주의적 견해'라고 합니다. '최대 다수의 최대 행복', 공동체를 위해 가장 소수만 희생되는 것이 정의라는 입장입니다.

또 다른 상황입니다. 사람들이 바다에 빠졌는데 보트에는 한 사람만 더 태울 수 있습니다. 그 이상 태우면 그 보트마저 가라앉아서 다 죽을 수밖에 없습니다. 그런데 빠진 사람 중에는 어린아이도 있고, 나이 든 할아버지도 있고, 세계적인 석학으로 존경받는 학자도 있고, 여러 종류의 사람이 있습니다. 그중에서 누구를 살리는 것이 가장 정의로운 것일까요? 노인을 존경해야 된다고 생각하는 사람들은 노인을 구하는 것이 정의라고 합니다. 어린이를 존중하는 사람들은 앞으로 가장 오래 살아야 할 어린이를 구해야 한다고 합니다. 그런가 하면 세계적인 석학을 구해야 나라에 유익이 있다, 그러므로 그 석학을 살려야 한다는 입장도 성립합니다. 누구를 살리는 것이 정의일까요?

여기서 알 수 있는 것은 어떤 철학과 가치 기준을 가지고 있느냐에 따라서 그 사람이 생각하는 정의 개념이 달라질 수 있다는 것입니다. 그래서 정의는 좋은 것이고, 옳은 것이고, 마땅한 것이고, 그것이 있어야만 질서가 바로 설 수 있지만, 구체적인 상황에서 가장 완전한 정의가 무엇인지 결정하기는 생각보다 어렵습니다. 우리는 항상 열린 마음으로 더 크고 완전한 정의를 추구해야 합니다. 왜냐하면 사람의 정의는 불완전하기 때문입니다.

그렇다면 인간이 생각하는 정의, 그것을 넘어서는 가장 완전한 정의, 하나님이 우리에게 원하시는 정의는 무엇일까요?

정의란 무엇인가

바벨론에 포로로 끌려간 이스라엘 백성은 어떻게 해방되어 돌아올 수 있을까요? 그들 스스로는 결코 해방될 수 없고, 영원히 노예로 살아야 합니다. 그러나 하나님은 "내가 고레스를 통하여 바벨론을 무너뜨리고, 유다 백성을 포로에서 돌아오게 하겠다"고 예언하십니다. 이런 의미에서 고레스는 하나님이 세우신 구원자라고 할 수 있습니다.

이사야서 42장에서는 이 사건을 예표로 해서 더 먼 미래에 있을, 더 완전한 구원에 대해 말씀하십니다. 고레스보다 더 완전한 구원자, 메시아를 보내서 죄의 포로가 된 모든 인류를 구원하시겠다는 것입니다. 그래서 본문은 '메시아 예언장'입니다. '인간의 가장 큰 문제인 죄 문제에 대한 완전한 해답인 메시아, 그는 누구이며 어떤 일을 하시는가? 메시아 사역의 핵심은 무엇인가?'에 대해 자세히 설명합니다. 그래서 신학적으로 아주 중요한 내용입니다.

내가 붙드는 나의 종, 내 마음에 기뻐하는 자 곧 내가 택한 사람을 보라 내가 나의
영을 그에게 주었은즉 그가 이방에 정의를 베풀리라 (사 42:1)

하나님은 이 세상을 구원하기 위해 수많은 사람을 보내셨습니다. 그러나 하나님의 뜻을 가장 완전하게 성취할 분, 하나님을 가장 기쁘시게 하면서 구원 사역을 완벽하게 이룰 메시아를 보내시겠다는 것입니다. 그 메시아가 구체적으로 누구입니까?

예수께서 아시고 거기를 떠나가시니 많은 사람이 따르는지라 예수께서 그들의
병을 다 고치시고 자기를 나타내지 말라 경고하셨으니 이는 선지자 이사야를 통
하여 말씀하신 바 보라 내가 택한 종 곧 내 마음에 기뻐하는 바 내가 사랑하는 자
로다 내가 내 영을 그에게 줄 터이니 그가 심판을 이방에 알게 하리라 (마 12:15-18)

이 말씀을 보면 본문에 나오는 메시아가 예수님이라고 설명합니다. 그럼 예수님이 오셔서 하실 일이 뭘까요? 이사야서 42장 1-4절에서 세 번이나 강조하는 것이 있습니다. "정의를 베풀 것이다." "정의를 시행할 것이다." "정의를 세울 것이다." '정의'라는 말이 강조됩니다. 그렇다면 정의란 무엇입니까? '사회가 공정하고 올바른 상태를 유지하기 위해 꼭 필요한 가치'입니다. 너와 나 사이에도 정의가 있어야만 올바르고 공정한 관계가 될 수 있습니다. 선이나 사랑이 도덕적인 개념이라면 정의는 좀 더 법적인 개념입니다.

그러니까 인간 사이에도 올바르고 공정해지기 위해서는 정의가 필요하듯이, 하나님과 우리 인간 사이에도 올바르고 공정한 관계가 유지

되려면 정의가 필요합니다. 이것이 하나님이 원하시는 정의입니다. 쉽게 말하면 하나님이 우리에게 행하신 것에 대한 우리의 마땅한 응답이 정의입니다. 그것이 있어야만 올바르고 공정한 관계가 유지될 수 있기 때문입니다.

그렇다면 질문하겠습니다. 이사야서에서 말하는 하나님은 어떤 분인가요? 이사야서가 강조하는 하나님은 임마누엘의 하나님입니다. 언제나 우리와 함께 계시고 우리를 가장 사랑하시고 아낌없이 우리에게 모든 것을 주시는 분입니다. 그러므로 하나님과 올바르고 공정한 관계를 맺기 위해서는 마땅히 우리도 그래야 합니다. 하나님은 언제나 임마누엘 하시고 우리에게 관심을 가지시고 마음속에 우리를 꽉 담고 계시는데, 우리는 하나님이 옆에 계신다고 말하면서도 딴 데를 쳐다보고 다른 것을 사랑하고 쫓아간다면 올바른 관계가 아니지요.

우리도 옆에 계신 하나님을 바라보고 그분을 사랑하고 그분께 내 마음을 드리고 그분과 함께하는 것이 임마누엘을 완성하는 것입니다. 하나님만으로 내 마음을 꽉 채우고, 내 마음속에 다른 것 없이 하나님을 내 마음의 첫 번째 자리에 모시는 것, 그것이 바로 하나님이 원하시는 정의입니다.

우리 마음속에 하나님 한 분만 계셔야 합니다. 왜냐하면 이 세상 어떤 것도 하나님과 비교할 수 없기 때문입니다. 비교한다는 것 자체가 하나님을 모독하는 것입니다. 그런데 우리 마음에는 하나님보다 더 사랑하고 좋아하고 중요하게 여기는 것들이 있습니다. 그것들을 제거하는 것, 그것이 정의를 세우는 일입니다.

하나님은 하나님이 원하시는 정의에 대해 말씀하십니다.

나는 여호와이니 이는 내 이름이라 나는 내 영광을 다른 자에게, 내 찬송을 우상에
게 주지 아니하리라 (사 42:8)

하나님은 여호와, 스스로 계신 분입니다. 그런데 "나는 내 영광을 다른 자에게, 내 찬송을 우상에게 주지 않겠다"고 하셨습니다. 영광이 무엇입니까? 홀로 높임 받는 것이 영광입니다. 내 마음속에서 하나님만 홀로 높임 받는 것이 하나님께는 영광이 되는 것입니다. 그런데 만약 내가 하나님 아닌 다른 것을 높이면 내가 하나님의 영광을 도둑질하는 것입니다. "나는 우상에게 내 영광을 절대로 주지 않겠다"고 하셨습니다. 그러니까 내 마음속에 하나님보다 더 사랑하는 것이 있다면 그것은 우상이며, 하나님의 영광을 도적질하는 행위가 되는 것입니다. 이것이 불의입니다.

영적인 것을 찍을 수 있는 카메라가 있다고 합시다. 우리의 마음을 찰칵찰칵 찍었습니다. 그런데 어떤 남자의 마음속에는 자기 회사를 사랑하는 마음이 가득합니다. 어떤 여자의 마음속에는 자녀를 사랑하는 마음이 가득합니다. 세상의 눈으로 볼 때 이 남자는 아주 성실한 사업가입니다. 존경과 칭찬을 받는 것이 마땅합니다. 또 이 여자는 자녀를 뜨겁게 사랑하는 훌륭한 어머니입니다. 그러나 하나님이 보실 때는 불의한 것입니다. 왜냐하면 하나님보다 세상을 더 사랑하기 때문입니다. 하나님께 돌려야 할 영광을 피조물에게 돌리고 있기 때문입니다.

무너진 정의를 어떻게 세울 것인가

그렇다면 하나님과 나 사이에 무너진 정의를 어떻게 세울 수 있을까요? 내가 하나님 아닌 다른 것을 하나님보다 더 사랑하게 되었다면 어떻게 정의를 회복할 수 있을까요? 이것이 메시아의 역할입니다.

메시아가 정의를 세우는 방법은 우선 "외치지 아니하며 목소리를 높이지 아니하며 그 소리를 거리에 들리게 하지 아니하며"(2절)입니다. 다시 말하면 조용하게 그 일을 이루어 갑니다. 또 "상한 갈대를 꺾지 아니하며 꺼져 가는 등불을 끄지 아니하고"(3절) 아주 부드러운 사랑으로 그 정의를 세워 갑니다. 하나님의 영광을 도적질하는 인간들에게 하나님은 소리를 지르거나 벼락을 때리는 것이 아니라 조용히, 부드럽게 정의를 세워 가신다는 말입니다. 그것이 바로 십자가 사건입니다. 우리의 불의에 대한 심판을 우리에게 쏟지 않으시고 예수님의 십자가에 퍼부으십니다. 잘못된 것을 심판하는 것이 정의입니다. 그런데 하나님은 정의를 어떻게 세우십니까? 예수님을 십자가에 죽임으로써 정의를 세우십니다. 이것을 신학적으로 설명하십니다.

나 여호와가 의로 너를 불렀은즉 내가 네 손을 잡아 너를 보호하며 너를 세워 백성의 언약과 이방의 빛이 되게 하리니 네가 눈먼 자들의 눈을 밝히며 갇힌 자를 감옥에서 이끌어 내며 흑암에 앉은 자를 감방에서 나오게 하리라 (사 42:6-7)

우리의 의가 아니라 십자가에 죽으신 예수님의 의로 우리의 죄를 덮어 준다는 것입니다. 우리는 마음속에서 이루어진 불의가 죄인지도 몰랐습니다. 그런데 하나님은 예수님의 십자가를 통하여 우리 눈을 밝혀서 그것이 죄라는 것을 깨닫게 하십니다. 그 결과 죄의 감옥에서 우리를 끌어내 주시고 죄에서 자유를 얻게 하십니다.

그런데 이것은 갑자기 이루어진 일이 아닙니다. 전부터 예언했던 일입니다(9절). 죄에 빠진 인간을 여자의 후손을 통해 구원하겠다고 이전부터 말씀하셨습니다(창 3:15). 이 세상에서 가장 놀랍고 새로운 일이 무엇일까요? 메시아를 통해 인류를 죄에서 구원하는 것입니다. 이것은 영적인 재창조와 같습니다. 이 위대한 구원, 영적 재창조의 역사를 하나님은 모든 사람이 알기 원하신 것입니다.

예수님은 하나님과 우리 사이에 정의가 무엇인지를 직접 삶으로 보여 주셨습니다. 언제나 예수님의 마음은 하나님께 있었고 그 뜻을 이루는 데 모든 것을 바치셨습니다. 정의의 진정한 모델이 되셨습니다. 더 나가서 우리와 하나님 사이에 정의가 무너졌을 때 정의를 회복하는 방법을 십자가를 통해 나타내 주셨습니다. 내가 십자가 앞에서 죽었다는 것을 고백할 때 정의가 회복되게 하셨습니다.

내 마음속에 하나님만 가득해야 하는데 내 자녀가 내 마음을 가득 채우고 있습니다. 이럴 때 자녀로부터 벗어나서 하나님과 정의를 이루는 방법이 무엇일까요? "하나님, 지금 제 마음은 자녀의 문제로 꽉 차 있습니다. 하나님보다 자녀에게 더 붙들려 있는 이 마음이 십자가에서 죽게 하소서." 이렇게 고백할 때 그 마음은 하나님 앞에서 죽게 되고, 그 마음으로 하나님이 들어오셔서 하나님과의 정의가 회복되는 것입니다. 그러니까 예수님의 십자가는 하나님과 우리 사이에 깨어진 정의를 회복시키는 유일한 도구가 되는 것입니다.

정의가 회복되려면

많은 성도가 십자가는 하나님의 자녀가 되는 과거의 프로세스라고 오해합니다. 지금 나에게는 십자가가 필요하지 않다고 생각합니다. 그러나 아닙니다. 하나님의 자녀가 되었어도 하나님과 우리 사이에 세상의 가치들이 계속 파고들어 옵니다. 이것들을 물리치고 하나님과 나 사이에 완전한 정의를 이루는 데 언제나 필요한 것이 예수님의 십자가입니다. 예수님의 십자가를 바라보면서 죽었다고 고백할 때마다 무너진 하나님과 나와의 정의가 회복된다는 것을 잊지 마시기 바랍니다.

내가 십자가에 죽었다는 고백이 왜 중요할까요? 성경에서 죽었다는 것은 관계가 끊어졌다는 뜻입니다. "나는 십자가 앞에서 죽었습니다." 이 말은, 즉 세상과 나와의 관계는 끊어졌고, 하나님과 나와의 관계가 가장 중요한 것이 되었다는 뜻입니다. 세상과 나의 관계가 끊어졌기 때문에 하나님 이외에 내가 사랑하는 이 세상의 모든 것도 나와 관계가 끊어진 것입니다. 그러므로 이 고백이 있을 때 하나님과 나 사이에 있던 것들은 그 자리에 있을 권리가 없어집니다.

그것들이 하나님과 나 사이에 파고들어 온 이유가 있습니다. 그것을 내가 하나님보다 더 사랑했기 때문입니다. 그것이 있어야 행복하고 그것이 없으면 불행하다고 생각했습니다. 그것을 하나님보다 더 의지하고 사랑했습니다. 그래서 그것이 하나님과 나 사이에 합법적으로 끼어들 수 있었습니다. 그런데 내가 십자가에서 죽었다는 것을 진정으로 고백할 때 그것은 하나님과 나 사이에 있을 권리를 박탈당합니다. 합법성을 상실합니다. 그래서 하나님과 나 사이를 가로막지 못하고 그것들은 뒤로 물러납니다.

그렇다면 하나님 뒤로 물러간 그것과 나와의 관계는 완전히 사라질까요? 그렇지 않습니다. 그것도 사실은 하나님이 내게 주신 관계입니다. 가족도, 내 회사도, 내가 사랑하는 모든 것도 하나님이 내게 주신 선물인데 끊어지겠어요? 정확하게 말하면 하나님보다 더 사랑했던 우상화된 관계가 끊어지는 것입니다. 그 결과 그것이 있어야 할 본래의 자리로 돌아갑니다. 정의가 이루어지는 것입니다. 이렇게 정의가 이루어졌을 때 하나님과 나 사이에 끼어 있던 것들은 하나님의 통제 아래 들어가게 되고 하나님이 그것을 책임지십니다. 이것이 성경의 약속입니다.

예를 들어 봅시다. 여러분은 내 자녀를 내가 책임지는 것이 가장 완벽할 것이라고 생각하시나요? 내가 사랑을 퍼붓고, 아낌없이 지원하고, 생명을 다해 사랑하면 자녀에게 최고일 것 같죠? 아닙니다. 그 자녀가 진정으로 하나님의 손에 들어가려면 내가 십자가에 죽었다고 고백하면서 하나님과 나 사이에 있는 그 자녀를 치워야 합니다. 하나님 뒤로 밀어내야 합니다. 그럴 때 자녀는 제자리로 돌아가고, 그 자녀를 무능한 부모가 책임지는 것이 아니라 나에게 그 자녀를 선물로 주신 전능하신 하나님이 그 자녀를 책임지시는 것입니다. 우리는 하나님께 맡겨야 할 자녀를 내가 감당하려고 함으로써 자녀를 향한 하나님의 뜻을 막을 때가 많습니다.

하나님과 나 사이에 있는 것이 뒤로 가서 하나님의 통제 아래 있게 될 때, 즉 정의가 이루어질 때 하나님께는 영광이 되고, 우리에게는 기쁨이 충만해지고, 우리 자녀에게는 축복이 임하는 것입니다. 이것이 하나님이 원하시는 정의입니다. 하나님과 언제나 정의로운 관계로 살아가는 행복한 여러분 되시기를 축원합니다.

"하나님과 우리 사이에 십자가를 통한 진정한 정의가 이루어지게
하소서."

하나님 아버지!

메시아를 보내셔서 하나님과 우리 사이에 정의를 세우겠다고 약속해 주셔서 감사합니다. 예수님이 삶으로 보여 주신 정의, 십자가를 통해 오늘도 하나님과 우리 사이에 정의를 회복시키는 그 비밀을 알게 하시고, 하나님과 우리 사이에 완전한 정의가 이루어져서 하나님께는 영광이 되고, 우리에게는 기쁨이 충만하게 하소서.

함께 이야기하기

[1] 하나님께서 우리에게 원하시는 첫 번째 정의는 무엇인가요?

[2] 하나님과 나와의 정의는 어떻게 바로 세울 수 있을까요?

[3] 하나님과 나와의 정의를 바로 세우기 위해 오늘 내가 할 수 있는 한 가지 행동을 결정하고 나눠 봅니다.

12

나는
누구의 것인가

이사야 43:1

독일의 유명한 철학자 아르투어 쇼펜하우어(Arthur Schopenhauer)의 이야기입니다. 어느 날 그는 공원 벤치에 앉아서 깊은 생각에 잠겼습니다. 해가 지는 줄도 모르고 있었습니다. 날이 어두워지자 공원 관리인이 문을 닫으려고 둘러보다가 쇼펜하우어를 보고 말했습니다. "문을 닫을 시간이니 이제 나가셔야 합니다." 아무리 말해도 대답이 없자 관리인은 그에게 달려가 소리를 질렀습니다. "당신은 누구요? 더 어두워지기 전에 집으로 돌아가시오." 그 말을 듣고서 쇼펜하우어는 이렇게 대답했습니다. "그게 바로 내 고민입니다. 내가 누구인지 모르겠소."

철학자라고 해서 내가 누구인지 아는 것은 아닙니다. "나는 누구인가?" 이 질문은 인생에서 가장 중요한 질문이지만 많은 사람이 정확하게 대답하지 못합니다. 그래서 어떻게 살아야 하는지 모르고 혼란스러워하는 것입니다.

미국의 교육철학자 파커 팔머(Parker Palmer)는 말했습니다. "사람들은 내가 무엇을 해야 하는가를 질문한다. 'What should I do?', '나는 무엇을 해야 하는가?' 그런데 그것을 알기 위해서는 'Who am I?', '나는 누구인가?'를 알아야 한다. 그러나 이것을 알기가 쉽지 않다. 왜냐하면 인간은 스스로 자기를 이해하는 것이 아니라 관계 속에서 자기를 이해하기 때문이다. '나는 누구인가?'에 대한 해답은 'Whose am I?', '나는 누구의 것인가?'에서 얻을 수 있다."

여러분, 내가 무엇을 해야 되는지 알고 싶습니까? 그렇다면 내가 누구인지 알아야 합니다. 그럼 나는 누구인가요? 나는 내 것이 아닙니다. 나를 지으신 분이 있습니다. 나를 이곳으로 보내신 분이 있습니다. 나는 그분의 것입니다. 이것을 알 때 우리는 하나님 안에서 내가 누구인지 알게 되고, 그 결과 내가 무엇을 해야 하는지 알게 됩니다. 그래서 인생의 가장 근본적인 질문은 "Whose Am I?", "나는 누구에게 속했는가?"라는 질문으로 모아집니다.

이사야서 43장은 "하나님은 왜 우리를 구원하시는가? 그 이유가 무엇인가?" 여기에 대한 말씀입니다. 이 과정에서 하나님은 누구신지, 그리고 우리는 누구인지, 그러므로 우리는 어떻게 살아야 하는지에 대해 자세하게 설명합니다. "나는 누구인가?" 자기 정체성을 확인할 수 있습니다.

'내 것'의 의미

야곱아 너를 창조하신 여호와께서 지금 말씀하시느니라 이스라엘아 너를 지으신 이가 말씀하시느니라 너는 두려워하지 말라 내가 너를 구속하였고 내가 너를 지명하여 불렀나니 너는 내 것이라 (사 43:1)

"너는 내 것이라." 이 말씀이 43장의 주제이며, 사실은 성경 전체를 한마디로 압축한 말씀입니다. "너는 내 것이기 때문에 너를 버릴 수 없고 구원하지 않을 수 없고 사랑하지 않을 수 없다"는 것입니다. 여러분, 자녀를 사랑하시지요? 왜 사랑합니까? 내 자녀가 남들보다 월등해서, 최고라서 사랑합니까? 아닙니다. 내 자녀이기 때문에 사랑하는 것입니다. 자녀가 좀 부족하고 연약하고 실수해도 부모는 버리지 않습니다. 결코 포기하지 않습니다.

누가 그 사랑을 여러분에게 주었나요? 하나님입니다. 하나님이 얼마나 우리를 사랑하는지 깨닫게 하기 위하여 모든 부모에게 자녀에 대한 뜨거운 사랑을 부어 주신 거죠. 그래서 "너는 내 것이다"라는 말씀은 놀라운 복음입니다. 이 한마디를 확실히 알고 믿으면 인생이 변합니다.

그렇다면 왜 우리가 하나님의 것입니까? 그 이유는 첫째, 하나님이 나를 창조하셨기 때문입니다. 부모님이 우리를 낳으셨지만 우리는 압니다, 부모님이 나를 이렇게 만들 수는 없다는 것을. 부모님은 하나님이 나를 창조하시고, 이 땅에 보내시는 일에 사용된 소중한 분들이지만 나를 창조하셔서 이 모습으로 이 땅에 보내신 분은 하나님입니다.

둘째, 하나님이 나를 구속하셨기 때문입니다. "구속"이란, 값을 주고 사 왔다는 말입니다. 나는 하나님을 알지 못했습니다. 내 마음대로 죄를 지으며 살았습니다. 죄의 노예로 팔렸습니다. 그런데 하나님이 자기 독생자 예수님을 나 대신 십자가에서 죽게 하시고 나를 구원하셨습니다. 예수님을 통해서 엄청난 대가를 지불하고 나를 다시 자녀로 삼아 주셨습니다. 그래서 나는 하나님의 것입니다.

마지막으로, 하나님은 우리를 지명하여 부르시는 분이기 때문입니다. 여러분의 이름을 아시고 개별적으로 부르시는 분입니다. 저를 보고 "명환아!" 그러십니다. 하나님이 이름을 부르신다는 것은 단순히 내 이름을 호명하시는 것이 아니라 구체적인 사명을 주신다는 뜻입니다. "아브라함아, 내가 네게 지시하는 땅으로 가라." "모세야, 내 백성을 출애굽시켜라." "여호수아야, 가나안을 정복하라." 내 이름을 부르시고, 내가 할 일, 내 인생의 사명을 맡겨 주시는 분이 하나님입니다. 그래서 우리는 하나님의 것입니다. "너는 내 것이다. 그러니까 두려워하지 말라."

고난 앞에서도 담대할 수 있는 이유

"너는 내 것이다. 그러므로 두려워하지 말라"고 하셨으면 그 후에는 두려워하지 않으면 좋겠는데, 그럼에도 불구하고 두려움이 없어지지 않습니다. 왜 그럴까요? 삶의 현장이 만만치 않기 때문입니다. 세상의 모습이 어떠합니까?

네가 물 가운데로 지날 때에 내가 너와 함께할 것이라 강을 건널 때에 물이 너를 침몰하지 못할 것이며 네가 불 가운데로 지날 때에 타지도 아니할 것이요 불꽃이 너를 사르지도 못하리니 (사 43:2)

여러분, 우리 인생이 항상 꽃길만 걷는 것이 아닙니다. 우리 앞에 항상 푸른 초장과 맑은 물이 있으면 얼마나 좋겠어요? 때로는 험한 물을 건너가야 하고 활활 타오르는 불 속을 통과하는 것 같은 어려움이 있다는 것입니다. 포로 생활 그 자체가 물속에 빠진 것 같고 불 가운데 들어간 것 같이 고난의 삶입니다. 하지만 하나님이 말씀하십니다. "그러나 그 속에서 너희는 빠져 죽지 않고 불타지 않을 것이다. 왜냐하면 내가 너와 함께하기 때문이다."

이스라엘 역사를 압축하면 물의 고난과 불의 시험입니다. 대표적인 것이 홍해 사건입니다. 이스라엘 백성이 출애굽한 후에 홍해 앞에 섰는데 건너갈 방법이 없습니다. 뒤에는 적군이 달려옵니다. 다 빠져 죽게 되었습니다. 그때 하나님이 홍해를 갈라 버리십니다. 그 속을 육지같이 건너게 하십니다. 물속에서 건져 주신 것입니다. 다니엘의 세 친구는 불 속에 던져집니다. 꼼짝없이 타 죽을 수밖에 없습니다. 그런데 하나님이 그들과 함께 계셔서 불에 타지 않고 나옵니다. 이것이 이스라엘의 역사입니다.

그런데 이것이 옛날 이스라엘 사람들에게만 있던 일입니까? 아닙니다. 여러분의 지나온 인생 동안 물에 빠질 수밖에 없었는데 건져 주셨고, 수많은 불구덩이를 지났지만 불꽃이 사르지도 못했습니다. 내 인생, 그동안 만났던 수많은 위험, 그 속에서 어떻게 살 수 있었습니까? 하나님이 함께하셔서 건져 주지 않으셨다면 오늘 이 모습으로 살 수 있는 사람, 아무도 없을 것입니다. 하나님이 함께하셨기 때문에 오늘까지 산 것인 줄 믿습니다.

오래전에 백령도를 가게 되었는데 일행 중에 당시 해군참모총장 따님이 있었습니다. 파도가 높아지자 배가 흔들렸고, 그래서 사람들이 걱정하자 어떤 분이 이렇게 말했습니다. "지금 저 뒤에 커다란 해군 함정이 우리를 따라오는 것이 안 보입니까? 작전 중이라고 말은 하지만 사실은 아무개 선생님 아버지가 해군참모총장인데 딸을 보호해 주러 따라오는 것 아니겠습니까? 그러니 아무 걱정하지 마세요." 그 말을 듣고 다들 환하게 웃었습니다.

우리가 탄 배는 아주 작았습니다. 그런데 큰 군함이 뒤따라오는 것을 보면서 안심했던 기억이 납니다. 해군참모총장만 뒤에 있어도 바다가 무섭지 않더군요. 그런데 창조주 하나님이 말씀하십니다. "물이 너를 침몰하지 못할 것이며 불이 너를 사르지도 못할 것이다, 내가 너와 함께하기 때문에."

살다 보면 어려운 일, 위험한 일도 만날 수 있습니다. 실패처럼 보이고, 불행한 일처럼 생각되고, 이런 일은 없으면 좋겠는데 하는 일이 종종 발생합니다. "그러나 낙심하거나 두려워하지 말라. 세상이 너를 어떻게 하지 못한다. 그 사건이 너를 무너뜨리지 못한다. 왜냐하면 하나님의 사랑 안에 있는 사건이기 때문에, 결국에는 이 사건을 통하여 하나님이 영광을 받으실 것이기 때문에." 이것을 믿어야 합니다. 그래야 견딜 수 있습니다.

"아니, 하나님! 우리를 사랑하신다면 이런 고난이 없으면 더 좋지 않을까요?" 이렇게 질문하고 싶지요? 그런데 여러분, 물과 불이 괜히 있는 것이 아닙니다. 물 가운데로 지나면서 깨끗하게 씻어 내는 것입니다. 불 가운데로 지나면서 정금같이 단련되는 것입니다. 새찬송가 274장 가사가 이렇습니다. "나 행한 것 죄뿐이니 주 예수께 비옵기는/ 나의 몸과 나의 맘을 깨끗하게 하옵소서/ 물 가지고 날 씻든지 불 가지고 태우든지/ 내 안과 밖 다 닦으사 내 모든 죄 멸하소서"(1절).

우리는 하나님의 사랑받는 자녀이지만 더럽고 약합니다. 그래서 때로는 물로 씻어야 하고, 때로는 불로 태워 정금같이 만들어야 합니다. 이런 과정을 거치면서 깨끗해지고 겸손해지고 담대해지고 믿음의 사람으로 성숙해지는 것입니다.

내가 애굽을 너의 속량물로, 구스와 스바를 너를 대신하여 주었노라
(사 43:3하)

무슨 뜻일까요? "너는 고난을 받으면서 네가 당하는 고난만 생각하

지?"라는 의미입니다. 그러나 반대로 생각하면 너를 훈련시키기 위해 하나님도 엄청난 대가를 지불하고 있다는 뜻입니다. 애굽, 구스, 스바를 합치면 아프리카 대륙의 절반이 넘습니다. "그 많은 사람과 그 많은 자원을 콩알만 한 이스라엘을 위해 아낌없이 지불할 수 있다. 너를 위해서라면, 네가 바로 설 수 있다면 나는 어떤 대가도 지불할 수 있다"는 것입니다. 왜 이런 희생을 지불하면서 우리를 훈련시키실까요?

> 네가 내 눈에 보배롭고 존귀하며 내가 너를 사랑하였은즉 내가 네 대신 사람들을 내어 주며 백성들이 네 생명을 대신하리니 (사 43:4)

"네가 보배롭고 존귀하기 때문에, 내가 너를 사랑하기 때문에 훈련시킨다"는 말입니다. 그런데 여러분, 내가 볼 때 나 자신이 보배롭고 존귀하며 사랑받을 만합니까? 내가 봐도 아닌 것 같지요? 그런데 여기 중요한 말이 나와요. "네가 내 눈에." 하나님의 눈에는, 누가 뭐래도(나 자신도 나를 보며 아니라고 해도, 세상 사람이 다 나를 보고 아니라고 해도) 내가 보배롭고 존귀하고 사랑스럽다는 것입니다. 이것이 하나님이 나를 바라보시는 시선입니다.

그러므로 여러분, 나는 아무 쓸모없고 살아야 할 가치가 없다고 자기를 비하하고 낙담하면 안 됩니다. 나를 사랑하는 분이 나를 바라보시는 그 시선을 나의 가치로 받아들이는 것이 믿음입니다. 하나님은 오늘도 나를 보배롭고 존귀하게 여기고 사랑하십니다.

고난은 은혜의 마중물이다

아무리 그래도 포로가 되어 사방으로 흩어진 그들을 어떻게 모아서 돌아가게 하실까요? 여기에 대한 대답이 이어집니다.

> 두려워하지 말라 내가 너와 함께하여 네 자손을 동쪽에서부터 오게 하며 서쪽에
> 서부터 너를 모을 것이며 내가 북쪽에게 이르기를 내놓으라 남쪽에게 이르기를
> 가두어 두지 말라 내 아들들을 먼 곳에서 이끌며 내 딸들을 땅 끝에서 오게 하며
> (사 43:5-6)

그들이 포로가 되었을 때 가족들이 다 뿔뿔이 흩어지지 않았겠어요? 같이 포로로 끌려온 것만 해도 다행이죠. 중간에 어떻게 되었는지, 죽었는지 살았는지 생사도 알 수 없는 그들을 어떻게 구원하신다는 말입니까? 그러나 하나님은 말씀하십니다. "너희가 동서남북 어디에 있는지 내가 너희를 다 불러모을 것이다. 내가 부르면 그들이 어디 있든지 다 오게 되어 있다." 그들을 불러 구원하겠다는 것입니다.

오늘도 하나님은 그 백성을 부르십니다. 그리고 엄청난 대가를 지불하고 구원하십니다. 이제 부름을 받은 사람들은 어떻게 살아야 합니까? 하나님의 증인으로 살아야 합니다.

> 나 여호와가 말하노라 너희는 나의 증인, 나의 종으로 택함을 입었나니 이는 너희
> 가 나를 알고 믿으며 내가 그인 줄 깨닫게 하려 함이라 나의 전에 지음을 받은 신
> 이 없었느니라 나의 후에도 없으리라 (사 43:10)

증인이란 어떤 사건을 귀로 들어서 아는 것이 아니라 그 사건을 직접 보고 듣고 경험한 사람입니다. 그래서 증인이 있으면 그 사건을 못 본 사람도 그 사건의 현장에 있는 효과가 생겨납니다. "그때 어디서 어떤 일이 어떻게 일어났습니다." 이렇게 증언하는 사람이 증인입니다. 그렇다면 하나님의 증인이 되려면 뭐가 필요할까요? 하나님을 직접 경험한 사람이어야 합니다. 내가 하나님의 증인이 될 때 어떤 일이 일어날까요?

이 백성은 내가 나를 위하여 지었나니 나를 찬송하게 하려 함이니라

(사 43:21)

하나님께 찬송이 돌아갈 것입니다. 내 입도, 나를 만난 모든 사람도 하나님을 찬송하게 됩니다. "당신 말을 들어 보니 정말 하나님은 계시는군요. 오늘도 우리 삶에 개입하시고 만나 주시는군요. 당신을 보면 하나님이 함께하신다는 걸 느낄 수 있습니다." 이렇게 만드는 사람이 증인이고, 그를 통해 이 세상도 하나님을 찬송하며 영광을 돌리게 될 것입니다.

그렇다면 지금 이 고난은 왜 있는 것일까요? 이스라엘 백성은 왜 포로 생활을 해야 하는 것일까요? 증인을 만드는 과정입니다. 증인이 되려면 "너희가 나를 알고 믿으며 내가 그인 줄" 깨달아야 합니다(10절). 하나님이 어떤 분이신지 똑바로 경험하기 위해 이런 사건들이 있다는 것입니다. 또한 우리가 만난 사건은 앞으로 우리가 증인이 되게 하는 사건이며, 그 일로 인하여 찬송할 수 있도록 그 사건의 방향을 하나님이 이끌어 가신다는 말입니다. 그러므로 어떤 형편에 있든지 두려워하지 말고 낙심하지 마십시오. 이 사건을 잘 경험하면 결국은 찬송하게 될 것이고 하

나님의 증인이 될 것입니다.

전에 교통사고를 당한 성도님을 심방하러 가는데 뭐라고 위로해야할까 기도하다가 이사야서 43장이 생각났습니다. "집사님, 갑자기 이런큰 사고를 당해서 낙담도 되고, 꿈도 깨지고, 하나님이 나를 버리신 것 같은 두려움도 생기고 하실 텐데 사실은 그 반대입니다. 지금까지 집사님은 하나님을 이론적으로만 알았는데, 이 사건을 통하여 마음의 딱딱한껍데기가 깨지고, 그 깨진 마음 사이로 하나님의 은혜가 들어가서 영적인 생수가 흐르게 될 것입니다. 그래서 이 사건을 간증하게 되고, 이 사건이 나를 향한 하나님의 사랑이었다고 고백하게 될 줄 믿습니다."

그러자 그분은 이렇게 대답했습니다. "저도 처음에는 원망하고 불평했는데 목사님 말씀을 들어 보니 맞습니다. 저 같은 사람은 이렇게 하지 않으면 돌아오지 못합니다. 이것이 저를 향한 사랑이었군요. 저를 다시 부르시고, 하나님만 붙들고 살게 하려는 은혜의 사건이라고 믿습니다." 그렇게 고백하며 함께 예배를 드린 적이 있습니다.

여러분, 그런 것입니다. 고난도 은혜의 마중물이 되는 것이죠. 오늘도 우리에게는 좋은 일도 일어나고 원치 않는 일도 일어나지만 모든 것이 합력하여 선을 이루는 것입니다.

두려움의 정체

담대하게 하나님의 증인으로 살아야 하는데, 증인의 삶을 방해하는것이 있습니다. 바로 두려움입니다. 두려움을 이기고 증인으로 살아가는 방법이 있습니다.

지금 내가 어떤 것 때문에 두려워한다는 것은 어떤 의미일까요? 지금 두려워하는 그것을 하나님보다 더 사랑하고 있다는 뜻입니다. 다시 말하면 지금 내가 하나님을 버리고 두려워하는 그것을 붙잡고 있다는 뜻입니다. 그러므로 마음속에 어떤 두려움이 생기면 그 순간 깨달아야 합니다. '지금 내가 하나님을 버리고 이것을 붙잡으려고 하는구나. 이러면 안 되지.'

회사 일로 두렵습니까? 돈 문제 때문에 두려운가요? 건강 때문에 두려워합니까? 자녀 문제로 두려운가요? 그렇다면 나는 지금 그 문제를 하나님보다 더 강하게 붙잡고 하나님을 그 문제 앞에서 밀쳐내고 있는 것입니다. 해결책은 뭘까요? 그 문제가 아니라 하나님을 붙잡아야 합니다. "하나님! 회사 문제로, 돈 문제로, 건강 문제로, 자녀 문제로 제 마음이 두렵습니다. 하나님보다 그것을 더 붙잡는 마음을 내려놓고 하나님으로 제 마음을 채우게 하소서." 이렇게 기도해야 합니다.

문제가 큰 것이 아닙니다. 그 문제에 내 마음을 빼앗기고 그 문제 때문에 하나님을 밀어내는 것이 문제입니다. 그러므로 어떤 문제 때문에 두렵다면, 그 문제를 해결해 달라고 조르지 말고, 그 문제가 하나님과 나 사이를 가로막지 못하도록, 그 문제가 사라지도록, 그 문제에서 벗어나도록, 그 상태에서도 기뻐하고 감사하고 찬양할 수 있도록 기도해야 합니다. 그럴 때 하나님이 현실이 되고, 나는 하나님을 바라보면서 하나님으로 인하여 사정이 어떻든지, 형편이 어떻든지 기뻐하는 사람이 되고, 내 마음의 두려움이 사라지는 것입니다.

상황 때문에 두려워하는 것이 아니라는 것을 분명히 기억하고, 두려워하는 그것을 내려놓고 하나님을 붙잡아야 합니다. 그럴 때 우리는 그 상황 속에서도 하나님을 찬송할 수 있고, 그 결과 나를 통하여 하나님은 영광을 받으실 수 있고, 나는 하나님의 증인으로 살아갈 수 있습니다.

"나는 하나님의 것임을 알게 하시고, 담대한 하나님의 증인으로 살게 하소서."

"내가 너를 지명하여 불렀나니 너는 내 것이다"라고 말씀하신 주님!

일그러진 자의식, 두려움에 찌든 우리를 새롭게 하소서. 우리 이름을 개별적으로 불러 주시고, "너는 내 것이다. 그러니 두려워하지 말라"고 마음 깊은 곳에 주님의 음성을 들려주소서. 나를 창조하시고 구원하신 하나님, 나를 존귀하게 여기고 사랑하시는 하나님을 현실로 느끼게 하시고, 하나님의 증인이 되어 하나님께 찬송과 영광을 돌리게 하소서.

함께 이야기하기

[1] 우리는 왜 하나님의 것인가요?

[2] 우리는 어떻게 고난 앞에서도 담대할 수 있나요?

[3] 우리에게 주어진 고난의 시간이 오히려 은혜가 되었던 경험이 있다면 나눠 봅니다. 그때 하나님께서는 내게 어떤 일들을 행하셨나요?

13

목마름의
이유와 해결책

이사야 44:1-4

이스라엘 전설에 의하면 아브라함(아브람)의 아버지 데라는 갈대아 우르에서 우상을 만드는 사람이었습니다. 어느 날 아버지가 외출하자 아브람은 아버지가 만든 우상을 다 부수고 가장 큰 우상의 손에 도끼를 올려놓았습니다. 아버지가 돌아와서 그것을 보고 깜짝 놀라서 말했습니다. "아니, 누가 이것들을 다 부수었느냐? 아브람아, 네가 그랬느냐?" 그러자 아브람은 말했습니다. "아닙니다. 저는 우상들이 배가 고프다고 하여 먹을 것을 주었는데, 큰 우상이 혼자 먹으려고 다른 우상을 도끼로 다 부순 것 같습니다."

그러자 아버지가 말했습니다. "생명 없는 우상이 어떻게 음식을 먹겠으며, 스스로 움직이지도 못하는 우상이 어떻게 다른 우상을 도끼로 찍을 수 있단 말이냐?" 아브람은 이렇게 말했습니다. "아버지 말씀이 옳습니다. 생명도 없는 우상이 어떻게 사람을 도와주고, 사람에게 복을 줄 수 있단 말입니까?" 이 말을 듣고 아버지 데라는 크게 느낀 바가 있어 우상 만드는 일을 그만두고, 가족을 이끌고 하란으로 이주했습니다. 우상을 부순 아브람은 그 이후로 하나님을 따라 믿음의 길을 걸어갔습니다.

목마름을 채워 주시는 분

바벨론에 포로로 끌려간 이스라엘 백성은 엄청난 고생을 하고 있습니다. 자기들의 죄 때문입니다. 그들은 하나님을 버리고 세상을 사랑했습니다. 하나님이 아닌 우상을 숭배했습니다. 그래서 고난 속에서 연단을 받고 있습니다. 그럼에도 불구하고 하나님은 그들을 사랑하십니다.

사람들은 내 형편이 어려워지면 외면하지만 하나님은 오히려 우리가 어렵고 힘들 때 다가와서 우리를 불러 주십니다. 하나님이 그들을 부르시는 칭호 속에 그들을 향한 하나님의 마음이 나타나 있습니다.

> 나의 종 야곱, 내가 택한 이스라엘아 이제 들으라 너를 만들고 너를 모태에서부터 지어 낸 너를 도와줄 여호와가 이같이 말하노라 나의 종 야곱, 내가 택한 여수룬아 두려워하지 말라 (사 44:1-2)

"나의 종 야곱, 내가 택한 이스라엘아." '야곱'은 변화되기 전의 이름입니다. '이스라엘'은 그가 돌아와 하나님을 붙잡았을 때 주신 이름입니다. 하나님은 야곱을 이스라엘로 만들어 주셨는데, 그들은 이스라엘답게 살지 못했습니다. 또 하나님은 그들을 "여수룬아"라고 부르십니다. '여수룬'은 이스라엘 자손들이 광야 생활을 하고 있을 때 불러 주신 이름입니다. 신명기 32-33장에 보면 이스라엘 초기에 그들이 아주 연약했을 때 불러 주셨던 이름입니다.

여러분, 혹시 지금은 사용하지 않는 어릴 때 이름이 있나요? 누가 내 어릴 때 이름을 부른다면 깜짝 놀랄 것입니다. 그 사람은 어떤 사람일까요? 나를 잘 아는 사람입니다. 가까운 친척이거나 친구거나 내가 믿을 수 있는 사람입니다. "여수룬아." 이 말은 "너희가 아주 어렸을 때부터 알고 있다"는 말입니다. "너, 어릴 때 참 예쁘고 사랑스러웠지." 그런 뜻입니다. 그러니까 하나님은 내가 죄 가운데서 헤맬 때도 나를 사랑하셨고, 하나님을 의지할 때도 사랑하셨고, 내가 어리고 철부지였을 때도 나를 알고 사랑하신 분입니다.

이스라엘을 사랑하기 때문에 하나님은 그들에게 주고 싶으신 것이 있습니다.

> 나는 목마른 자에게 물을 주며 마른 땅에 시내가 흐르게 하며 나의 영을 네 자손에게, 나의 복을 네 후손에게 부어 주리니 그들이 풀 가운데에서 솟아나기를 시냇가의 버들같이 할 것이라 (사 44:3-4)

먼저는 물입니다. 하나님은 그들이 목마른 상황이라는 것을 알고 계십니다. "목마른 사람이 물을 마셔야 하듯이, 비가 오지 않아 바짝 마른 땅이 물을 갈망하듯이 너희에게 은혜의 단비를 부어 주기 원한다. 더 나아가서 나의 신, 성령을 부어 주기 원한다. 성령을 부어 주어 하나님과의 관계를 회복하고, 하나님을 사랑하며 섬길 수 있는 능력을 부어 주기 원한다. 성령을 받게 되면 시냇가의 버들같이 되리라. 시냇가에 심은 나무처럼 물이 마르지 않는 충만한 인생이 될 것이다."

여기서 하나님은 우리의 목마름을 채워 주는 분이라는 것을 강조하십니다. 그러나 우상은 "허망하며 무익하며 수치를 당하리라"고 말씀하십니다. "우상에게 뭔가를 기대하고 바란다면 다 실망할 것"(9절)이기 때문입니다. 우상은 인간의 목마름을 해결해 줄 수 없다는 것입니다.

왜 우상은 인간의 목마름을 해결할 수 없을까요? 모든 사람에게는 목마름이 있습니다. 그 목마름은 마음의 공백에서 시작됩니다. 인간의 마음은 엄청나게 큰 공간입니다. 어느 정도로 큰가 하면 하나님으로만 채워질 수 있습니다. 이 큰 마음에 하나님이 없으면 그 공백을 다른 무엇으로 채워야 합니다. 이것이 인간의 목마름, 갈증의 원인입니다. 블레즈

파스칼(Blaise Pascal)은 말했습니다. "인간에게는 하나님으로만 채울 수 있는 공간이 있다." 세상의 어떤 것을 가지고도 인간의 목마름은 채워질 수 없다는 말입니다.

우상이란 이 커다란 마음의 첫 번째 자리를 차지한 이 세상의 가치입니다. 다시 말하면 '이것만 있으면 하나님 없이도 내 마음은 행복하고 만족할 수 있다'고 생각하는 것이 그 사람의 진짜 신인데, 그것이 우상입니다. '돈만 있으면 하나님 없이도 얼마든지 만족하고 행복할 수 있다'고 생각하는 사람에게는 돈이 그 사람의 진짜 신이죠. 그런데 그 돈은 하나님이 아닙니다. 그래서 우상입니다. '하나님 없이도 내 자녀만 잘된다면 나는 만족하고 얼마든지 행복할 수 있다.' 그 부모에게 자녀는 진짜 신이죠. 그런데 그 자녀는 하나님이 아니니까 우상입니다. 그런데 그 우상은 내 맘대로 안 되잖아요? 그래서 구체적인 형상을 만들어 놓고 그 앞에서 비는 것입니다.

목마름의 이유

"하나님 없이도, 네가 좋아하는 이 세상의 가치만 있으면 얼마든지 네 마음을 만족시킬 수 있다"고 믿게 만든 것은 누구일까요? 사탄입니다. 그래서 미혹의 본질은 하나님 없이 이 세상 것으로도 얼마든지 만족할 수 있다는 것입니다. 그래서 사탄에 속은 마음은 우상을 만들고, 그 앞에서 하나님이 아닌 것을 얻으려고 빕니다.

철학적으로 표현해 볼까요? 모든 인간은 하나님으로만 만족할 수 있습니다. 그런데 하나님을 떠나면 불안해집니다. 불안해진 인간은 하나님 아닌 대체물을 붙잡습니다. 그것이 우상인데, 그 내용은 탐심입니다. 그래서 신학자 폴 틸리히(Paul Tillich)는 말했습니다. "하나님을 떠난 것이 죄다. 이것은 교만에서 시작되었다. 그렇게 되면 두 번째 죄가 나타나는데 그것은 '한없는 욕망'이다. 이것이 우상 숭배의 본질이다." 정말 멋진 표현입니다. 쉽게 말하면 하나님을 떠난 교만한 인간은 불안감에 시달리며 그 텅 빈 공간을 채우기 위해 뭔가를 끝없이 목말라합니다. 그래서 하나님을 떠난 존재는 끝없이 목말라하는 존재가 됩니다.

요한복음 4장에 보면 예수님이 우물가에서 사마리아 여인을 만나십니다. 예수님이 그 여인에게 물 한 모금만 달라고 하시자 그 여자는 "왜 유대인 남자가 사마리아 여자인 나에게 물을 달라고 합니까?" 하면서 물 한 모금을 주지 않습니다. 그 여자의 마음은 바짝 말라 있습니다. 예수님은 그 여자에게 말씀하십니다. "내가 누구인지 알았다면 네가 나에게 물을 달라고 했을 것이다. 내가 주는 물을 마시면 영원히 목마르지 않을 것이다." 그 여자가 반색을 하면서 "그런 물이 있으면 나에게 좀 주세요. 나는 정말 목이 마릅니다." 이렇게 말하자 예수님이 말씀하셨습니다. "그래? 그런데 조건이 있다. 네 남편을 데려오라."

왜 예수님은 그 여자에게 하필이면 남편을 데려오라고 하셨을까요? 그 여자의 인생에서 가장 깊은 목마름이 남편의 문제였기 때문입니다. 그 여자는 남편에게 목말랐던 여자입니다. '남편만 잘 만나면 모든 것이 해결된다. 집도 생기고, 자식도 생기고, 명예와 안정도 생겨난다.' 남편이 인생의 마스터키였습니다. 그래서 찾아서 달려가 보면 자기가 찾던 남자가 아니었습니다. 그 여자는 남자들을 버렸고 또한 철저하게 버림받았습니다.

그런데 예수님이 "네 남편을 데려오라"고 하시자 고민하다가 "내게는 남편이 없나이다"라고 대답했습니다. 그러자 예수님은 말씀하셨습니다. "네 대답이 옳다. 너에게 다섯 명의 남편이 있었고 지금 여섯 번째 남자와 살고 있지만 그 사람도 네 남편이 아니니 네 말이 맞다." 그 말을 듣고 여자는 엎드러지면서 예수님을 붙잡았습니다.

"내게는 남편이 없습니다." 이게 무슨 뜻일까요? 모든 사람은 예수님 앞에서 이 고백을 해야 합니다. 여기서 '남편'은 내 인생을 만족시켜 줄 수 있는, 내가 가장 목말라하는 우상입니다. 요즘 말로 바꾸면 이런 뜻입니다. "나는 돈만 있으면, 행복한 가정만 있으면, 좋은 직장과 적당한 명예만 있으면 행복할 줄 알았습니다. 그래서 그것을 얻어 보려고 몸부림쳤습니다. 그리고 가져도 보았습니다. 그러나 아직도 내 마음은 허전할 뿐입니다. 내 마음의 공허는 채워지지 않았습니다. 의미 있는 인생, 생수가 흘러넘치는 그런 삶을 원했지만 어디서도 얻을 수 없었습니다. 이 세상 어느 곳에서도 내 목마름을 해결할 수 없었습니다. 예수님이 주시는 그 생수가 필요합니다." 이렇게 자기의 우상을 내려놓고 주님을 붙잡을 때 영혼의 생수가 터졌던 것입니다.

그러니까 자기의 우상을 내려놓아야만 목마름을 해결할 수 있는데 어떻게 우상이 우리의 목마름을 해결해 주겠습니까? 그래서 하나님은 우상을 만들거나 섬기는 것을 어리석다고 말씀하십니다. 성경에서 우상 숭배의 헛됨을 가장 강조하는 곳이 이사야서 44장입니다.

나무를 베어다가 한쪽은 땔감으로 사용하고 고기도 구워 먹고 음식을 해 먹고 남은 부분을 가지고 우상을 만들어 놓고 경배하면서 "신이여,

복을 주소서"라고 말한다는 것입니다(15-17절). 하나님은 "이것이 제정신인가? 인간의 목마름을 해결해 주지 못할 우상에게 빌어 봐야 소용이 없다"고 하십니다. 더욱 목마르게 할 뿐이고 섬길수록 미련하게 될 뿐입니다. 그런데도 "내가 이까짓 것을 왜 섬기는가?"(19절) 하고 말하지 못한다는 겁니다. 왜냐하면 미혹되었기 때문입니다(20절).

우상에게 속지 않는 방법

왜 이렇게 우상에 대해서 자세하게 설명할까요? 바벨론에 포로로 잡혀간 유다 백성이 우상에게 끌려가고 있기 때문입니다. 그들의 주인 바벨론 사람들이 우상을 섬길 때 시중을 들면서 어쩔 수 없이 우상을 섬기는 데 동참하기도 했습니다. 또 바벨론이 이렇게 강하고 잘사는 걸 보니 '이런 신을 섬기는 게 효과가 있는 것 아닐까?'라고 생각하는 사람들이 많아진 것입니다. 하나님이 바벨론에게 힘을 주어서 심판의 도구로 사용하신 것인데, 우상의 힘으로 강해진 것으로 착각했습니다. 그래서 하나님은 "우상이 인생의 목마름을 해결해 줄 수 없다. 오직 나 여호와 하나님 외에는 다른 신이 없다. 그러므로 더 이상 우상에게 속지 말고 너희가 하나님의 백성이라면 해야 할 것이 있다"고 하십니다.

그렇다면 우상에게 속지 않으려면 어떻게 해야 할까요?

첫째, 기억하는 것입니다. "네가 누구인지를 기억하고, 하나님이 너에게 어떤 일을 행하셨는지를 기억하라"는 것입니다.

야곱아 이스라엘아 이 일을 기억하라 너는 내 종이니라 내가 너를 지었으니 너는 내 종이니라 이스라엘아 너는 나에게 잊혀지지 아니하리라 (사 44:21)

너는 나에게 결코 잊힌 존재가 아니라고 하십니다. 그러니까 "나는 하나님의 것이다. 그리고 하나님은 나를 결코 잊지 않고 기억하신다." 이것을 기억하라는 것입니다. 회복의 첫걸음은 하나님을 기억하는 것입니다.

둘째, 돌아오는 것입니다. "돌아오면 내가 너의 모든 죄를 용서할 것이다. 나는 이미 용서하려고 결심했고 잘못했다고 말하면서 돌아오기만을 기다리고 있다"는 것입니다.

내가 네 허물을 빽빽한 구름같이, 네 죄를 안개같이 없이하였으니 너는 내게로 돌아오라 내가 너를 구속하였음이니라 (사 44:22)

셋째, 우상에게 속지 않는 방법은 노래하는 것입니다. 하나님은 23절에서 세 번이나 노래하라고 말씀하십니다.

여호와께서 이 일을 행하셨으니 하늘아 노래할지어다 땅의 깊은 곳들아 높이 부를지어다 산들아 숲과 그 가운데의 모든 나무들아 소리 내어 노래할지어다 여호와께서 야곱을 구속하셨으니 이스라엘 중에 자기의 영광을 나타내실 것임이로다 (사 44:23)

누가복음 15장에 보면 탕자가 아버지의 집을 떠나 다른 나라에 가서 허랑방탕하다가 고생하면서 무엇을 했습니까? 아버지를 기억했습니다. 내가 돌아갈 집이 있다는 것을 기억했습니다. '아버지가 계신데, 그리고 아버지의 집이 있는데!' 언제 기억이 났을까요? 잘나갈 때는 기억을 못해요. 세상에 빠져 정신이 없어요. 그런데 고통 속에서 기억합니다. 기억했기 때문에 그다음에는 돌아갑니다(눅 15:20).

자격이 없기 때문에 돌아가는 발걸음은 무거웠죠. 그러나 아들을 기다리던 아버지는 그 아들을 보고 달려가 품에 안았습니다. 기뻐하면서 잔치를 베풀었습니다. 즐거운 노래가 울려 퍼집니다. 본문 말씀 그대로입니다. "너는 내 아들인데 왜 스스로 죄의 종이 되어 그렇게 살아가고 있느냐? 아버지를 기억하고, 돌아와서, 기쁨을 누리라"는 것입니다.

목마름의 근본 해결책

어떤 권사님이 이런 간증을 했습니다. 남편이 정말 잘나가는 분이었는데 인생의 절정기에 큰 병에 걸렸어요. 모든 꿈은 깨졌고 하던 일도 그만두었습니다. 남편이 좌절하고 못 견뎌하고, 권사님도 힘들어서 기도했는데, '하나님이 이 기회를 통해 남편을 만나 주시려나 보다' 이런 소망이 생겼습니다. 재정 지원이 어려워지자 유학을 하던 아들도 돌아오게 되었습니다. 그 아들을 데리러 공항으로 차를 몰고 갔습니다.

아들은 자기도 힘들지만 어머니 걱정을 많이 했습니다. 그래서 엄마얼굴을 어떻게 볼지 걱정했는데, 엄마의 얼굴이 밝은 거예요. "엄마, 괜찮아?" "그럼, 나는 행복해." "뭐가 행복한데?" "하나님이 나와 함께하시거든. 나는 평안해. 너무 걱정하지 마라."

　이런 대화를 주고받으며 아들은 충격을 받았습니다. 차를 타고 오는 동안 침묵을 지키던 아들이 입을 열고 이렇게 말했습니다. "엄마, 나 미국에서 공부할 때 세계적으로 유명한 전문가들이 와서 강연을 하는데 '이렇게 하면 여러분은 성공할 수 있고 행복하게 살 수 있습니다'라고 말하는 사람은 수없이 보았지만 지금 행복하다고 말하는 사람은 한 사람도 없었어요. 그런데 엄마는 이렇게 힘든 가운데서도 정말 행복해하시네요. 엄마, 나 엄마가 믿는 하나님을 믿어 볼래요. 지금껏 엄마에게 신앙은 자유인데 왜 자꾸 강요하냐고 늘 반발했지만 엄마 속에 있는 신앙의 힘이 뭔지 느껴져요. 나 그런 하나님을 믿을래요."

　우리는 생각합니다. '내가 원하는 그것이 없어서 목마른 것이다.' 그러나 아닙니다. 내 마음을 하나님으로 채우지 못하는 것이 목마름의 원인입니다. 내 마음이 하나님으로 꽉 차 있으면 어떠한 역경과 고난 속에서도 목말라하지 않고 기뻐하며 찬송할 수 있습니다. 그러므로 인간의 진정한 목마름은 하나님 앞으로 나올 때 해결됩니다.

　그러므로 여러분, 우리가 목말라하는 것이 많겠지만 정말로 목말라해야 할 대상은 하나뿐입니다. 하나님만, 하나님 한 분만 목말라하세요. 그러면 충만해질 것입니다. 이 기쁨을 가지고 살아가는 여러분 되시기를 축원합니다.

　　"목마름의 이유와 해결책을 알고 살아가는 행복한 사람이 되게 하
　　소서."

인생의 목마름이 무엇인지 아시는 하나님!

하나님으로만 채워질 수 있는 목마름을 우상을 섬기며 채우려는 것이 우리의 모습입니다. 그 무엇으로가 아닌 "오직 나 여호와 하나님만이 너의 목마름을 채워 줄 수 있다"고 말씀해 주시니 감사합니다. '이것만 있다면 내 목마름을 해결할 수 있는데!' 그런 속임수에 넘어가지 말게 하시고, 하나님만이 나의 목마름을 해결할 수 있는 유일한 분임을 고백 하면서 충만한 인생을 살아가는 우리 모두가 되게 하소서.

함께 이야기하기

[1] 목마른 사람에게 필요한 것은 무엇인가요?

[2] 우리가 삶을 살아가면서 목마른 이유는 무엇 인가요?

[3] 오늘 나의 삶에서 목마름을 해갈하기 위해 하 나님 앞에서 어떻게 살아가야 할까요? 나의 삶을 돌이켜 보며 내가 해야 하는 것을 한 가 지 정하고 나눠 봅니다.

14

세상을 다스리 시는 하나님

이사야 45:18

옛날에 어떤 왕이 있었습니다. 너무도 지혜롭고 훌륭한 왕이었기 때문에 모든 백성과 신하가 사랑하고 존경했습니다. 그런데 어느 날 왕과 신하들이 바닷가에 모여 있다가 새들이 하늘을 나는 모습을 보고 한 신하가 말했습니다. "왕이여, 이 땅의 모든 백성과 미물까지도 왕의 다스림을 기뻐하고 명령에 복종하나이다. 왕이야말로 진정으로 이 나라의 주인이십니다." 왕은 그 말을 듣더니 갑자기 자기가 앉을 의자를 가져오라고 말했습니다. 신하들은 급히 의자를 해변으로 가져왔습니다.

왕은 앉아서 신하들에게 말했습니다. "내가 어떤 사람인지 여러분에게 분명하게 보여 주겠소." 그리고 파도를 보고 말했습니다. "파도야, 물러가라. 내 발에서 멀어질지어다!" 그러나 파도는 아랑곳하지 않았습니다. 다시 왕은 소리를 질렀습니다. "파도야, 내게서 물러가라. 왕이 명령한다." 그러나 이번에도 파도는 왕을 그대로 덮쳤습니다. 신하들은 민망해 고개를 숙였습니다. 그러자 왕은 이렇게 말했습니다. "고개를 들고 분명히 보시오. 내가 아무리 명령해도 작은 파도 하나도 내 말대로 되지 않소. 세상을 다스리는 이는 하나님 한 분뿐이시니, 여러분은 하나님을 경외하고 섬겨야 합니다."

사람이 모든 것을 다스리고 왕들이 역사를 이끌어 가는 것 같지만 절대로 아닙니다. 아무리 위대한 왕이라 할지라도 파도 하나, 바람 하나를 다스릴 수 없습니다. 온 세상을 다스리는 분, 역사를 주관하는 분은 하나님 한 분뿐이십니다.

유다 백성은 바벨론에 포로가 되어 끌려갔습니다. 그들은 '하나님의 백성'이라고 불렸습니다. 그런데 노예 생활을 하고 있으니 그들의 마음이 어떠했겠습니까? '하나님은 무엇을 하고 계신가? 정말 하나님은 계신가?' 이런 생각을 하게 되었습니다. 여기에 대한 대답을 살펴보겠습니다.

사람을 통하여 다스리신다

이사야서 45장은 '하나님이 어떻게 역사를 다스리시는가'를 다루는데, 세 가지 내용으로 구성되어 있습니다. 첫째는 역사를 다스리시는 방법입니다. 둘째는 역사를 다스리시는 목적이고, 셋째는 하나님의 역사에 동참한 결과입니다.

> **첫째, 하나님이 역사를 다스리시는 방법은 사람을 선택하고, 그 사람을 통하여 다스리시는 것입니다. 하나님이 이스라엘 백성을 바벨론으로부터 해방시키기 위해 선택하신 사람이 고레스입니다.**

여호와께서 그의 기름 부음을 받은 고레스에게 이같이 말씀하시되 내가 그의 오른손을 붙들고 그 앞에 열국을 항복하게 하며 내가 왕들의 허리를 풀어 그 앞에 문들을 열고 성문들이 닫히지 못하게 하리라 (사 45:1)

고레스를 가리켜 "기름 부음을 받은 고레스"라고 말합니다. 기름 부음을 받았다는 것은 메시아, 구원자라는 뜻입니다. 고레스는 이방인이었지만 바벨론에 포로가 되어 간 이스라엘 백성을 구원하기 위하여 택하신 사람이라는 의미에서 기름 부음을 받았다고 말하는 것입니다.

그를 어떻게 인도하십니까? 하나님이 그의 손을 붙잡고 그 앞에 모든 왕이 항복하게 하며 왕들의 허리를 풀겠다고 하십니다. '왕들의 허리를 푼다'는 말이 무슨 뜻일까요? 허리를 푼다는 것은 무장을 해제한다는 말입니다. 그 당시에는 허리띠에다 칼도 차고 도끼도 차고 온갖 무기를 찼거든요. 허리를 푼다는 말은 "내가 모든 무기를 내려놓고 항복합니다." 이런 뜻입니다. '문을 연다'는 말은 "그 앞에서 성문이 열리게 하겠다. 그리고 닫히지 않게 하겠다"는 말입니다. 하나님이 그 손을 잡고 인도하시므로 그가 승승장구할 것을 말합니다. 어떻게 이런 일이 일어날 수 있을까요?

그런데 정말 그런 일이 일어났습니다. 헤로도토스(Herodotos)의 《역사》라는 책에 보면 고레스의 일대기가 자세하게 나옵니다. 원래 그는 바사(페르시아)라는 아주 작은 나라의 왕이었는데, 그 당시 바사는 메대의 속국이었습니다. 두 나라 사이에 갈등이 생겨서 전쟁을 하게 되었는데, 메대의 총사령관이 모든 군대를 데리고 바사에 항복해 버립니다. 그러자 메대 왕이 직접 군사를 일으켜 쳐들어갔는데 부하들이 마음이 변해서 자기 왕을 돕지 않았습니다. 그래서 왕은 전사하고 바사가 승리합니다. 바사는 자기 나라보다 훨씬 큰 메대를 거저 얻었습니다.

바사는 힘이 강해지자 이전에 메대가 언젠가 바벨론을 치겠다고 세워 놓은 계획대로 바벨론으로 쳐들어갑니다. 그 당시에 바벨론은 세계 최강의 나라였습니다. 바벨론은 성벽 둘레가 약 90km나 되고, 유프라테스강이 바벨론성에 도착하면 세 갈래로 나뉘어 가운데는 성안으로 흐르고, 나머지 두 갈래는 성벽 주위를 돌아서 해자처럼 흐르게 했기 때문에 아무도 성벽에 접근할 수 없었습니다.

성벽의 두께는 약 30m나 되어 성벽 위로 양쪽에 집을 짓고 그 사이로 사륜마차가 달려도 넉넉할 정도였습니다. 성벽의 높이도 90m에 달했습니다. 이런 성벽이 이중으로 되어 있고, 성벽을 돌아가면서 성문이 있었는데 모든 문은 청동으로 제작되었습니다. 문이 열리면 물 위로 다리를 올렸다 내렸다 할 수 있는 도개교 시설이 있었습니다. 문을 닫으면 접근이 불가능하고, 문을 열면 안에서 다리가 나와서 밖으로 나갈 수 있는 것입니다. 그래서 역사가들은 이 성은 결코 정상적으로는 무너질 수 없는 난공불락의 성이라고 여겼습니다. 성이 고립되어도 얼마든지 물 공급이 가능했고, 양식도 수십 년 버틸 수 있을 만큼 비축되어 있는, 그야 말로 요새 중의 요새였습니다.

이 정도였기 때문에 바벨론은 바사가 쳐들어온다고 해도 걱정하지 않았습니다. 오히려 다니엘서 5장에 보면 바벨론의 벨사살 왕은 고레스가 공격하고 있는데도 하나님의 성전에서 빼앗아 온 각종 그릇을 가져오라고 해서 술을 마시며 축제를 벌였습니다. 그때 갑자기 사람의 손가락들이 나타나서 벽에 글자를 쓰는데 "메네 메네 데겔 우바르신", "끝났다. 저울에 달아 보았으나 부족했다. 메대와 바사에게 주리라" 이런 글이었고, 그날 밤에 망하는 이야기가 나옵니다.

고레스가 메대라는 나라를 이긴 것도 신기한 노릇인데, 더 놀라운 것은 바벨론이라는 가장 큰 나라를 이긴 것입니다. 그것도 무혈 입성합니다. 역사의 미스터리입니다. 이것을 누가 설명할 수 있을까요? 본문에 대답이 나옵니다. "하나님이 하셨다." 이 말이 수없이 반복됩니다. 물론 사람의 눈으로 볼 때는 고레스가 한 일입니다. 그런데 실제로는 하나님이 하셨다는 거예요.

내가 너보다 앞서가서 험한 곳을 평탄하게 하며 놋문을 쳐서 부수며 쇠빗장을 꺾

고 네게 흑암 중의 보화와 은밀한 곳에 숨은 재물을 주어 네 이름을 부르는 자가
나 여호와 이스라엘의 하나님인 줄을 네가 알게 하리라 (사 45:2-3)

하나님이 고레스보다 앞서가서 험한 곳을 평탄하게 하고, 바벨론의
놋문을 쳐부수고, 쇠빗장을 꺾어 버리겠다는 말씀을 이루신 것입니다.
그리고 바벨론의 엄청난 보화를 다 빼앗으셨습니다. 어떻게 가능했을까
요? "흑암 중의 보화." 깊이 감춰 둔 보화니까 안 보여요. "은밀한 곳에 숨
은 재물." 사람의 눈으로는 찾을 수도 없어요. 그러나 그것을 아는 분이
하나님이세요. 하나님이 고레스에게 엄청난 보화와 재물을 얻게 하십니
다. 이 재물 중의 일부가 성전 재건 사업에 사용됩니다.

큰 나라를 정복하고 엄청난 보화를 탈취하는 것, 모든 왕이 원했지
만 하나님은 고레스에게 그것을 주셨습니다. "'네 이름을 부르는 자'가
나 여호와다." 하나님이 네 이름을 부르셨다는 말이 무슨 뜻일까요? 복
싱 선수 두 사람이 챔피언 타이틀을 놓고 싸웠어요. 최종적으로 누가 이
겼는지, 심판이 최후 승리자의 이름을 부르면서 손을 번쩍 들어 줍니다.
이름을 불렀다는 말은 그를 최후의 승리자로 선언했다는 말입니다. 수
많은 왕 중에서 "고레스야, 네가 승리했다. 이 모든 것을 취하라!" 이렇게
최종 승리자로 하나님이 고레스를 부르셨다는 뜻입니다.

바벨론이 워낙 대단한 나라였기 때문에 바벨론 멸망에 대한 일화가
많습니다. 고레스가 바벨론성을 공격할 때입니다. 유프라테스강은 깊은
데 바벨론성을 돌아 흐르고 있으니 성으로 접근하기도 어려워 '어떻게
할까?' 고레스가 고민합니다. 그런데 강을 건너려고 하다가 고레스가 사
랑하는 말이 빠져 죽었습니다. 너무도 화가 난 고레스는 "내가 이 강물을

갈가리 찢어 버릴 것이다!" 소리를 질렀습니다. 강물을 어떻게 찢어요? 그런데 강의 흐름을 180갈래로 찢어 버립니다. 땅을 파서 강의 지류를 만들었습니다. 그러자 강의 수위가 낮아져서 그냥 걸어 들어갈 수 있게 되었습니다. 그런데 물이 빠지자 그동안 물속에 잠겨서 보이지 않던 성으로 들어가는 비밀 통로를 발견합니다. 그래서 쉽게 성문을 열게 되었고, 승리했습니다. 이런 놀라운 전략을 고레스도 우연히 생각하게 된 것인데, 성경에서는 이미 다 예언해 놓았습니다.

> 깊음에 대하여는 이르기를 마르라 내가 네 강물들을 마르게 하리라 하며
> (사 44:27)

이미 하나님은 고레스가 바벨론성을 얻을 것을 말씀하시면서 그 성에 접근할 수 있는 방법도 예언하셨던 것입니다. 그러니까 이 작전도 하나님이 주신 것입니다. 하나님은 고레스를 통해서 세상의 역사를 주관하시고 이루셨습니다. 이것이 하나님이 역사를 다스리시는 방법입니다.

다스리시는 목적

둘째, 역사의 목적은 무엇일까요? 왜 하나님은 고레스에게 이런 일을 이루게 하셨을까요?

> 내가 나의 종 야곱, 내가 택한 자 이스라엘을 위하여 네 이름을 불러 너는 나를 알지 못하였을지라도 네게 칭호를 주었노라 (사 45:4)

"나의 종, 내가 택한 자 이스라엘을 위하여." 하나님의 백성을 구원하시기 위해서입니다. 여러분, 역사를 통해 이루어지는 것은 심판과 구원인데, 그러나 그중에서도 핵심은 하나님의 백성을 구원하는 것입니다. 구체적으로는 유다 백성을 포로에서 해방시키기 위해 하나님은 바사 왕 고레스가 바벨론을 무너뜨리고 나라를 얻게 하셨다는 것입니다. "아니, 그 작은 이스라엘을 위해 바벨론이 무너지고 고레스가 승리합니까?" 네, 그렇습니다. 하나님이 이스라엘의 하나님이시기 때문입니다.

> 나는 여호와라 나 외에 다른 이가 없나니 나밖에 신이 없느니라 너는 나를 알지 못하였을지라도 나는 네 띠를 동일 것이요 (사 45:5)

"너는 나를 알지 못하였을지라도." 고레스는 하나님을 몰랐지만 '네 띠를 동인다'는 것은 '너를 강하게 하겠다'는 말입니다. 왜? 고레스를 통하여 하나님의 백성을 구원하기 위해서입니다.

셋째, 그렇다면 하나님의 역사에 동참하는 방법은 무엇일까요? 하나님의 뜻은 반드시 이루어지고, 예언은 현실 속에서 성취됩니다. 문제는 내가 그 말씀을 믿고 순종하느냐, 아니냐 둘 중의 하나입니다. 예언의 말씀을 믿고, 그 말씀에 순종하면 그 결과는 무엇일까요?

> 이스라엘은 여호와께 구원을 받아 영원한 구원을 얻으리니 너희가 영원히 부끄러움을 당하거나 욕을 받지 아니하리로다 (사 45:17)

"구원을 받게 될 것이고, 수치를 당하지 않을 것이다"라고 하나님은 말씀하십니다. '정말 그 말씀대로 되었구나!' 깨닫게 되고, 그래서 하나님께는 영광이 되며 그 말씀을 믿은 사람에게는 기쁨이 충만할 것입니다. 그러나 '정말 그럴까?' 의심하고 안 믿는다면 "그날에 수욕을 당할 것이다. 부끄러워질 것이다"(16절)라고 말씀하십니다.

하나님을 인정하는가

이러한 과정을 통하여 무엇이 드러납니까?

> 대저 여호와께서 이같이 말씀하시되 하늘을 창조하신 이 그는 하나님이시니 그가 땅을 지으시고 그것을 만드셨으며 그것을 견고하게 하시되 혼돈하게 창조하지 아니하시고 사람이 거주하게 그것을 지으셨으니 나는 여호와라 나 외에 다른 이가 없느니라 (사 45:18)

"나 외에 다른 이가 없느니라"는 하나님이 역사를 다스리신다는 것을 만방에 증명하는 것입니다. 그러나 하나님을 믿지 않는 사람들에게 하나님은 어떤 분입니까? 숨어 계시는 하나님입니다.

> 구원자 이스라엘의 하나님이여 진실로 주는 스스로 숨어 계시는 하나님이시니이다 (사 45:15)

오늘도 하나님은 말씀하십니다. "나는 여호와다. 나 외에는 다른 신이 없다. 다 내가 한 것이다. 내가 역사의 주인이다." 여기에 대해서 "맞습니다. 이 모든 일은 하나님이 하신 것입니다." 이렇게 하나님이 하셨다는 것을 인정하고 믿는 사람이 있는가 하면 반대로 '언제 하나님이 해 주셨나? 다 내가 한 것이지'라고 생각하고 하나님을 인정하지 않는 사람이 있습니다. 이런 사람에게 하나님은 '숨어 계시는 하나님'입니다.

어느 쪽이 맞을까요? 어떤 하나님이 진짜 하나님입니까? 하나님은 역사의 주인공입니까, 아니면 아무리 찾아보려 해도 발견할 수 없는 숨어 계신 하나님입니까? 여러분은 둘 중에 하나를 선택해야 합니다. "지금까지 내 인생, 내 힘으로 산 줄 알았는데 생각해 보니 다 하나님이 하셨습니다. 오늘 내가 여기 이렇게 있음은 하나님의 작품입니다." 이렇게 고백할 수 있습니까? 아니면 "지금 내 인생, 다 내가 수고한 결과입니다. 언제 무엇을 하나님이 하셨다는 말입니까?" 겉으로 볼 때는 다 내가 한 것입니다. 그러나 믿음의 눈으로 보면 하나님이 하셨습니다.

어느 분이 제게 이런 말을 했습니다. "목사님, 저는 젊은 시절에 유학을 꼭 가고 싶었습니다. 그런데 길이 열리지 않아서 '왜 하나님은 나에게 길을 열어 주시지 않는가?' 그런 생각을 했었습니다. 그러다 좋은 직장에 들어가서 열심히 일하는 중에 회사에서 유학을 보내 주었습니다. 그래서 가 보니까 가족을 데리고 유학을 간다는 것이 만만치 않다는 것을 알게 되었습니다. 공부도 만만치 않고, 비용도 많이 들었습니다. 직장에서 보내 줬으니 말이지, 제 힘으로 갔다면 얼마나 어려운 일이 많았을까요? 신분 보장도 그렇고요. 저는 그때 알았습니다. '내가 유학 가고 싶은 마음을 하나님이 아시고, 나에게 가장 알맞은 때까지 기다려 주셨구나. 그리고 가장 좋은 방법으로 나를 공부시켜 주셨구나. 하나님이 나보다 나를 더 잘 아시는구나.' 그걸 깨닫고 얼마나 감사했는지 모릅니다." 맞습니다. 그때는 모릅니다. 그러나 지나 놓고 보면 하나님이 하신 일이라는 것을 깨달을 수 있습니다.

여러분, 찬송가에도 있습니다. "구주 예수 의지함이 심히 기쁜 일일세/ 영생 허락 받았으니 의심 아주 없도다/ 예수 예수 믿는 것은 받은 증거 많도다/ 예수 예수 귀한 예수 믿음 더욱 주소서"(새찬송가 542장). 받은 증거가 있습니까, 없습니까? 많습니다. 너무 많습니다! 언제 하나님이 하셨냐고요? 나를 위해 하신 것이 없다고 생각합니까? 믿음의 눈으로 보면 모든 것이 하나님이 하신 일입니다.

어떤 사람들은 아이를 낳아도 "하나님이 주셨다", 승진을 해도 "하나님이 높이셨다", 집을 사도 "하나님이 주셨다", 이렇게 매사를 하나님이 하셨다고 고백합니다. 그런 사람에게는 모든 것이 하나님이 하신 일입니다. 자기는 한 일이 없습니까? 아닙니다. 열심히 최선을 다했지요. 그러나 나에게 이 길을 열어 주신 분은 하나님입니다. 그런가 하면 똑같은 일을 만나도 하나님이 하셨다고 말하지 않는 사람도 있습니다. 그 사람에게는 하나님이 숨어 계시는 하나님입니다.

여러분에게 하나님은 어떤 분입니까? "나 외에 다른 이가 없느니라." 내 삶의 모든 부분을 다스리고 인도하시는 하나님입니까? 아니면 숨어 계시는 하나님입니까? 예수님은 공중 나는 새를 보면서도 말씀하셨습니다. "공중의 새를 보라 심지도 않고 거두지도 않고 창고에 모아들이지도 아니하되 너희 하늘 아버지께서 기르시나니"(마 6:26). 들에 백합화를 보면서 말씀하셨습니다. "들의 백합화가 어떻게 자라는가 생각하여 보라 수고도 아니하고 길쌈도 아니하느니라 그러나 내가 너희에게 말하노니 솔로몬의 모든 영광으로도 입은 것이 이 꽃 하나만 같지 못하였느니라"(마 6:28-29). 예수님은 새 한 마리, 꽃 한 송이 속에서도 하나님의 손길을 보고 느끼셨습니다. 이런 눈이 열려야 합니다.

고레스를 통해서 이스라엘 백성이 언제 어떻게 회복되었을까요? BC 538년에 고레스 칙령이 내려옵니다. 그 칙령의 내용이 대단합니다.

> 바사 왕 고레스 원년에 여호와께서 예레미야의 입을 통하여 하신 말씀을 이루게 하시려고 바사 왕 고레스의 마음을 감동시키시매 그가 온 나라에 공포도 하고 조서도 내려 이르되 바사 왕 고레스는 말하노니 하늘의 하나님 여호와께서 세상 모든 나라를 내게 주셨고 나에게 명령하사 유다 예루살렘에 성전을 건축하라 하셨나니 이스라엘의 하나님은 참 신이시라 너희 중에 그의 백성 된 자는 다 유다 예루살렘으로 올라가서 이스라엘의 하나님 여호와의 성전을 건축하라 그는 예루살렘에 계신 하나님이시라 그 남아 있는 백성이 어느 곳에 머물러 살든지 그곳 사람들이 마땅히 은과 금과 그밖의 물건과 짐승으로 도와주고 그 외에도 예루살렘에 세울 하나님의 성전을 위하여 예물을 기쁘게 드릴지니라 하였더라 (스 1:1-4)

칙령이라기보다 신앙고백 같습니다. 고레스가 어떻게 이런 고백을 하게 되었을까요? 성경학자들은 다니엘이 고레스에게 가르쳐 주었다고 보고 있습니다. 다니엘이 고레스에게 이사야서와 예레미야서를 소개하면서 이렇게 말했다는 것입니다. "왕께서 태어나기 150년 전에 벌써 하나님은 당신의 이름까지 정확하게 거론하시면서 '내가 내 종 고레스를 통해 내 백성 이스라엘을 돌아오게 하리라' 하셨습니다. 이미 하나님은 바벨론이 망할 것을 아셨고, 당신을 들어 바사를 세우기로 하셨고,

당신을 통해 이스라엘 백성이 포로에서 돌아오게 하겠다고 하셨습니다. 왕이여, 이제 이스라엘을 향한 하나님의 뜻을 받아들이십시오." 이렇게 해서 이스라엘 백성을 향해 고레스가 조서를 내립니다. 이사야서 45장의 말씀이 성취된 것입니다. 하나님의 말씀은 반드시 이루어집니다. 이 말씀 위에 굳게 서시기를 축원합니다.

> "'나에게 하나님은 어떤 하나님이신가? 내 모든 삶의 인도자이시며 오늘의 내가 있게 한 분인가? 아니면 아직도 숨어 계신 하나님인가?' 이 질문에 바로 고백하게 하소서."

역사의 주인공이신 하나님!

하나님은 말씀하십니다. "나는 여호와라 나 외에 다른 이가 없느니라. 너에게 그 일을 한 것은 바로 나니라." 그런가 하면 하나님은 숨어 계시는 하나님이기도 합니다. 삶의 영역에서 하나님을 강하게 느끼는 사람들도 있고, 하나님의 역사를 느끼지도 못하고 인정하지도 않는 사람들도 있습니다. 바라오니 우리에게 숨어 계신 하나님이 아니라 하나님이 내 인생의 주인공이심을 깨닫고, 고백하고, 감격하게 하소서. 내 삶의 모든 영역을 다스리시는 하나님을 강하게 느끼며 살아가는 우리가 되게 하소서.

함께 이야기하기

[1] 하나님은 역사를 어떻게 다스리시고 그 목적은 무엇인가요?

[2] 하나님께서는 역사를 다스림으로 무엇을 나타내길 원하셨나요?

[3] 하나님께서 내 삶의 영역을 다스리고 계심을 경험한 적이 있다면 나눠 봅니다. 그때 내 마음의 고백도 나눠 봅니다.

15

내가 너희를
품으리라

이사야 46:3-4

최근에 어떤 젊은이가 찾아와서 이런 질문을 했습니다. "목사님, 저는 모태신앙입니다. 부모님은 제가 봐도 참 믿음이 좋습니다. 고생 많이 하셨지만 '정말 하나님 은혜로 살았다'고 늘 말씀하십니다. '하나님이 내게 이런 일을 하셨고, 저런 일도 하셨다. 그러니까 너도 잘 믿어야 한다'고 말씀하십니다. 그런데 저도 믿고 싶은데 믿어지지 않습니다. 히브리서 11장 1절에 보면 '믿음은 바라는 것들의 실상이요 보이지 않는 것들의 증거니'라고 말씀하는데, 이런 믿음을 어떻게 가질 수 있습니까?" 이런 내용이었습니다.

저는 이렇게 대답했습니다. "말씀 속에 대답이 들어 있습니다. 형제님은 지금 아버지가 가진 그 확실한 믿음을 가질 수 없어서 답답하다는 것이지요? 그런데 그게 정상입니다. 왜 그런지 설명해 드리지요. 믿음은 바라는 것들의 실상입니다. 아버지가 하는 말은 실상입니다. 직접 겪으신 내용이거든요. 그러나 형제님은 그걸 직접 겪지 않아서 와닿지 않습니다. 나에게도 그런 일이 있기를 바랄 뿐이지요. 또한 아버지는 그것을 증거할 수 있습니다. 전쟁을 겪으면서 하나님의 은혜로 살아남은 분인데 하나님이 도와주신 증거가 얼마나 많겠습니까? 그런데 형제님은 그 증거를 본 적이 없습니다. 그래서 형제님에게는 보이지 않는 것입니다. 그러니까 형제님은 아버지처럼 믿을 수 없지요.

아버지에게는 하나님의 함께하심이 실상이며, 확실한 증거입니다. 그러나 형제님에게는 바라는 것이고, 보지 못하는 것입니다. 그러므로 지금 형제님에게 필요한 것은 아버지처럼 아주 확실하게 마음으로 믿는 것이 아닙니다. 다만 아버지가 겪은 실상, 아버지가 말해 준 증거에 대하여 경험은 못했지만 나도 그런 실상을 바라는 마음, 그런 증거가 보이지 않지만 나도 그런 증거를 보기 원하는 마음을 가지고 나가면 됩니다. 그러니까 아버지가 경험한 실상, 제시하는 증거를 붙잡고 믿기로 결정하는 겁니다. 그것이 형제님에게 요구되는 믿음입니다.

처음부터 완전하게 의심 없이 믿어지는 것은 없습니다. 내게 주어진 작은 증거를 믿기로 결정하고 나가는 것입니다. 이것을 성경에서는 '내가 믿나이다 나의 믿음 없는 것을 도와주소서'(막 9:24)라고 표현합니다. 믿습니다. 그런데 완전한 믿음은 아닙니다. 그래서 믿음 없음을 도와 달라는 것입니다. 이 불완전한 믿음도 믿음입니다."

"그럼 저도 믿음이 전혀 없는 것은 아니군요." "그럼요. 아버지가 경험한 믿음의 실상과 증거를 인정하고 동의하고 수용하려는 믿음이 있습니다. 그러니까 그 믿음을 가지고 출발하세요. 그럴 때 하나님이 그 믿음을 귀히 여기시고, 형제님에게 확실한 믿음을 갖게 해 주실 것입니다. 이것이 믿음이 성장하는 공식입니다"라고 말해 주었습니다.

그러므로 하나님을 경험한 사람들, 부모님들은 내가 경험한 하나님 경험을 자녀에게 말해 주어야 하고, 자녀는 자기가 경험하지 못했지만 그 부모님의 경험에 동의하고, 그것을 인정하고 믿으려고 할 때 신앙의 계승이 이루어지는 것입니다.

하나님은 오늘도 우리를 말씀으로 초청하십니다. 그리고 이전에 있었던 일들을 이야기하십니다. "그때 내가 너희에게 이런 일을 하였느니라." 그러나 "나는 그때 그 자리에 없었습니다. 그러니까 믿을 수 없습니다." 이렇게 거부하면 안 됩니다. 내가 직접 경험하지는 못했지만 그 사건을 인정하고 믿기로 결정하면 그 사건이 점점 더 나에게 믿어져서 실상이 되고 증거가 되는 것입니다.

하나님의 절대성

이사야서 46장은 바벨론에 포로 된 이스라엘의 구원에 대한 말씀입니다. 하나님은 바벨론이 멸망할 것을 말씀하십니다. 그런데 당시에 세계 최강대국 바벨론이 무너진다는 것은 상상도 할 수 없는 일이었습니다. 그러나 하나님은 아주 확실하게 바벨론이 망하는 장면을 보여 주십니다.

> 벨은 엎드러졌고 느보는 구부러졌도다 그들의 우상들은 짐승과 가축에게 실렸으니 너희가 떠메고 다니던 그것들이 피곤한 짐승의 무거운 짐이 되었도다 그들은 구부러졌고 그들은 일제히 엎드러졌으므로 그 짐을 구하여 내지 못하고 자기들도 잡혀 갔느니라 (사 46:1-2)

'벨'은 바벨론의 신을 가리키는 말인데, 신의 이름이 아니라 신을 부르는 용어입니다. 모두가 알고 있는 신을 부를 때, 우리 식으로 말하면 '주님', 이런 뜻입니다. 주님이라는 말이 가나안 언어로는 '바알'인데, 바벨론에서는 '벨'이라고 부릅니다. 그러니까 '바알=벨'이고, 주님이라는 뜻입니다.

여기서 말하는 벨의 진짜 이름은 마르둑입니다. 마르둑은 전쟁의 신이고 태양의 신입니다. 그래서 바벨론 사람들은 마르둑을 벨, 주님이라고 불렀습니다. 그리고 마르둑 신의 아들이 느보입니다. 느보는 지혜의 신입니다. 태양의 신이며 전쟁의 신인 마르둑과 그 아들인 지혜의 신 느보가 바벨론에서 가장 높임을 받는 두 신입니다. 그래서 바벨론 사람들은 자기 이름에 벨과 느보를 많이 사용했습니다. 유다를 멸망시킨 바벨론 왕이 느부갓네살인데, 그 이름에도 느보라는 신의 이름이 들어 있습니다. 바벨론의 마지막 왕 이름이 벨사살입니다. 벨이라는 이름이 들어갑니다.

그러므로 '벨과 느보가 쓰러졌다'는 것은 나라가 망하면서 그들이 섬기던 두 신도 무너졌다는 뜻입니다. 바벨론 사람들이 그렇게 열심히 섬겼던 신이 그 신을 섬기던 백성을 구해 내지도 못하고, 우상 자신이 짐승들의 무거운 짐이 되었고, 적들의 전리품이 되었다는 것입니다.

그러나 하나님은 어떤 분입니까? 이제 하나님은 우상과 자신을 대조하십니다.

> 야곱의 집이여 이스라엘 집에 남은 모든 자여 내게 들을지어다 배에서 태어남으로부터 내게 안겼고 태에서 남으로부터 내게 업힌 너희여 너희가 노년에 이르기까지 내가 그리하겠고 백발이 되기까지 내가 너희를 품을 것이라 내가 지었은즉 내가 업을 것이요 내가 품고 구하여 내리라 (사 46:3-4)

"나는 자기 백성을 구원하지도 못하고, 쓰러져서 사람들에게 실려 다니는 우상이 아니다. 그들은 인간에게 짐이 될 뿐이다. 그러나 나는 너희가 모태에서 나올 때부터 너희를 안아 주었고 업어 주었다. 너 스스로 몸을 가누지 못할 때부터 내가 너를 사랑했다. 노년에 이르기까지 그리하리라. 백발이 되어도 내 품에 꼭 안아 줄 것이다. 왜냐하면 내가 지었으니까, 내가 창조했으니까. 나는 네 인생의 시작부터 끝까지 돌보고 사랑하는 하나님이다." 이렇게 말씀하십니다. "그러므로 우상과 내가 어찌 같을 수 있겠느냐? 비교하지 말라"(5절).

하나님은 우리를 창조하신 분입니다. 우리가 그분 때문에 생긴 것입니다. 그러나 우상의 시작은 어디입니까? 사람들의 주머니 속입니다(6절). 사람들이 금과 은을 주머니에서 꺼내 도금하는 사람들에게 주어서 신상을 만들었기 때문입니다. 그들은 움직이지도 못하고, 그들에게 부르짖어도 도와주지도 못하는 무능한 것들입니다(7절).

왜 이런 말씀을 하시는 것일까요? 유다 백성이 갈등하고 있습니다. 아직 망하지 않았으니까, 바벨론이 승승장구하는 걸 보면서 "벨과 느보는 대단한 신인 것 같아. 하나님보다 센 것 아닐까?" 그래서 정말 하나님을 믿어야 될지, 벨과 느보를 믿어야 될지 갈등하고 있습니다. 이때 하나님은 "저 커다란 벨과 느보가 강해 보이느냐? 그 신을 섬기는 사람들이 부러우냐?" 묻고 계시는 것입니다.

이것이 옛날 유다 백성에게만 하시는 말씀일까요? 하나님을 믿는다고 하지만 순간순간 하나님에 대해서 갈등하고, '정말 하나님이 계신가, 나를 사랑하시는가?' 의심하며 비교하는 오늘 우리에게도 마찬가지 질문을 하십니다. "하나님인가, 돈인가? 하나님인가, 직장인가? 하나님이 중요한가, 건강이 중요한가?" 우리는 끊임없이 하나님과 세상이 만든 가치 중에서 어느 것이 중요한가, 어느 것이 더 나에게 유익한가를 비교합니다. "하나님과 무엇을 비교할 수 있느냐? 하나님처럼 너를 사랑하고 구해 주신 분이 어디 있느냐?"(9절) 더 이상 하나님과 무엇을 비교해서는 안 됩니다. "너의 창조자, 너의 구원자인 하나님의 절대성을 굳게 붙잡으라"는 것입니다.

믿음의 대장부

그러면서 하나님은 우리에게 신앙의 대장부가 되라고 하십니다.

너희 패역한 자들아 이 일을 기억하고 장부가 되라 이 일을 마음에 두라 (사 46:8)

왜냐하면 지금 대장부가 아니기 때문입니다. 믿음의 졸장부입니다. 게다가 패역한 사람들입니다. 하나님과 우상 사이를 왔다 갔다 하는 갈대 같은 모습입니다. 하나님보다 오히려 세상을 더 좋아하고 거기에 끌려가는 사람들입니다. "이런 불신앙적인 사람들이 되지 말라. 어떤 경우에도 흔들리지 않는 믿음 위에 굳게 선 대장부가 되라"는 것입니다. 그러면서 신앙의 대장부가 되는 두 가지 방법을 말씀하십니다.

첫째, 과거 역사를 기억하는 것입니다.

너희는 옛적 일을 기억하라 나는 하나님이라 나 외에 다른 이가 없느니라 나는 하나님이라 나 같은 이가 없느니라 (사 46:9)

"옛적 일을 기억하라"는 말은 오해하기 쉬운데, 예를 들면 이사야 43장 18절에서는 "이전 일(옛적 일)을 기억하지 말라"고 했습니다. 아니, 옛적 일을 기억하지 말라는 것은 뭐고, 옛적 일을 기억하라는 것은 또 뭡니까? 도대체 어떻게 하란 말입니까?

"기억하지 말라"는 것은 자신의 실패를 기억하지 말라는 것입니다.

"기억하라"는 것은 하나님이 하신 일을 기억하라는 것입니다. 하나님이 하신 일, 구원의 역사는 출애굽 사건이 대표적입니다. "애굽이라는 거대한 나라, 바로의 손아귀에서 내가 너를 구원해 주지 않았느냐? 그 일을 행한 것이 누구냐? 바로 나 하나님이다. 출애굽의 하나님, 너희를 인도한 하나님이다. 그런데 내가 바벨론에서 너희를 구원하지 못하겠느냐? 그 역사를 회상해 보라. 출애굽 사건이 가능한 사건이었느냐? 상상이나 할 수 있는 일이었느냐? 아니다. 살아 있는 하나님이 편 팔과 강한 능력으로 너희를 이끌어 출애굽시키고 광야를 지나 가나안으로 들어가게 한 것이 아니냐?"

개인적으로 생각해 봅시다. "오늘 네가 어떻게 이 자리에 있게 되었는가를 기억하라. 네 힘이었느냐? 하나님의 도움이 아니었더냐?" 개구리가 올챙이 때 생각 못하면 안 됩니다. 가난했을 때를 생각해 보세요. 집이 좁다고 불평합니까? 처음에 어떻게 시작했습니까? 셋방살이했을 때를 생각해 봐야지요. 정말 하나님이 해 주신 일을 기억하면 하루 종일 하나님을 찬송해도 부족할 것입니다. 병든 몸이 회복만 될 수 있다면, 살려만 주신다면 더 바랄 것이 없겠는데! 이 문제만 해결될 수 있다면 얼마나 좋을까? 뭘 더 바라겠는가?' 그런 때가 한두 번이었습니까?

"그때를 생각해 보라. 그러므로 옛적 일을 기억하라. 하나님이 너를 태어날 때부터 업어 주고 안아 주고 돌본 결과가 아니냐? 앞으로 네 힘으로 살 것 같으냐? 아니다. 내가 너희를 품을 것이라. 내가 너희를 백발이 되어서도 품어 줄 것이다. 끝까지 돌보고 인도할 것이다. 나는 하나님이다. 나 외에 다른 신이 없느니라. 그러니 다른 것을 의지하지 말고 하나님을 붙들어라."

자꾸 말씀을 들어야 한다

둘째, 옛적 일을 기억하려면 말씀을 생각해야 합니다.

내가 시초부터 종말을 알리며 아직 이루지 아니한 일을 옛적부터 보이고 이르기를 나의 뜻이 설 것이니 내가 나의 모든 기뻐하는 것을 이루리라 하였노라 (사 46:10)

하나님은 시초부터 종말을 알려 주십니다. 출애굽 사건만 해도 아브라함에게 수백 년 전에 예언하셨습니다. 그런데 그 말씀대로 이루어졌습니다. 하나님은 미리 말씀하시고 말씀대로 이루어 가시는 분입니다. 믿게 하기 위해서, 하나님이 역사의 주인임을 알리시려고. 그래서 바벨론 포로가 되기 전부터 바벨론 포로가 될 것이라고 말씀하셨고, 70년 후에 해방될 것이라고 말씀하신 것입니다. "내 말 그대로 될 것이다." 그 예가 고레스에 대한 말씀입니다.

내가 동쪽에서 사나운 날짐승을 부르며 먼 나라에서 나의 뜻을 이룰 사람을 부를 것이라 내가 말하였은즉 반드시 이룰 것이요 계획하였은즉 반드시 시행하리라 (사 46:11)

하나님은 고레스라는 사람을 일으켜서 그 약속을 이루겠다고 선포하십니다. 그러면서 고레스를 뭐라고 부르십니까? "사나운 날짐승." 독수리를 의미합니다. 독수리는 새 중의 왕입니다. 신속하고 강하기 때문입니다. 세상 어디까지든지 가장 빠르게 달려 나가서 가장 강하게 정복하는 사람이라는 뜻입니다. 그런데 놀라운 것은 고레스의 깃발에 새겨진 문장이 독수리였습니다. 그는 자기를 상징하는 동물로 독수리를 선택했습니다. 그런데 하나님은 그가 독수리가 될 것이라고 이미 예언하셨습니다.

그러면서 아주 중요한 말씀을 하십니다. 불안한 세대, 믿음이 없는 세대, 완악한 세대 속에서 믿음을 지켜 가는 방법에 대한 말씀입니다.

> 마음이 완악하여 공의에서 멀리 떠난 너희여 내게 들으라 (사 46:12)

"내게 들으라." 자꾸만 말씀을 들어야 합니다. 세상일에 대하여 들으면 들을수록 인간성이 파괴되고 믿음을 잃어버리게 됩니다. 눈을 뜨고 보고 듣는 것이 전부 다 세상의 이야기들입니다. 그런데 우리는 듣는 대로 변합니다. 그러므로 하나님의 말씀을 자꾸 들어야만 우리 마음이 믿음으로 채워집니다. 그런데 말씀을 잘 듣다 보면 어떻게 될까요?

> 내가 나의 공의를 가깝게 할 것인즉 그것이 멀지 아니하나니 나의 구원이 지체하지 아니할 것이라 내가 나의 영광인 이스라엘을 위하여 구원을 시온에 베풀리라 (사 46:13)

"하나님의 구원이 가깝다는 것을 알게 될 것이다. 말씀에서 소망과 확신을 얻게 될 것이다." '하나님께서 나를 위해 구원을 베푸시겠구나. 그리고 그것이 멀지 않구나' 하고 깨닫게 된다는 말씀입니다.

하나님의 말씀은 시간과 함께 더 온전히 성취되어 가고 있습니다.

그렇다면 이제 남은 문제는 무엇일까요? 나는 이제 어느 편에 설 것인가를 선택해야 합니다. '우상인가, 하나님인가? 세상의 뉴스인가, 하나님의 말씀인가? 무너질 세상인가, 다가오는 하나님 나라인가?' 여러분이 선택하세요. 태어날 때부터 나를 안아 주고 업어 주신 하나님! 백발이 되어도 여전히 나를 품어 주실 하나님! 그 하나님의 사랑과 약속을 믿고 흔들리지 않고 살아가는 여러분 되길 축원합니다.

"'내가 너희를 품으리라' 말씀하신 하나님! 이 불안한 세상에서 하나님이 나를 품으실 것을 믿고 살아가게 하소서. 세상에서 갈등하는 우리 마음이 하나님께로 모아지게 하시고, 오늘도 내 인생을 돌보시는 하나님의 약속을 믿고 살아가게 하소서. 하나님이 나를 품으실 것을 믿고 두려움이 없게 하소서."

우리가 태어날 때부터 우리를 안고 업어 주신 하나님!

늙어서도 우리를 품어 주시는 하나님, 지금까지 하나님의 은혜로 살아 왔습니다. 그러므로 세상에 흔들리지 않고 오늘도 주시는 약속의 말씀을 붙잡고 하나님 나라를 바라보며 살아가게 하소서. 우상이 아닌 참되고 살아 계신 하나님을 믿고 섬기는 믿음의 대장부들이 되게 하소서.

함께 이야기하기

[1] 하나님이 우리를 말씀으로 초청하시고 이전의 일들을 알려 주시는 이유는 무엇인가요?

[2] 믿음의 대장부가 되는 두 가지 방법은 무엇인가요?

[3] 요즘 내 삶에 문제가 있다면 나눠 봅니다. 하나님의 말씀과 약속을 기억한다면, 그 문제는 어떻게 해결될까요?

16

바벨론의 마음을 버리라

이사야 47:5-7

어떤 목사님에게 대통령이 예배를 드려 달라고 부탁했답니다. 목사님은 "알겠습니다. 가겠습니다" 하고 말은 했지만 무슨 말씀을 전해야 할지 걱정이 되었습니다. 기도하다가 전도서 3장 1절 이하의 말씀을 전하기로 했습니다. "범사에 기한이 있고 천하 만사가 다 때가 있나니 날 때가 있고 죽을 때가 있으며 심을 때가 있고 심은 것을 뽑을 때가 있으며 … 하나님이 모든 것을 지으시되 때를 따라 아름답게 하셨고 … 기뻐하며 선을 행하는 것보다 더 나은 것이 없는 줄을 내가 알았고 … 하나님은 이미 지난 것을 다시 찾으시느니라."

"만사에는 때와 기한이 있습니다. 대통령이 될 때가 있습니다. 이 자리는 내가 스스로 이룬 것이 아닙니다. 누구는 노력을 안 했겠습니까? 하나님이 세워 주신 것입니다. 나를 통해 꼭 해야 하실 일이 있기 때문입니다. 또한 떠날 때가 있습니다. 잠깐 맡겨 주신 것이니 반드시 그 자리에서 내려온다는 것을 잊지 마십시오. 그리고 그 자리에 있을 때 할 일은 기뻐하며 선을 행하는 것입니다. 그 자리를 이용해서 악을 행하면 안 됩니다. 그리고 하나님은 지난 것을 다시 찾으십니다. 하나님이 평가하신다는 말입니다. 부디 귀한 직분을 맡겨 주신 하나님을 바라보며 잘 감당하시고, 하나님 앞에 잘했다 칭찬받는 대통령이 되시길 바랍니다." 이런 말씀을 전했다고 합니다.

그런데 여러분, 이것이 대통령만을 위한 설교일까요? 우리 모두가 어떤 자리에서 무슨 일을 하든지 이런 자세로 일해야 합니다. "하나님이 나를 이 자리에 세워 주셨다. 나를 통해서 꼭 하실 일이 있다. 언제까지나 하는 것이 아니다. 그만두고 내려와야 할 때가 있다. 그 자리를 이용해서 악을 행하지 말고, 내가 할 수 있는 선을 행해야 한다. 하나님 앞에서 반드시 평가를 받아야 한다." 이것을 알고 행한다면 어떤 자리에서 어떤 일을 하더라도 진실하게 잘 감당할 수 있을 것입니다.

구원자 행세를 한 바벨론

앞서 바벨론의 멸망에 대한 예언을 살펴보았습니다. 이사야서 47장은 바벨론이 멸망하는 이유를 설명합니다. 이렇게 시작합니다.

처녀 딸 바벨론이여 내려와서 티끌에 앉으라 딸 갈대아여 보좌가 없어졌으니 땅에 앉으라 네가 다시는 곱고 아리땁다 일컬음을 받지 못할 것임이라 (사 47:1)

바벨론을 "처녀 딸"이라고 말합니다. 처녀 딸이란 아직 결혼하지 않은 무남독녀 외동딸을 의미합니다. 귀족 집안의 예쁜 딸이니 얼마나 귀하게 길렀겠습니까? 금이야 옥이야 기른 딸입니다. 고생도 모르고 곱게 곱게 공주처럼 자란 딸을 말합니다. 그런데 그 딸에게 어디에 앉으라고 합니까? "티끌에 앉으라." 이것은 버림받았다는 뜻입니다.

5절 "딸 갈대아여"에서 '갈대아'는 바벨론 민족의 이름입니다. 티그리스강과 유프라테스강 사이를 갈대아 지역이라고 하는데, 거기서 생긴 나라가 바벨론이고, 그래서 그들을 갈대아인이라고 부릅니다. 그런데 딸 갈대아에게 뭐라고 했습니까? "보좌가 없어졌으니 땅에 앉으라." "지금까지 너에게는 보좌가 있었다. 그런데 이제는 없어졌다. 땅에 앉으라." 가장 사랑받고 가장 존귀함을 받는 자리에 있던 바벨론에게 하나님이 내려오라고 하신 것입니다. 내려와서 뭘 하라고 하십니까?

> 맷돌을 가지고 가루를 갈고 너울을 벗으며 치마를 걷어 다리를 드러내고 강을 건
> 너라 (사 47:2)

이 말씀은 노예가 된다는 뜻입니다. 맷돌질은 여자 노예들 중에서도 가장 낮은 노예가 하던 일입니다. "너울을 벗으며 치마를 걷어 다리를 드러내고 강을 건너라"는 말씀은 더 이상 여인으로서의 가치가 없다, 인격이 아니라 일하는 도구로 전락했다는 것입니다.

왜 이렇게 되었을까요? 하나님이 그들에게 보복하시기 때문입니다 (3절). 하나님의 심판이라는 말입니다. 왜 심판하십니까? 그보다 먼저, 유다 백성이 바벨론에 포로로 끌려가게 하신 분이 누구입니까? 하나님입니다. 이스라엘이 범죄했기 때문에 하나님이 심판하셨습니다. 그래서 70년 동안 포로 생활을 하면서 그들 속에 있던 우상을 버리고 하나님께로 돌아오도록 고난을 허락하신 것입니다.

> 전에 내가 내 백성에게 노하여 내 기업을 욕되게 하여 그들을 네 손에 넘겨주었거
> 늘 네가 그들을 긍휼히 여기지 아니하고 늙은이에게 네 멍에를 심히 무겁게 메우
> 며 (사 47:6)

그러니까 바벨론은 심판의 도구이며 이스라엘을 위한 막대기에 불과한데, 그래서 그들에게 이스라엘을 이기고 정복할 힘을 주셨는데, 이 막대기가 자기 주제를 모르고 날뛰었다는 것입니다. 어떻게 날뛰었나

요? 마치 자기가 구원자인 것처럼 행세했습니다. 그래서 "이스라엘의 구원자는 여호와 하나님이다. 바벨론이 아니다. 그런데 왜 네가 구원자인 것처럼 떠드느냐? 입 닥쳐라!"(4-5절)라고 말씀하십니다. 그러니까 바벨론은 하나님을 인정하고 겸손해야 했습니다. 그런데 그들은 그렇지 않았습니다. 자기 힘으로 그렇게 된 것처럼 생각했습니다. 그러므로 교만해졌고, 다른 사람을 무시하고 짓밟고 잔인해졌습니다.

바벨론의 죄

이제 바벨론의 죄를 열거하십니다.

첫째, 바벨론은 포로가 된 이스라엘을 학대했습니다.

어느 정도였나요? "늙은이에게 네 멍에를 심히 무겁게 메우며"(6절) 이 말씀에서 "늙은이"는 나이 든 사람들입니다. 그중에서도 특별히 존중을 받아야 할 백성의 장로들, 원로들, 어른들을 의미합니다. 그들에게 공개 망신을 주고 조롱하고 백성 앞에서 채찍질을 해서 비참하게 만들고 잔인하게 학대했습니다. 그렇게 함으로써 유대인 공동체를 무너뜨리려고 했습니다.

살다 보면 내 밑에 사람이 생기기도 합니다. 필요하면 그들을 꾸짖기도 할 수 있습니다. 그러나 하나님이 맡겨 주신 사람들입니다. 비인격적으로 무자비하게, 죽고 싶은 마음이 들도록 가혹하게 다루면 안 되는 것입니다. 그러나 그들은 이스라엘을 학대하며 악을 행하며 즐거워했습니다.

둘째, 바벨론은 '내가 영영히 여주인이 되리라'고 생각했습니다.

말하기를 내가 영영히 여주인이 되리라 하고 이 일을 네 마음에 두지도 아니하며 그들의 종말도 생각하지 아니하였도다 (사 47:7)

"여주인"이란 모든 나라를 자기의 여종처럼 생각했다는 것입니다. "바벨론 제국이야말로 모든 나라의 진정한 주인이다." 이런 뜻입니다. "바벨론은 영원하리라." 그리고 종말도 생각하지 않았습니다. 그러나 바벨론은 영원한 나라가 아닙니다. 하나님이 잠깐 도구로 사용하시는 나라일 뿐입니다.

여러분, 인간의 명예와 권력이 영원한가요? 아닙니다. 건강과 물질도 영원한 것이 아닙니다. 종말이 있습니다. 다 그대로 두고 떠날 날이 있다는 말입니다. 하나님이 허락하시는 동안만 여주인의 자리에 있는 것입니다. 이것이 은혜이고 축복이고 사명이므로 그 자리에 있을 때 기뻐하며 선을 행해야 하는데, 바벨론은 그렇게 생각하지 않았습니다. 그것이 영원히 내 것이라고 생각했습니다.

셋째, 모든 나라에서 탈취한 부를 누리면서 특권의식에 빠졌습니다.

그러므로 사치하고 평안히 지내며 마음에 이르기를 나뿐이라 나 외에 다른 이가 없도다 나는 과부로 지내지도 아니하며 자녀를 잃어버리는 일도 모르리라 하는 자여 너는 이제 들을지어다 (사 47:8)

"사치하고 평안히 지내며"는 "내 평안을 뺏을 자가 없다"는 뜻입니다. 즉 나는 안전하다고 여겼습니다. "나뿐이라 나 외에 다른 이가 없도다"는 나는 다른 사람과 다르다, 나는 특별한 존재라고 생각하는 것입니다. "나는 과부로 지내지도 아니하며 자녀를 잃어버리는 일도 모르리라"는 전쟁을 염두에 두고서 하는 말이죠. "아무리 전쟁이 있어도 내 남편은 안 죽고 내 자식은 무사할 것이다. 나에게는 절대로 불행이 찾아오지 않아. 끝까지 평안할 거야." 이 말을 듣고 하나님이 하시는 말씀입니다. "감히 어디서 그런 말을 하느냐? 너는 이제 들을지어다." 심판을 선언하십니다.

한 날에 갑자기 자녀를 잃으며 과부가 되는 이 두 가지 일이 네게 임할 것이라 네가 무수한 주술과 많은 주문을 빌릴지라도 이 일이 온전히 네게 임하리라 (사 47:9)

"네가 하루아침에 과부가 되고 자식을 잃을 것이다. 그래서 너도 다른 사람과 다를 바 없다는 것을 보여 줄 것이다. 아니라고? 막아 보겠다고? 몸부림을 쳐 보아라. 주술과 주문을 외우면서 네가 섬기는 신에게 빌어 보라." 바벨론은 마술의 본고장입니다.

아주 중요한 말씀이 10절에 나옵니다. "네 지혜와 네 지식이 너를 유혹하였음이라"(10절). 사람에게는 어느 정도의 지혜와 지식이 있습니다.

문제 해결의 기회와 능력이 있습니다. 그것이 나를 유혹합니다. 내가 뭐 좀 해 봤더니 되거든요. '아, 이렇게 하면 되겠구나. 별것 아니네. 하나님이 없어도 머리를 쓰고 계획을 세우고 실천하면 다 되는구나.' 이렇게 생각합니다. 이것을 자기의 지식과 지혜가 유혹한다고 표현하신 것입니다. "네가 가진 지혜와 지식을 가지고 막아 보라. 네 경험과 학문을 총동원해 보라. 그러나 막을 수 없을 것이다." 그러므로 자기 지혜와 지식을 믿고, 하나님이 그렇게 만드신 줄도 모르고 자기 힘으로 모든 것이 다 가능한 줄로 착각한다는 말입니다. 그런 지식에 속지 말라는 것입니다.

"재앙이 임했는데 어디서 왔는지 모를 것이다"(11절). 왜? 하나님을 거부하고 나니까 알 길이 없지요. 왜 이렇게 됐습니까? 교만하고 특권의식에 사로잡히고 축복과 사명에 대하여 방심했기 때문입니다. "그러므로 너를 구원할 자가 없을 것이다"(15절). 그 결과 바벨론은 하루아침에 망합니다. 역사 속에서 가장 크고 강한 나라였지만 가장 빠르게 망해서 100년도 안 되어 역사 속에서 사라지고 맙니다.

바벨론에게 하나님이 주시는 경고는 과거로 끝나는 것이 아닙니다. 오늘 우리에게 주시는 말씀입니다. "바벨론이 망하는 이유"에서 "바벨론" 대신에 아무것이나 집어넣어 보세요. 어떤 나라가 망하는 이유, 어떤 정당이 망하는 이유, 어떤 회사가 망하는 이유, 다 똑같습니다. 개인이 망하는 이유도 마찬가지입니다. 이사야가 이 예언을 하고 있을 때 바벨론은 아직 망하지 않았습니다. 그러므로 이 말씀을 잘 듣고 회개하라고 기회를 주시는 것입니다. 잘 들으면 망하지 않고 하나님의 뜻을 이룰 수 있습니다. 그러나 이 말씀을 외면하면 결국 망하고 맙니다.

하나님을 버린 인간의 모습

이사야서 47장은 신학적으로, 심리학적으로 아주 중요합니다. 왜냐하면 바벨론의 마음이 인간의 마음과 같기 때문입니다. 제가 쓴《마음 바로 알기》를 보면 창조 세계 안에서 오직 인간의 마음에만 혼돈과 공허와 흑암이 그대로 남아 있다고 했습니다. 왜냐하면 하나님이 우리를 인격적으로 창조하셨기 때문입니다. 하나님을 사랑하면 혼돈과 공허와 흑암이 사라지고 그 대신 질서와 충만과 빛이 들어옵니다. 그렇게 되면 우리의 마음은 하나님이 보시기에 심히 좋은 것이 되고 우리를 통해 하나님의 뜻이 이루어집니다. 그러나 하나님이 없는 마음은 혼돈과 공허와 흑암 속에 머물게 됩니다. 그래서 만물보다 거짓되고 심히 부패한 것이 사람의 마음(렘 17:9)이라고 했습니다.

문제는 하나님으로만 채울 수 있는 공간을 하나님 아닌 다른 것으로 채우려는 시도가 야심인데, 이 야심이 극에 달하면 어떻게 될까요? 바벨론의 마음이 되는 것입니다. 처음에는 내가 원하는 소중한 것으로 내 마음을 채우려고 합니다. 돈이나 명예나 권력 같은 것으로 채우려고 합니다. 그런데 충분히 채웠어요. 더 이상 가질 것이 없습니다. 그러면 그다음은 어떻게 될까요?

심리학에서는 인간의 욕망이 두 가지라고 합니다. 처음에는 같아지고 싶은 욕망입니다. "나도 남들처럼 살아 보고 싶어." 그런데 같아지고 나면 만족하나요? 아닙니다. 그다음은 달라지고 싶은 것입니다. 이미 많이 가졌기 때문에 더 이상 가질 것이 없습니다. 그러므로 달라짐을 통해 자기를 확인하려고 합니다. 그래서 갑질이 나타나고 본문에 나타난 것처럼 "나뿐이다. 나 외에 다른 이가 없다"고 자기를 특별한 존재로 여기며 스스로 신격화합니다.

인간은 왜 자기를 신격화할까요? 하나님의 형상으로 창조되었기 때문입니다. 그러므로 인간이 하나님처럼 되고자 하는 갈망 자체는 잘못이 아닙니다. 하나님이 자신의 형상을 따라 창조하셨고, 그들이 하나님의 자녀가 되기를 원하셨기 때문입니다. 그러나 하나님 없이 하나님처럼 될 수 있다는 것은 거짓말입니다. 하나님을 부정하면서 자기를 신처럼 여기는 것은 철학적으로 존재론적 자살 행위입니다. 하나님을 거부하면서 하나님처럼 될 수는 없습니다. 하나님을 인정하고 그분의 자녀가 되는 것, 이것이 하나님의 뜻이기 때문입니다.

바벨론은 하나님의 도구로 사용되었는데 자기 한계를 잊어버리고 스스로 신격화하면서 망해 버립니다. 이것이 하나님을 버린 인간의 모습입니다. 인간이 하나님을 바라보지 않고 자기를 바라보면 어두워집니다. 그 마음속에 혼돈과 공허, 흑암이 있기 때문입니다. 하나님을 인정하고, 맡겨 주신 것을 감사히 여기며 기쁨으로 선을 행하고, 하나님 앞에 칭찬받는 우리 모두가 되길 축원합니다.

> "바벨론이 망한 이유를 알고, 바벨론의 마음을 버리고, 내가 지금 있는 곳에서 하나님의 뜻을 이루어 가게 하소서. 바벨론은 하나님의 도구였지만 자기 한계를 벗어나 자기가 신이라고 생각했습니다. 사명을 잊고 포악해졌으며 영원히 왕이라고, 나 외엔 없다고 특권의식에 사로잡혔습니다. 우리나라, 우리 교회, 우리 가정, 우리 회사가 바벨론의 마음을 갖지 않게 하소서."

바벨론이 망한 이유를 알려 주신 하나님!

그 옛날 바벨론이 왜 망했는지 알려 주시는 이유는 오늘 우리가 그런 마음을 가지지 말라는 뜻인 줄 압니다. 바벨론의 마음을 가질 때 바벨론처럼 망한다는 것을 결코 잊지 않도록 도와주소서. 무언가를 주셨을 때 하나님이 주신 것으로 감사히 받고, 잠시 맡겨 주신 것이니 이것을 통해 어떻게 선을 행하며 하나님의 뜻을 이루어 갈까 생각하고, '나 외에는 아무도 없다', '나 같은 자는 없다'고 스스로 교만하지 않도록 도와주소서.

함께 이야기하기

[1] 바벨론이 망한 이유는 무엇인가요?

[2] 우리 마음의 중심에 계셔야 할 분은 누구인가요?

[3] 내 뜻대로 선택하고 행동했다가 일이 잘못되거나 어려움을 겪은 적이 있다면 나눠 봅니다. 하나님께서는 그 일이나 상황에서 내가 어떻게 하길 원하셨을까요?

03

날마다
십자가 앞에서
죽는 사람

17

결코 나를 잊지 않으신다

이사야 49:15

주중에 어떤 성도님과 이야기를 나누다가 마지막에 "특별한 기도 제목이 있으세요?" 이렇게 물었는데, 그분이 "저 자신을 좀 더 사랑할 수 있도록 기도해 주세요"라고 말했습니다. 무슨 말인지 금방 이해가 되었습니다. 사람은 자신에 대하여 실망할 수도 있고, 자기를 미워할 수도 있고 정죄할 수도 있습니다. 거기서 벗어나기 위해서 좀 더 자신을 사랑하기 원하는 것입니다. 이 방법이 좋은 것이라고 세상에서는 가르칩니다. 그러나 성경은 정반대로 말합니다.

그래서 저는 이렇게 말했습니다. "자기 자신을 자꾸 바라보면 실망하게 되고 어두워집니다. 왜냐하면 우리 마음에 혼돈과 공허와 흑암이 있기 때문입니다. 반대로 빛이신 하나님을 바라볼 때 우리 마음은 밝아지고 하나님으로 채워지고 행복해지고 회복이 됩니다. 그러므로 자기를 바라보며 사랑하려고 하지 말고 하나님을 바라보고 사랑하려고 노력하세요. 그럴 때 하나님 안에 있는 나를 발견할 수 있고, 나를 인정할 수 있고, 진정으로 사랑할 수 있습니다."

그분의 눈에서 눈물이 흐르기 시작했습니다. "그렇다면 목사님, 기도를 바꾸겠습니다. 하나님을 더 사랑할 수 있도록 기도해 주세요." 그 말을 듣고 이렇게 기도했습니다. "하나님, 나를 바라볼수록 우리는 실망하고 낙심하게 됩니다. 하나님을 바라보며 더 사랑하게 하소서. 그래서 하나님으로 채워지게 하시고, 하나님의 사랑 안에 있는 자신을 바라보며 기뻐하게 하소서. 그리고 하나님 안에서 진정한 자기를 찾게 하소서."

성 아우구스티누스(St. Augustinus)는 "사랑은 두 종류가 있는데 'Amor Sui'(아모르 수이, 자기 사랑)와 'Amor Dei'(아모르 데이, 하나님 사랑)가 그것이다." 자기 사랑은 어둠으로 가고, 죽음으로 가고, 불평과 원망으로 나갑니다.

반면에 하나님 사랑은 밝음으로 가고, 생명으로 가고, 감사와 기쁨으로 나가는 것입니다. 사랑은 소중합니다. 그러나 사랑의 방향이 바로 되지 않으면 자기를 파괴합니다. 하나님을 사랑해야만 하나님께 영광이 되고 나도 그 안에서 살아납니다. 그래서 사랑도 잘해야 합니다.

왜 이스라엘을 택하셨는가

이사야서의 전반부 1-39장까지는 심판이고, 후반부 40-66장은 구원에 대한 말씀이라고 했습니다. 그중에서 40-48장은 이스라엘 나라가 어떻게 회복될 것인가에 대한 말씀입니다. 그리고 49-56장은 후반부의 두 번째 주제인데, 이스라엘이 포로에서 해방되는 것을 예표로 해서 죄악의 포로가 된 이 세상 모든 사람이 메시아 예수 그리스도를 통해 구원받을 것을 예언하는 내용입니다.

많은 사람이 이런 생각을 합니다. '하나님은 왜 특별히 이스라엘만 사랑하시는가? 왜 그들을 선민으로 택하셨는가?' 그래서 많은 사람이 이스라엘을 영적으로 질투했고 유대인들은 역사적으로 엄청난 미움을 받았습니다. 그런데 하나님은 이스라엘만 사랑하시는 게 아닙니다. 모든 인류를 하나님이 얼마나 사랑하는가를 자세하게 보여 주기 위해서 샘플로 이스라엘을 선택하신 것뿐입니다. 그러니까 하나님이 이스라엘을 사랑하시는 것을 보면서 '나를 이렇게 사랑하시는구나' 하는 것을 깨달아야 합니다.

질문 하나 드릴까요? 지금 '바벨론에 포로 된 이스라엘 백성이 어떻게 해방될 것인가'에 대한 말씀을 계속 살펴보고 있는데, 이 사건이 나하고 무슨 상관이 있습니까? 그 내용을 우리가 왜 알아야 합니까? 왜 성경은 그것을 자세하게 설명하는 것일까요? 그 사건이 그 당시 이스라엘만을 위한 사건이 아니고 우리 모두를 위한 것이기 때문입니다. 구체적으로는 나를 위한 것이기에 읽고 배우고 깨닫고 응답해야 합니다. 그래서 40-48장에 나오는 이스라엘의 포로 해방 사건은 49-56장에서 죄의 포로가 된 인류 구원에 대한 예표가 되는 것입니다.

> 섬들아 내게 들으라 먼 곳 백성들아 귀를 기울이라 여호와께서 태에서부터 나를 부르셨고 내 어머니의 복중에서부터 내 이름을 기억하셨으며 (사 49:1)

"섬들아 내게 들으라 먼 곳 백성들아 귀를 기울이라"는 모든 사람이 들으라는 것입니다. 그러면서 자기 고백이 나옵니다. "하나님께서 나를 부르셨다. 어머니의 복중에서부터 내 이름을 기억하셨고 나를 선택하여 사명을 주셨다." 여기서 '나'는 누구일까요? 먼저는 이사야를 말합니다. 하나님의 뜻을 이스라엘에 전파하는 도구로 이사야를 선택하셨습니다. 그런데 이제 이사야에서 만민을 위한 메시아로 그 뜻이 확대됩니다.

> 그가 이르시되 네가 나의 종이 되어 야곱의 지파들을 일으키며 이스라엘 중에 보전된 자를 돌아오게 할 것은 매우 쉬운 일이라 내가 또 너를 이방의 빛으로 삼아 나의 구원을 베풀어서 땅끝까지 이르게 하리라 (사 49:6)

야곱의 지파 이스라엘을 돌아오게 하시는 것은 쉬운 일입니다. 거기서 그치지 않고 이제는 이방의 빛으로 삼아서 땅끝까지 모든 인류, 모든 민족을 다 하나님께로 돌아오게 하시겠다는 것입니다. 예수님을 통하여 세상 모든 사람이 구원받을 것을 의미합니다. 8절은 예수님을 통하여 만민이 여호와의 기업을 상속하게 되리라는 놀라운 예언의 말씀입니다.

> 여호와께서 이같이 이르시되 은혜의 때에 내가 네게 응답하였고 구원의 날에 내가 너를 도왔도다 내가 장차 너를 보호하여 너를 백성의 언약으로 삼으며 나라를 일으켜 그들에게 그 황무하였던 땅을 기업으로 상속하게 하리라 (사 49:8)

신약에서는 이 말씀을 어떻게 해석했을까요? 바울은 이 말씀을 고린도후서 6장 2절에서 인용합니다. "보라 지금은 은혜 받을 만한 때요 보라 지금은 구원의 날이로다." 예수 그리스도의 복음이 만방으로 펼쳐지는 것을 보면서 이사야 예언이 성취되고 있다고 고백한 것입니다. 그러니까 예수 그리스도의 복음이 온 세상으로 전해지면서 모든 사람이 죄에서 자유를 얻게 되는 것을 이사야 예언의 성취로 본 것입니다.

> 하늘이여 노래하라 땅이여 기뻐하라 산들이여 즐거이 노래하라 여호와께서 그의 백성을 위로하셨은즉 그의 고난당한 자를 긍휼히 여기실 것임이라 (사 49:13)

바벨론 포로에서 고통받던 이스라엘 백성을 해방시켜 위로를 주었듯이 죄악에 포로 된 자들을 예수님을 통해 구원함으로써 위로해 주시겠다는 말씀입니다. 지금 이스라엘 백성은 바벨론에 포로로 잡혀가 있습니다. 당시의 노예는 우리가 상상하는 것보다 훨씬 더 괴로움을 당했습니다. 그들에게는 인권이 없었습니다. 노예를 살아 있는 물건이며 말할 수 있는 가축으로 생각했습니다. 그러니까 노예의 삶이란 인간이 겪을 수 있는 가장 큰 고통입니다.

이런 시간을 보내면서 당시 이스라엘 사람들이 어떤 생각을 하게 되었는지가 14절에 나옵니다. "하나님이 나를 버리셨다. 나를 잊으셨다." 버렸다는 것은 의식적으로 멀리한 것입니다. '아무리 생각해도 하나님이 나를 버리셨나 보다. 그렇지 않고서야 어떻게 이런 고통을 주시는가?'라고 생각한 것입니다. 또한 잊었다는 것은 무의식적으로 멀리한 것입니다. '내가 봐도 이렇게 초라하고 무가치한데, 하나님이 나를 어떻게 기억하실까?'라고 생각한 것입니다.

여러분은 어떻습니까? 하나님이 내 아버지이시며 나는 그분의 자녀라고 믿으시나요? 여기에 대한 하나님의 답변이 이어집니다.

결코 잊을 수 없는 존재

여인이 어찌 그 젖 먹는 자식을 잊겠으며 자기 태에서 난 아들을 긍휼히 여기지 않겠느냐 그들은 혹시 잊을지라도 나는 너를 잊지 아니할 것이라 (사 49:15)

"너희는 누구냐? 내 자식이다." 더 정확하게 말하면 어머니의 젖 먹는 자식입니다. 이게 무슨 뜻일까요? 이스라엘 속담에 "어머니의 젖가슴이 자식을 기억하게 만든다"는 말이 있습니다. 젖먹이를 둔 어머니의 가슴은 아이가 젖 먹을 때가 되면 불어나서 아기가 엄마를 찾기도 전에 엄마가 먼저 아기를 찾게 된다는 말입니다. 젖 먹는 아기를 가진 엄마는 어떤 경우에도 아기를 잊을 수 없습니다. "혹시 젖먹이 엄마가 아기를 잊어버린다고 해도 나는 너를 잊지 아니하리라. 나에게 있어서 너희는 결코 잊을 수 없는 존재다." 이런 뜻입니다.

내가 너를 내 손바닥에 새겼고 (사 49:16상)

여기서 '새기다'라는 말이 아주 중요합니다. 저는 어릴 때 자주 보았습니다. 갑자기 뭔가를 적어야 하는데 종이가 없으면 잊어버리지 않으려고 자기 손바닥에 씁니다. 그러나 손바닥에 쓴 것도 손바닥에 땀이 나거나 물이 묻으면 지워질 수 있습니다. 그래서 절대로 지워지지 않게 하려면 손바닥에 새기면 됩니다. '새기다'라는 말은 영어로 'carve'입니다. '쓰다'(write)가 아니라 '새기다'입니다. 칼로 새겨서 영원히 지워지지 않게 했다는 말입니다. "하나님의 손바닥에 내 이름을 새겼다." 결코 잊지 않겠다는 뜻입니다. "나에게 너희는 그런 존재다"라는 말입니다.

저는 얼마 전 성경을 읽으면서 이런 생각을 했습니다. '예수님의 십자가에 못 박힌 손의 상처, 영원히 없어지지 않을 그 영광의 상처 속에 내 이름이 새겨져 있구나. 그러므로 주님은 결코 날 잊지 않으시겠구나.' 얼마나 감격했는지 모릅니다.

'아무리 그래도 뭔가 자격이 있어야지 나같이 못난 사람도 그렇게 사랑하실까?' 이렇게 생각하시나요? 하나님이 자녀를 평가하시는 기준이 뭘까요? '긍휼'입니다(15절). "나는 업적이나 능력이나 신분이나 외모로 너를 평가하지 않는다. 오직 긍휼로 너를 바라본다"는 말입니다. 그러므로 스스로 위축될 필요가 없습니다. 율법이 아니라 은혜로, 능력이나 업적이 아니라 긍휼로 사랑하신다는 말입니다. 여러분, 자녀 중에 연약한 자녀가 있다면 다른 자녀보다 무시하고 차별합니까? 건강한 부모라면 오히려 연약한 자녀에게 더 마음을 쓰고 사랑할 것입니다. 그것이 긍휼입니다. 자녀를 향한 그 마음은 하나님이 주신 것입니다. 그러므로 "나는 자격이 없으니까 하나님이 나 같은 인간을 사랑하시지 않을 거야"라고 말할 수 없다는 것입니다.

하나님이 나를 이렇게 사랑하신다면 왜 나에게 이런 고난을 주실까요? 여기에 대한 답변이 나옵니다.

너의 성벽이 항상 내 앞에 있나니 (사 49:16하)

예루살렘의 무너진 성벽이 하나님 눈앞에서 어른거린다는 말입니다. 지금 바벨론에 포로로 끌려가서 노예 생활을 하는 사람들은 무엇을 꿈꾸고 있을까요? 내가 살았던 내 고향 예루살렘을 그리워하지 않겠습니까? 밤마다 거기에 가는 꿈을 꾸고 거기서 놀던 그 옛날이 그리운 것입니다. 그들의 꿈은 예루살렘입니다.

그런데 그 예루살렘 성벽이 내 눈앞에 있다는 것은 무슨 뜻일까요? "너의 간절한 소원, 그렇게 간절히 보고 싶어 하는 그 성벽이 무너져 있다. 다시 말하면 너의 간절한 소원, 그러나 좌절된 너의 꿈, 네 마음 깊은 곳에 들어 있는 너의 갈망이 내 눈앞에 어른거린다." '내 아들이 이것을 원하고 있는데, 내 딸의 꿈이 이것인데, 어떻게 이루어지게 할 수 있을까? 가장 좋은 방법은 무엇일까?' 하나님이 이것을 늘 마음에 두고 생각하신다는 말입니다. "네 자녀들은 빨리 걸으며"(17절)에 '빨리'라는 말이 나옵니다. '빨리 그 소원이 이루어지게 해야 할 텐데'라고 생각하신다는 뜻입니다.

하나님의 마음이 얼마나 급한지 하나님의 마음의 눈으로 볼 때는 백성이 포로에서 돌아오는 모습이 이미 보입니다(18절). 이것이 하나님의 마음입니다. 하나님은 그걸 계획하셨고 약속하셨고 그것을 소원하고 계시기 때문에 반드시 이루실 것입니다. "너희에게는 미래니까 아직 안 보이겠지. 그러나 내 눈에는 보인다. 그러니까 너희도 눈을 들어서 믿음의 눈으로 바라보라. 그 장면을 상상해 보라"는 말입니다. 18절 하반 절에 놀라운 얘기가 나옵니다.

> 내가 나의 삶으로 맹세하노니 네가 반드시 그 모든 무리를 장식처럼 몸에 차며 그 것을 띠기를 신부처럼 할 것이라 (사 49:18하)

하나님이 "네가 반드시 포로에서 돌아오게 하겠다"고 맹세하셨습니다. "너희를 회복시켜 주겠다"고 맹세하신 것입니다.

> 자식을 잃었을 때에 낳은 자녀가 후일에 네 귀에 말하기를 이곳이 내게 좁으니 넓혀서 내가 거주하게 하라 하리니 (사 49:20)

이게 무슨 말인가 하면 바벨론 포로로 끌려갔을 때 부모들이 통곡했던 내용에 대한 답변입니다. 나라가 망하고 온 가족이 노예로 끌려갈 때 부모들의 마음이 어떠했겠습니까? "우리야 우리 잘못으로 노예가 된다고 하자. 그러나 내 자녀들은, 이 어린 것들이 무슨 죄가 있어서 노예가 되어 끌려가는 신세가 되었는가?" 이렇게 통곡하지 않았겠어요? 그 자녀들은 어디로 갔는지, 뿔뿔이 흩어져서 살았는지 죽었는지도 몰랐습니다. 살아생전에 그들을 다시 볼 수 있으리라고 기대할 수도 없는 거죠. 그런데 포로에서 돌아올 때 보니까 어느새 자녀들이 다 커서 다시 만나는 기쁨을 노래하는 것입니다. "세상에, 내가 살아서 네 얼굴을 볼 것이라고는 상상도 못했는데 이렇게 다시 만나게 되다니! 이제 함께 모여서 살게 되다니! 집이 좁아져서 더 크게 증축할 필요가 생기다니, 이렇게 기쁠 수가 있는가!" 감격하는 모습입니다. 내가 탄식하던 문제는 해결되고, 바라고 소원했던 것보다 더 큰 기쁨을 누리게 될 것을 보여 주는 것입니다.

아름다운 결말을 기대하라

결론입니다. "나는 자녀들을 다 잃어버리고 홀로 남았다고 슬퍼했는데, 내가 키우지도 못했는데 어느새 이렇게 커서 다시 내 품으로 돌아왔는가! 내 소망은 다 끊어졌는데 하나님은 내 소원을 다 기억하시고 그소원을 이루어 주셨고, 기대했던 것보다 더 아름다운 결과를 주셨구나. '하나님, 이것은 제가 상상하지도 못했던 일입니다. 너무도 큰 역사를 이루셨군요.'" 이렇게 고백하게 될 것이라는 말씀입니다(21절).

이것이 하나님의 마음입니다. 이제 우리는 마음을 고쳐먹어야 합니다. '하나님이 나를 버리셨다. 하나님이 나를 잊으셨다. 내 사정을 모르신다.' 이런 마음이 있다면 하나님 앞에 다 뽑아내시길 바랍니다. 하나님은 오늘도 나를 잊지 않고 기억하고 계시며, 지금 나의 이 고난은 무의미한 고생이 아니고, 이 상황 속에서도 나를 향한 하나님의 꿈은 이루어지고 있고 모든 것이 합력하여 선을 이룰 것임을 믿고 기다려야 합니다.

주중에 어느 분이 부상을 당한 상태로 심방을 받으러 오셨습니다. "많이 힘드시지요?" 이렇게 물었더니 "이 정도로 다친 것이 감사하지요. 저는 다치는 순간, '하나님, 다리 다치지 않고 손 다친 것 때문에 감사합니다'라고 기도했습니다" 하셨습니다. 그리고 하시는 말씀이, "우리가 볼 때는 고난이지만 하나님은 그걸 통해서 '이리로 가라. 저리로 가라. 이렇게 해라. 저렇게 해라' 사건으로 가르치시는 것 아닐까요? 내가 볼 때 고난이지 하나님은 그걸 통하여 우리를 더 좋은 길로 인도하시는 과정이라고 저는 믿습니다" 하시는 겁니다. 그 말을 듣고 그 자리에 있던 모두가 은혜를 받았습니다.

그러므로 여러분, 본문 말씀에 근거해서 우리는 다시 고백해야 합니다. "하나님은 나를 버리지 않으셨다. 잊지도 않으셨다. 나를 기억하고 사랑하신다. 그리고 내 무너진 소원을 속히 회복시킬 알맞은 때와 방법을 모색하고 계신다. 오늘 이 현실은 하나님이 나를 버리셨기 때문이 아니라 나에게 필요하기 때문에 주어진 과정이다." 이 믿음 위에 굳게 서시기를 축원합니다.

"'너를 잊지 아니하리라.' 이렇게 약속하신 하나님, '하나님이 나를 버리셨다. 나를 잊으셨다'고 오해하지 않게 하소서. 젖 먹는 아기를 엄마가 잊어도 하나님은 결코 나를 잊지 않으신다는 것을 기억하며 살게 하소서."

"너를 잊지 아니하리라"고 약속하신 하나님!

내 이름을 손바닥에 새기고 기억하시는 하나님, 나의 고통과 소원을 알고 계시며 속히 그 문제를 가장 좋은 방법으로 해결하려고 계획하시는 하나님, 지금 비록 너무 힘들어서 울고 있지만 오늘의 눈물이, 오늘의 고통이 합력하여 선을 이루고 내 생각보다 더 크고 아름답게 이루어져 감격하게 되리라 믿습니다. 그날을 기다리며 넉넉히 승리하는 우리가 되게 하소서.

함께 이야기하기

[1] 하나님께서 이스라엘을 택하신 이유는 무엇인가요?

[2] 우리를 향한 하나님의 마음은 무엇인가요?

[3] 내가 경험했던 고난이 있다면 생각해 봅니다. 그 결말은 어떠했나요? 그 경험에서 하나님께서는 내게 무엇을 주고자 하셨나요?

18

어둠에서
빛으로

이사야 50:10

대학생 시절 어느 해 겨울, 자원봉사를 나가게 되었습니다. 달동네에 쌀과 연탄을 나누어 주는 일이었는데, 어느 집에 도착하면 그 집 앞에 가족들이 나와서 인사를 하고, 장소를 안내하면 그곳에 연탄과 쌀을 날라 주었습니다.

어떤 아저씨가 저를 부엌으로 안내해 주어서 그곳에 연탄 100장을 넣어 준 다음, "쌀은 어디다 둘까요?" 하고 물었습니다. 부엌 안쪽에 있는 작은 토굴 같은 방문을 열고 아저씨가 먼저 들어가더니 "들어오세요" 하는데 들어갈 수가 없었습니다. 창문도 없고 전깃불도 꺼져 있고 깜깜해서 아무것도 안 보여요. 그래서 말했습니다. "불을 좀 켜 주세요. 전기 스위치가 어디쯤 있습니까?" 아저씨가 "거기 문 옆에 있을 겁니다" 하면서 다가와서 스위치를 올렸는데 불이 들어오지 않았습니다. "불이 안 들어오네요" 했더니 아저씨가 깜짝 놀랐습니다. "불이 안 들어왔어요?" 저는 그 말을 듣고 더 놀랐습니다. '아니, 보고도 모르나?' 제가 "불이 안 들어온 것을 모르셨어요?" 하자 그분은 말했습니다. "맹인입니다. 불이 있으나 마나죠."

그 순간에 알았습니다. '이분이 맹인이었구나.' 그러니까 불이 필요 없었던 것입니다. 그래서 한참 더듬거리며 방 한쪽 구석에다 쌀을 가져다 놓고 나오면서 생각했습니다. '이런 어둠 속에서 살아가는 사람도 있구나.' 쌀과 연탄이 없는 것보다 빛이 없는 깜깜한 곳에서 한평생 산다는 것이 너무 불쌍했습니다. 그래서 나오면서 이분이 한겨울에 따뜻하게 잘 지내시고, 무엇보다도 진정한 빛이신 하나님을 만나는 삶이 되게 해 달라고 기도했습니다. 그곳을 다녀온 후 한참 동안 어둠 속에 살지 않고 빛을 볼 수 있다는 것에 대해 많이 생각하고 감사했던 기억이 있습니다.

눈이 보이지 않는 것은 불행한 일입니다. 그러나 육신의 눈은 보이지만 마음의 눈이 멀어서 보아야 할 것을 볼 수 없는 사람들도 세상에는 많습니다. 이사야서 50장은 마음(영)의 눈이 어두워진 사람들, 그래서 볼 것을 보지 못하는 사람들에게 하나님이 하시는 말씀입니다. 세 부분으로 나누어지는데, 첫째 부분은 하나님을 원망하는 이스라엘에게 하나님이 스스로 자신을 변호하시는 내용이고, 둘째 부분은 '그들을 위해 하나님이 어떤 일을 행하셨는가?', 셋째 부분은 '이스라엘 백성은 하나님 앞에서 어떻게 살아야 하는가?' 이렇게 구성되어 있습니다.

너희에게 원인이 있다

첫 번째 주제는 하나님의 자기변호입니다.

나 여호와가 이같이 말하노라 내가 너희의 어미를 내보낸 이혼 증서가 어디 있느냐 내가 어느 채주에게 너희를 팔았느냐 (사 50:1상)

이스라엘 백성이 노예가 된 원인을 분석합니다. "이혼 증서가 어디 있느냐." 이 말은 이스라엘의 이혼법에 대한 이야기인데, 당시에 아내는 이혼할 권리가 없었습니다. 남편에게만 있었습니다. "사람이 아내를 맞이하여 데려온 후에 그에게 수치 되는 일이 있음을 발견하고 그를 기뻐하지 아니하면 이혼 증서를 써서 그의 손에 주고 그를 자기 집에서 내보낼 것이요"(신 24:1). 아내가 싫으면 '무엇 때문에 당신과 이혼하겠다'는 증서를 써 주면 그만입니다. 수치 되는 내용은 남편이 정하기 나름입니다. 뒷모습이 보기 싫어서, 음식을 너무 못해서, 말대꾸를 해서 등 어떤 이유로도 이혼이 가능했습니다.

그래서 나쁜 남편들은 아내를 내보내면서 이혼 증서를 써 주는 것을 선심을 쓰는 것처럼 생각했습니다. 이혼 증서를 받아야만 그 여자가 자유로워지기 때문입니다. 이 증서만 가지면 다른 남자와 결혼해도 상관이 없습니다. 그러나 증서가 없으면 그 남자에게 매여 있는 것이므로 다른 남자와 결혼하면 돌에 맞아 죽었습니다. 그러므로 "이혼 증서가 어디 있느냐"는 말은 "내가 너를 버렸느냐? 내가 그런 무자비한 남편이냐? 아니다. 나는 너를 버린 적도 없고, 지금도 너는 나의 아내이다. 나는 지금도 너를 사랑하고 있다." 이런 뜻입니다.

"채주"는 돈을 빌려준 사람입니다. 옛날에는 아버지가 빚을 많이 지면 자식을 팔아먹기도 했습니다. 우리 풍속에도 자식을 팔아먹는 얘기가 나오지요? 아들을 종으로 팔아먹기도 하고, 자격이 없는 남자에게 딸을 시집보내고 그 대가로 논이나 밭을 받기도 했습니다. 팔려 간 자녀의 삶은 "부모가 나를 팔았다" 하며 슬픈 인생이 되는 것입니다. 사랑받지 못한 상처로 인해 낙심하고, 세상을 원망하고 분노하며 인생을 막 살기도 했습니다. 그러므로 "내가 어느 채주에게 너희를 팔았느냐"라는 말은 "너는 왜 팔려 간 자식처럼, 스스로 버림받은 자녀라고 생각하며 나를 원망하느냐?"라는 뜻입니다.

"너희는 이혼 증서를 받고 쫓겨난 아내도 아니고 빚쟁이에게 팔린 자식도 아니다. 한마디로 사랑을 받는 아내이며 아버지의 품에 있는 자녀이다. 그런데 왜 사랑을 받으면서 못 받는다고 생각하느냐?" 그러면서 하나님은 "보라 너희는 너희의 죄악으로 말미암아 팔렸고 너희의 어미는 너희의 배역함으로 말미암아 내보냄을 받았느니라"(1절)고 말씀하십니다. "하나님이 너를 버린 것이 아니라 너희 스스로 하나님으로부터 멀어졌다. 나에게 원인이 있는 것이 아니라 너희에게 원인이 있다." 이렇게 포로가 된 이유를 설명하십니다.

> 내가 왔어도 사람이 없었으며 내가 불러도 대답하는 자가 없었음은 어찌 됨이냐 내 손이 어찌 짧아 구속하지 못하겠느냐 내게 어찌 건질 능력이 없겠느냐 보라 내가 꾸짖어 바다를 마르게 하며 강들을 사막이 되게 하며 물이 없어졌으므로 그 물고기들이 악취를 내며 갈하여 죽으리라 내가 흑암으로 하늘을 입히며 굵은 베로 덮느니라 (사 50:2-3)

하나님이 찾아오셔서 수많은 선지자와 하나님의 종들을 보내서 그러지 말라고, 이렇게 해야 한다고 셀 수 없이 찾아가서 말했다고 하십니다. 그러나 너희는 듣지도 않았고 불러도 대답이 없었다고 하시면서, '하나님이 무능하다. 우리가 바벨론 포로가 된 것은 하나님이 무능하기 때문이다'라고 생각하는데, 아니라고 반박하십니다. "내 손이 짧아 구원을 못한다고? 내가 무능력해서 너희가 그렇게 된 줄 아느냐? 나는 바다를 꾸짖어 마르게 하며, 강들을 사막이 되게 하며, 굵은 베로 하늘을 덮듯이 흑암으로 하늘을 덮는 자다." 하나님은 출애굽의 열 가지 재앙을 말씀하시면서 "나는 능력이 많다"고 강조하십니다.

"그런데 왜 포로가 되게 하셨어요?"라는 질문에 대해 하나님은 말씀하십니다. "내가 너희를 버렸기 때문이냐? 너희를 사랑하지 않기 때문이냐? 내가 무능하기 때문이냐? 그래서 너희가 포로가 된 줄 아느냐? 아니다." 그럼 이 고난은 무엇 때문인지 책임 소재를 밝히십니다. "너희의 죄때문이다. 그러므로 나 하나님에게 책임을 전가하지 말아라. 그리고 이고난은 일시적인 것, 잠깐의 징계이다. 버린 것이 아니다. 자녀답게 만들려는 사랑의 징계다. 나의 지혜와 능력 안에 있는 사건이다."

학자의 혀와 귀

두 번째 주제는 "그들을 위해 하나님이 어떤 일을 행하셨는가?"입니다.

이 사실을 알게 하기 위해 하나님의 종을 보내십니다. 그래서 4-9절에 나오는 여호와의 종 "나"는 이사야입니다. 하나님은 이사야에게 무엇을 주셨을까요? 학자의 혀와 귀를 주셨습니다.

> 주 여호와께서 학자들의 혀를 내게 주사 나로 곤고한 자를 말로 어떻게 도와줄 줄을 알게 하시고 아침마다 깨우치시되 나의 귀를 깨우치사 학자들같이 알아듣게 하시도다 (사 50:4)

하나님의 뜻을 알지 못하고 오해하는 백성에게 하나님의 마음과 그 뜻을 알리기 위해서는 많은 지식과 지혜가 필요합니다. 그래서 하나님은 학자의 혀를 주셨고, 이사야는 위로하고 가르쳤습니다. 그런데 학자의 혀가 거저 될까요? 아닙니다. 말을 하려면 먼저 귀가 열려야 합니다.

그래서 학자의 귀를 주셨습니다. 다시 말하면, 하나님의 뜻에 귀를 기울이며 이사야 자신이 하나님의 뜻을 깨닫기 위해 몸부림쳤다는 것입니다. '왜 하나님의 백성 이스라엘에게 이런 고난이 있는 것일까?' 그 의미를 찾고 또 찾고, 묻고 또 물으면서 하나님이 주시는 말씀을 듣고 깨달았다는 것입니다. 그리고 그것을 알아듣기 쉽게 사랑을 가지고 전했다는 말입니다.

이사야는 "주 여호와께서 나의 귀를 여셨으므로 내가 거역하지도 아니하며 뒤로 물러가지도 아니하며"(5절)라고 말합니다. 이처럼 그는 하나님의 말씀을 가감 없이 전했습니다. 그런데 이것이 쉬운 일이었을까요? 아닙니다. 하나님의 뜻을 전해도 백성은 듣지 않았습니다. "나를 때리기도 하고 수염을 뽑기도 하고 뺨을 때리고 침도 뱉었다. 그러나 나는 피하지 않고 그대로 당했다"(6절). "부끄러워하지 않았다. 부싯돌같이 굳게 하였다"(7절). 끄떡도 하지 않았다는 말입니다. 왜? 하나님이 도와주셨기 때문입니다.

"하나님이 보내신 일을 하기 위해서 나는 고난을 얼마든지 당하리라. 오히려 나를 박해하는 자들이 수치를 당할 것이다." 이런 힘이 어디서 왔을까요? 높은 소명 의식에서 왔습니다. 어떤 방해에도 굽히지 않습니다. "힘들어서 그만둔다." 이런 말 없습니다. 고난을 받으면서도 꿋꿋합니다. 이렇게 이사야는 백성에게 하나님의 뜻을 알리기 위한 선지자의 수고와 고난을 설명합니다.

그런데 이것이 이사야 개인의 이야기일까요? 아닙니다. 앞서 이사야서 49장부터는 만민을 죄에서 돌아오게 하시는 메시아 예수님의 이야기라고 했지요? 그러므로 4-9절에 나오는 "나"는 누구일까요? 예수님입니다. 예수님은 학자의 혀를 가지셨습니다. 하나님의 진리를 누구보다도 쉽고 정확하게 사랑으로 전하셨습니다. 그분의 뜻은 언제나 하나님의 말씀이었습니다. 예수님의 마음은 언제나 '하나님의 뜻이 무엇인가?' 거기에 있었습니다. 그리고 예수님 자체가 하나님의 뜻을 알기위해 언제나 귀를 기울이셨습니다. 더욱이 예수님은 그 진리를 선포하기 위해 고난을 당하셨습니다. 욕을 먹었고 침 뱉음을 당했고 채찍에 맞았고 십자가에 죽으셨습니다. 그럼에도 부끄러워하지 않으셨습니다. 그것이 하나님의 뜻이고 온 백성을 살리는 길이기 때문이었습니다.

빛이신 하나님을 향해 나아가라

세 번째 주제는 "이제 이스라엘 백성이 하나님 앞에서 어떻게 살아야 하는가?"입니다.

너희 중에 여호와를 경외하며 그의 종의 목소리를 청종하는 자가 누구냐 흑암 중에 행하여 빛이 없는 자라도 여호와의 이름을 의뢰하며 자기 하나님께 의지할지어다 보라 불을 피우고 횃불을 둘러 띤 자여 너희가 다 너희의 불꽃 가운데로 걸어가며 너희가 피운 횃불 가운데로 걸어갈지어다 너희가 내 손에서 얻을 것이 이것이라 너희가 고통이 있는 곳에 누우리라 (사 50:10-11)

"빛이신 하나님을 향해 나아가야 한다. 그렇지 않으면 어둠에 빠지게 된다"는 것입니다. 하나님이 "너희 중에 여호와를 경외하며 그의 종의 목소리를 청종하는 자가 누구냐?"라고 질문하실 때 "제가 여호와를 경외하며 그의 종의 목소리를 청종하겠습니다" 하고 대답하기를 바랍니다.

여호와를 경외하며 그 종의 목소리를 청종한다면 그 사람은 어떻게 행동해야 할까요? 빛이 전혀 보이지 않는 완전한 흑암 중에 처해 있다고 해도, 아무 소망이 없어도 여호와의 이름을 의뢰하며 하나님을 의지해야 합니다. 지금 아무리 포로 생활을 한다고 해도, 희망이 보이지 않아도, 낙심과 절망에 빠지지 말고 '하나님은 나를 사랑하신다. 하나님은 능력이 무한하시다. 오늘 나에게 이런 형편을 주신 것은 하나님의 뜻이 있기 때문이다. 고난 속에서도 꿋꿋이 서리라. 말씀대로 회복될 것이다.' 이런 마음을 가져야 한다는 것입니다. 그럴 때 노예 생활 속에서도 얼마든지 견디고 이길 수 있습니다.

그러나 하나님의 말씀을 외면하고 그 약속을 거부한다면 어떻게 될까요? "보라 불을 피우고 횃불을 둘러 띤 자여." 이것은 누구를 의미하는 말일까요? 그 당시에 바벨론의 종교를 숭배하는 사람들은 깜깜한 밤에 스스로 횃불을 피우고 그 횃불 안으로 들어가고 나오면서 춤을 추었습니다. 자기 신이 빛이며, 그 신에게 빛을 달라는 행위였습니다.

횃불은 진정한 빛이 아니라 인간이 만든 가짜 빛입니다. 금방 타서 없어질 불입니다. 그 빛이 꺼지면 더 큰 흑암, 더 큰 슬픔에 빠질 것입니다. "네가 그런 불을 의지한다면 그 횃불처럼 너도 타서 없어지고 말 것이다. 그러므로 그런 불을 의지하지 말고 진정한 빛, 참된 빛이신 하나님께로 나가라." 또한 인간의 능력과 지혜도 횃불과 같습니다. "너희가 자기 나름대로 문제를 극복해 보려고 노력하지만 그것은 마치 네가 스스로 횃불을 만들어서 그 횃불로 어두운 밤을 헤쳐 나가려는 것과 같다."

여러분, 어둠을 몰아내는 방법은 무엇일까요? 아주 깜깜한 공간이 있습니다. 어떻게 하면 그 어둠을 물러가게 할 수 있을까요? 아무리 노력해도 안 됩니다. 그런데 작은 불빛을 켜면 그 순간 어둠은 물러갑니다. 그러므로 어둠은 수동태입니다. 철학적으로 어둠은 빛이 없는 결과입니다. 그래서 빛과 어둠은 공존할 수 없습니다. 어둠을 몰아내려면 빛으로 나아가면 됩니다. 영적으로도 마찬가지입니다. 여러분의 마음이 어둡습니까? 하나님께로 가면 됩니다.

참 빛이신 하나님으로부터 멀어져서 어두운 마음으로 현실을 바라보는 것. 신학에서는 이것을 가리켜 "어둠을 묵상한다"고 말합니다. 여기서 어둠이란 '하나님께로부터 오지 않은 것'을 말합니다. 더 쉽게 말하면 나의 약점, 실패, 슬픈 경험, 미움과 원망, 죽고 싶은 마음, 이 모든 것이 다 어둠입니다. 이렇게 어둠을 계속 묵상하게 되면 어둠은 점점 더 견고해지고 확대되고 전이됩니다.

전에 어떤 교인이 우울하고 삶에 의욕도 없고 너무 쓸쓸하고 '이렇게 살아서 뭐 하나? 죽는 게 낫지 않을까?' 이런 생각이 든다고 하면서 기도를 부탁했습니다. 저는 기도하면서 "그를 누르고 있는 어둠의 권세는 예수 그리스도의 이름으로 물러갈지어다!" 하고 선포했습니다. 그러자 바로 이런 소리가 들려왔습니다. "왜 나보고 나가라는 거냐? 그가 나를 꼭 붙들고 있는데 내가 왜 나가?" 반발하는 소리였습니다. 온몸에 소름이 쫙 끼쳤습니다. 그래서 제가 그분을 불러서 말했습니다. "저에게 기도를 부탁했으면 집사님도 기도해야지요. 그 문제에서 벗어나려고 몸부림을 쳐야 할 것 아닙니까?"

여러분, 생각해 보세요. 목사님이 성도들이 괴로워하는 문제를 놓고 기도합니다. 어둠이 떠나가도록 기도합니다. 그런데 정작 본인은 그 문제를 계속 붙들고 묵상하고 있으면서, 그 문제를 하나님께 가지고 나와 빛 가운데 드러내 놓지 않고 있으면서, 거기 얽힌 사건과 사람들에 묶여서·미워하고 원망하면서 "기도해 주세요" 부탁만 하면 되겠습니까?

저는 가끔 괴로운 생각이 끝없이 나고 힘들 때는 이렇게 합니다. 저를 힘들게 하는 것에 이름을 붙이고 명령합니다. "근심 걱정아! 나 너하고 안 놀아. 나는 하나님 말씀을 묵상할 거야." 여러분, 헛된 생각이 내 마음으로 파고들어 올 때 어둠을 묵상하지 마세요. 진정한 묵상의 대상은 하나님 한 분입니다. 어둠을 묵상하지 말고, 빛이신 주님을 묵상하면서 날마다 새로워지기를 축원합니다.

"어둠을 묵상하지 않게 하시고, 빛이신 하나님을 바라보며 그 빛으로 채워지게 하소서."

빛이신 하나님!

왜 우리 마음은 어두워지는 것입니까? 하나님으로부터 멀어졌기 때문입니다. 어둠을 묵상하지 않게 하시고, 빛이신 하나님을 바라보며 그 빛으로 채워지게 하소서. 주님의 빛으로 흑암을 몰아내 주시고, 치유와 회복의 은혜를 누리게 하소서.

함께 이야기하기

[1] 하나님은 이스라엘의 고난 가운데 어떤 일들을 하셨나요?

[2] 어두움을 몰아내는 가장 분명한 방법은 무엇인가요?

[3] 하나님은 오늘의 내가 어떻게 살아가길 원하시나요? 구체적인 행동 세 가지를 정해 나눠 봅니다.

19

왜 사람을
두려워하느냐

이사야 51:12-13

'화룡점정'(畵龍點睛)이란 말이 있습니다. 중국의 유명한 화가 장승요에게 어떤 스님이 용 두 마리를 그려 달라고 부탁했습니다. 그는 정성을 다해서 두 마리의 용을 그렸는데 눈동자를 그리지 않았습니다. 사람들이 그 이유를 묻자, 용의 눈을 그리면 용이 살아서 하늘로 올라갈 것이라고 말했습니다. 그러나 사람들은 믿지 않고 용의 눈을 그려 달라고 졸랐습니다. 그는 마지못해 용의 그림에 눈동자를 그렸는데 그 순간 용이 살아서 하늘로 올라가 버렸습니다. 여기서 나온 고사성어입니다. '용의 그림(화룡)에 눈동자를 찍었다(점정)'는 뜻입니다. 가장 중요한 부분을 완성하여 끝내는 것을 화룡점정이라고 합니다.

신앙생활의 화룡점정은 무엇일까요? 용의 그림에 눈동자를 그려 넣어야 그림이 완성되듯이 무엇이 있어야 믿음이 완성될까요? 하나님이 인정하시는 참된 신앙이 되려면 무엇이 필요할까요? 그것은 '사람을 두려워하지 않는 것'입니다. 여러분, 믿음은 교회 안에서 완성되는 것이 아닙니다. "나는 이 세상 무엇보다도 하나님을 사랑합니다. 예수님보다 더 귀한 분은 없습니다." 이렇게 입으로 고백한다고 되는 것도 아닙니다. 하나님을 모르는 삶의 현장에서 사람을 무서워하지 않는 것으로 신앙은 완성되는 것입니다.

하나님을 믿는 신앙을 가지고 있었지만 하나님께로부터 버림받은 사람들이 있습니다. 그들의 공통점은 사람을 두려워한 것입니다. 이스라엘의 첫 번째 왕 사울은 아말렉과 전쟁한 후에 하나님께 버림을 받았습니다. 그 말을 전해 들은 사울은 사무엘에게 말했습니다. "내가 범죄하였나이다 내가 여호와의 명령과 당신의 말씀을 어긴 것은 내가 백성을 두려워하여 그들의 말을 청종하였음이니이다"(삼상 15:24). '백성이 나를 어떻게 생각할까?' 거기에 신경을 쓰다 보니 하나님의 명령을 어기게 되었다는 것입니다. 그래서 그는 버림을 받습니다.

또 한 사람은 유다의 마지막 왕 시드기야입니다. 그는 예레미야에게 수없이 "하나님의 뜻이 무엇인가?" 하고 물었습니다. 그때마다 예레미야는 바벨론에 항복하는 것이라는 하나님의 뜻을 분명하게 대답해 주었습니다. 그런데 시드기야는 하나님의 뜻을 분명히 알고 있었으면서도 끝내 항복하지 않았습니다. 그 이유를 자기 스스로 이렇게 고백했습니다. "나는 갈대아인에게 항복한 유다인을 두려워하노라 염려하건대 갈대아인이 나를 그들의 손에 넘기면 그들이 나를 조롱할까 하노라"(렘 38:19). "내가 항복하면 유다 사람들이 나를 겁쟁이라고 조롱할까 봐 항복을 못하겠다." 이렇게 말한 것입니다. 그래서 비참한 최후를 맞이합니다. 하나님을 믿는다고는 했지만 결국에는 사람이 두려워서 실패합니다. 그 믿음은 가짜였던 것입니다.

반면에 예수님의 제자들은 예수님이 부활하신 후에 어떻게 복음을 전할 수 있었을까요? 산헤드린 공의회에서 부활하신 예수를 전하지 말라고 협박했습니다. 그때 베드로와 요한이 유명한 말을 합니다. "하나님 앞에서 너희의 말을 듣는 것이 하나님의 말씀을 듣는 것보다 옳은가 판단하라 우리는 보고 들은 것을 말하지 아니할 수 없다"(행 4:19-20). 그럴 때 하나님이 영광을 받으시고 복음은 전파되었습니다.

눈에 보이는 사람을 하나님보다 더 두려워하는 것은 결국 하나님을 바라보지 않는 것이고, 하나님을 무시하는 것이고, 하나님을 믿지 않는 것입니다. 우리 모두 사람을 두려워하다가 하나님을 잃어버리는 일이 없기를 바랍니다.

은혜를 생각해 보라

이사야서 51장은 유다 백성 중에서도 신앙생활을 바르게 하려고 몸부림치는 사람들을 향한 하나님의 말씀입니다.

의를 따르며 여호와를 찾아 구하는 너희는 내게 들을지어다 (사 51:1상)

믿음으로 살려고 애쓰는 이스라엘에게 나라가 망하고 노예로 끌려가는 일은 하나님의 계획이 무너지고 그들의 정체성이 흔들린 엄청난 사건이었습니다. 단순한 육체의 고통을 넘어서는 신앙적 고통이 뼈에 사무쳤을 것입니다. 이렇게 고통 속에서 어쩔 줄 몰라 하는 신앙인들에게 주시는 내용입니다.

하나님은 그들에게 "너희를 떠낸 반석과 너희를 파낸 우묵한 구덩이를 생각하여 보라"(1절)고 말씀하십니다. 돌이 필요하면 바위산에서 돌을 떠냅니다. 돌을 떼어낸 자국이 그대로 남아 있습니다. 흙이 필요해서 흙을 파냈습니다. 그 흙을 파낸 움푹한 웅덩이가 있습니다. 그러니까 반석과 구덩이는 오늘의 나를 있게 해 준 그 원래의 자리를 말합니다. 하늘에서 뚝 떨어진 사람이 있나요? 없습니다. 모든 사람은 자기의 과거를 가집니다. "네가 있던 그 자리, 네 원래의 모습을 생각해 보라. 너의 오늘이 있기까지 어떤 과정을 거쳤는가 생각해 보라."

예를 들어 주십니다. "아브라함과 그 아내 사라를 생각해 보라"(2절). 아브라함과 사라는 이스라엘 사람들에게 중요한 묵상의 주제입니다. 오늘 우리에게도 마찬가지입니다. 아브라함은 자격이 없는 사람이었습니다. 갈대아 우르에서 우상을 섬기던 사람이었습니다. 그런데 하나님이 은혜로 선택하고 부르셨습니다. 그래서 구원 역사가 시작되었습니다. 또한 하나님은 자녀가 없는 그들에게 엄청난 약속을 주셨습니다. "하늘의 별과 같이, 바다의 모래같이 많은 자손을 주겠다." 아브라함이 99세가 되고, 사라가 89세가 되었을 때도 자녀가 없었습니다. 그러나 그들은 자녀를 주겠다는 하나님의 말씀을 믿었습니다. 그럴 때 하나님이 그를 의롭다 여기시고, 약속대로 자녀를 주시고, 땅을 주시고, 거기서 12지파가 나오고, 이스라엘 민족은 번성했습니다.

아브라함은 은혜로 구원받은 사람의 모델입니다. 이스라엘 역사의 압축판입니다. "아브라함을 생각해 보라." 이 말은 "아무것도 아니었던 사람을 믿음의 조상으로, 홀로 있던 사람을 위대한 이스라엘의 조상으로 만든 이가 하나님이다. 그러므로 '하나님 앞에서 나는 누구인가?', '나는 하나님께 어떤 은혜를 받았는가?'를 생각해 보라는 것입니다.

여러분, 돌을 캐낼 때 그 돌은 그냥 돌덩이에 불과합니다. 그런데 그 돌에 위대한 조각가의 솜씨가 들어가면 그 돌은 위대한 작품으로 변합니다. 지금 이스라엘 백성은 위대한 과거는 다 사라지고 빛나던 인생은 다 망가졌다고 낙심하고 있습니다. 그러나 하나님은 "나 여호와가 시온의 모든 황폐한 곳들을 위로하여 그 사막을 에덴 같게, 그 광야를 여호와의 동산 같게 하였나니 그 가운데에 기뻐함과 즐거워함과 감사함과 창화하는 소리가 있으리라"(3절). 이렇게 말씀하십니다.

"지금 너희 형편이 아무리 어려워도 하나님이 회복하시면 황폐한 시온을 에덴동산같이 만들 수도 있다. 너희는 희망이 없다고 생각할지 모르지만, 아니다. 너희가 하나님께로 돌아와서 하나님의 능력의 손에 붙들리기만 하면 지금까지 고생한 것을 다 보상받고도 남을 만큼 새로운 미래가 활짝 열릴 수 있다. 그러므로 현실을 바라보며 낙심하지 말고 하나님을 바라보고, 아브라함이 어떻게 부름을 받았고 믿음으로 응답하여 이스라엘이 되었는가를 생각해 보라. 조상들과 너희가 지금까지 하나님께 받은 은혜를 생각해 보면 낙심할 것이 뭐가 있고 불가능한 것이 뭐가 있겠느냐?" 이런 말씀입니다.

하나님의 이 말씀을 듣고 이사야는 기도합니다.

> 여호와의 팔이여 깨소서 깨소서 능력을 베푸소서 옛날 옛 시대에 깨신 것같이 하소서 라합을 저미시고 용을 찌르신 이가 어찌 주가 아니시며 (사 51:9)

"팔"이란 능력, 보호, 도움을 의미합니다. "라합"은 나일강의 악어를 말합니다. 애굽의 별명입니다. "옛날에 깨어 일어나셔서 애굽에서 우리를 구원하신 것같이 오늘도 일어나셔서 바벨론을 물리쳐 주소서. 그래서 시온으로 돌아오게 하소서. 그러면 우리에게 기쁨이 가득할 것입니다"(11절)라고 간구합니다.

하나님은 우리의 삶을 책임지신다

이사야의 기도에 대한 하나님의 응답입니다.

> 이르시되 너희를 위로하는 자는 나 곧 나이니라 너는 어떠한 자이기에 죽을 사람

을 두려워하며 풀같이 될 사람의 아들을 두려워하느냐(사 51:12)

"왜 바벨론을 두려워하느냐? 그들이 강한 것 같아도 죽을 인생이며, 금방 시들어 버릴 권력인데!" 그러면서 사람을 두려워하는 이유를 말씀해 주십니다. "전능하신 하나님을 잊었기 때문이다. 너를 멸하려고 준비하는 저 학대자들을 왜 두려워하느냐? 내가 하나님인데, 그들은 내가 사용하는 막대기인데, 왜 그들을 무서워하고 나를 바라보지 않느냐? 내가 너희를 돌아오게 할 것인데 누가 막을 것이냐?"(13절). 그리고 "속히 돌아올 뿐만 아니라 많은 희생을 치르지도 않을 것이며, '해방되면 뭘 먹고 사나?' 걱정하지만 양식이 부족하지도 않을 것이다. 내가 너희의 삶을 책임질 것이다. 다만 너희가 할 일이 있다"(14절)고 하십니다.

> 내가 내 말을 네 입에 두고 내 손 그늘로 너를 덮었나니 이는 내가 하늘을 펴며 땅의 기초를 정하며 시온에게 이르기를 너는 내 백성이라 말하기 위함이니라 (사 51:16)

"내 말을 네 입에 두었으니 이 약속의 말씀을 믿고 시인하고 선포하라"는 것입니다. 다시 말하면 "아멘! 그렇게 될 것을 나는 믿습니다. 하나님은 우리를 구원하실 것입니다. 우리가 하나님께로 돌아오면 하나님은 우리를 다시 일으켜 새로운 역사를 창조하실 것입니다"라고 선포하며 일어서라는 것입니다. 그러면 하나님께서 "내가 너를 내 손으로 덮어서 네가 내 백성인 것을 확인해 주겠다"고 하십니다.

유다 백성은 분명히 보이는 어떤 현상을 요구했으나 하나님은 말씀으로 응답하셨습니다. 여기서 우리는 생각해야 합니다. 기도의 응답은 어떤 형태로 나타날까요? 가장 정확한 응답은 말씀으로 하시는 것입니다. 예를 들어 볼까요? 아이들이 조릅니다. "엄마, 빨리 자전거 하나 사 주세요." 그러나 엄마가 보기엔 아닙니다. 그래서 "지금은 필요 없으니 네 생일이 지나면 사 주마." 이렇게 말하는 것도 응답입니다. 그런데 우리는 지금 내 손에, 내가 원하는 것을, 내가 원하는 방법으로 주셔야만 응답이라고 생각합니다. 그러나 아닙니다. 생각을 넓혀야 합니다. '이것이 아니면 응답이 아니다.' 이렇게 생각하면 안 됩니다.

저는 "예수 믿은 지 10년이 넘었는데 한 번도 응답을 받아 본 적이 없습니다"라고 이야기하는 분도 보았습니다. 하지만 한 번도 응답을 못 받았다는 것은 오해입니다. 하나님이 말씀을 들려주시고, 위로해 주시고, 깨닫게 하시는 것이 응답입니다.

우리는 자꾸 없다고 하는데, 사실은 없는 것이 아닙니다. '없다' 앞에 어떤 단어를 집어넣어야 합니다. '필요'라는 말입니다. 그러니까 '없다'가 아니라 '(필요) 없다'입니다. "나는 돈이 없다. 그런데 왜 안 주시나?" 이것이 아닙니다. "나는 돈이 '(필요) 없다'"입니다. 필요한데 없는 것이 아니라, 필요 없기 때문에 없는 것입니다. 하나님이 보실 때는 지금 나에게 그 돈이 필요 없어서 안 주시는 것입니다. 그러니까 "돈이 없는데 왜 안 주시나?" 그러지 마시고, "하나님이 보시기엔 아직 필요 없어서 안 주시는 것이다." 이렇게 말하면 됩니다. 왜냐하면 우리가 하나님의 백성이기 때문입니다.

"양식이 부족하지 않을 것이다"(14절)는 '지금 양식을 미리 줄 필요는 없다. 나중에 필요할 때 하나님이 공급해 주실 것이기 때문이다'라는 의미입니다. 그러므로 우리는 지금 직접 내 손으로 다 받지 않아도 말씀으로 늘 응답을 받으며 사는 것입니다. 이런 관점으로 생각해 보세요. 하나님의 응답이 얼마나 자주, 분명하게 주어지고 있는지요!

다른 위로를 찾지 말라

여호와의 손에서 그의 분노의 잔을 마신 예루살렘이여 깰지어다 깰지어다 일어설지어다 네가 이미 비틀걸음치게 하는 큰 잔을 마셔 다 비웠도다 (사 51:17)

이사야는 앞서 "여호와의 팔이여 깨소서 깨소서"(9절)라고 기도했습니다. 그러나 하나님은 예루살렘에게 깨라고 말씀하십니다. 이런 말입니다. "나보고 지금 깨어 일어나라는 것이냐? 아니다. 정말 깨어 일어나야 할 사람은 바로 너다. 잘 생각해 보라. 하나님이 정신을 차려야 하겠느냐, 네가 정신을 차려야 하겠는가? 네가 정신을 차려야지! 너는 지금 하나님이 주신 분노의 잔을 받아 마시고 비틀거리고 있잖아!"

분노의 잔은 왜 주시는 걸까요? 잘못 가는 사람을 가만히 두는 것은 사랑이 아닙니다. 잘못 갈 때는 때려서라도 그 길로 못 가도록 막는 것이 진정한 사랑입니다. 칼 바르트는 말했습니다. "하나님의 사랑은 진노 속에서 구체화된다." 하나님은 지금 이렇게 말씀하시는 것입니다. "잘못 가는 너희에게 돌아오라고 고난을 주었는데 그 고난 속에서 비틀거리고 넘어져서야 되겠느냐? 정신 차려라! 힘들다고 낙심하여 비틀거리거나 다른 위로를 찾지 말라." 다른 것을 의지하려고 해도 소용이 없습니다.

심지어 자식도 위로가 되지 못할 것입니다(18절). 왜냐하면 하나님만 의지하라는 말씀이기 때문입니다. 하나님을 찾고 하나님께 돌아올 때 "그 잔을 거둘 것이다." 이렇게 하나님은 말씀하십니다(22절).

얼마 전에 잘 아는 목사님이 개척교회를 시작했다고 해서 방문한 적이 있습니다. "어떻게 갑자기 개척을 하게 되었습니까?" 목사님은 이렇게 말했습니다. "하나님이 계속 개척할 마음을 주셨는데 여러 가지 상황이 다 막혀서 꼼짝도 할 수가 없었습니다. 도움을 좀 받아 보려고 이리저리 다녔지만 사랑하는 부모와 형제들도, 친구들도 다 외면했습니다. '어쩌면 이럴 수가 있는가?' 그래서 너무도 실망하고 아무도 믿을 수 없어 산에 가서 살려 달라고 처절하게 하나님만 붙잡고, '살든지 죽든지 뜻대로 하겠습니다' 기도하고 내려왔습니다.

그런데 며칠 후에 길에서 우연히 군대에서 같이 근무했던 학교 후배를 만나게 되었습니다. 인사를 나누고 차를 한 잔 하면서 '어떻게 지내시느냐?' 묻기에 '내가 목사가 되었는데 모든 길이 막혀 힘든 시간을 보내고 있다'고 말했습니다. 그러자 그 후배가 '저는 선배님 때문에 예수를 믿었고, 사업을 시작했는데, 하나님 은혜로 잘되고 있습니다. 제가 무엇을 도와드리면 될까요?' 하는 것입니다. '자네가 은혜를 받았다고 생각한다면 하나님의 이름으로 나를 좀 도와주게.' 그렇게 말하고 헤어졌는데, 얼마 후에 보니 그 후배가 돈을 보냈는데 개척하려면 이 정도가 필요하다고 생각한 금액과 똑같은 액수였습니다. 그것을 하나님의 응답으로 알고 교회를 시작하게 되었습니다."

목사님이 교회를 시작했으니 아무리 서운해도 가족과 친지들에게 알려야 해서 자초지종을 설명했더니 다들 진심으로 기뻐하며 마음을 다

해 도와주었습니다. '아니, 내가 다 죽어 갈 때는 외면하더니 살 만해지니까 도와주는가?' 이런 생각을 했는데, 갑자기 '하나님이 나를 막으시면 아무도 도와줄 수가 없는 것이구나.' 이것을 깨닫게 되었습니다. 그러면서 마지막으로 이렇게 말했습니다. "세상에 아무도 의지할 수 없다면 다른 것을 의지하려고 하지 말고 하나님께로 나오라는 뜻입니다."

여러분, 고난 속에서 하나님이 원하시는 것은 뭘까요? "너를 괴롭게 하는 그 사건, 그 사람, 그 형편을 두려워하지 말라. 또한 다른 것으로 위로를 받으려 하지 말고, 하나님께 돌아오라." 그럴 때 하나님이 회복시키시고 더 나은 미래를 주겠다는 것입니다. '얼마나 고통을 받았는가? 얼마나 손해를 보았는가?' 그것이 중요한 것이 아닙니다. 그것을 통해 하나님께로 돌아온다면 그 고통과 손해도 얼마든지 더 나은 축복이 되는 것입니다. 이 은혜가 우리 모두에게 함께하기를 축원합니다.

"사람이나 환경이나 세상을 두려워하지 말고 하나님을 바라보게 하소서. 비틀거리지 말고, 주신 말씀을 붙잡고 선포하며 깨어 일어나게 하소서."

"너희가 받은 은혜를 생각해 보라"고 말씀하신 하나님!

우리가 받은 은혜를 생각하면 낙심할 것이 어디 있습니까? 세상을 바라보며 사람을 두려워하지 않게 하시고, 하나님을 믿고 신뢰하게 하소서. 고난 속에서 비틀거리지 말고, 다른 곳에서 위로를 찾지 말고, 하나님께로 나오게 하소서. 그래서 문제 해결을 보게 하시고, 내가 하나님의 백성임을 확인하게 하소서.

함께 이야기하기

[1] 하나님을 잃어버린 사람들의 공통점은 무엇인가요?

[2] 고난 속에 있는 사람들에게 하나님께서 원하시는 것은 무엇인가요?

[3] 어려움을 당하여 하나님만을 의지했을 때 경험한 은혜가 있다면 나눠 봅니다.

20

일어나게
하소서

이사야 52:7-10

요즘 중국에서는 '탕평족'이란 말이 유행한다고 합니다. '탕평'(躺平, 당평)은 '평평하게 눕다'는 뜻인데, 우리말로는 '드러누워 버린다'는 뜻입니다. 한국에 취업, 연애, 결혼, 출산, 내 집 마련, 이렇게 다섯 개를 포기한 '5포 세대'가 있다면, 중국에는 '탕평 세대'가 있습니다. 일할 곳도 없고, 일해 봤자 잘살 수도 없고, 이 어려운 현실을 바꿀 수도 없으니 그냥 드러누워서 아무것도 하지 말자는 것입니다.

이들은 취업 활동을 하지 않습니다. 단기 아르바이트를 며칠 하고 돈을 벌면 나머지 시간은 누워서 보냅니다. 자기개발은 포기했고, 취미나 오락도 즐기지 않습니다. 일어나라고 하면 이렇게 말합니다. "나보고 일어나라고요? '이생망'(이번 생은 망했다)인데? 차라리 나는 아무것도 안 하고 누워 있겠습니다." 이런 탕평족을 어떻게 해야 할지, 중국 정부도 대책을 세우지 못하고 있다고 합니다. 참 안타까운 일입니다.

그렇다면 왜 탕평족이 생기는 것일까요? 미래에 대한 희망을 다 잃어버렸기 때문입니다. "희망을 잃어버린 사람들이 어떻게 다시 일어날 수 있는가?" 이것이 이사야서 52장의 주제입니다.

본문은 바벨론에 노예로 끌려간 이스라엘 백성에게 하나님이 하시는 말씀입니다. 하나님은 그들을 포로에서 돌아오게 하겠다고 약속하셨습니다. 그러나 그 약속은 그들에게 현실로 다가오지 않았습니다. 왜냐하면 현실은 노예이기 때문입니다. 현실이 너무나 비참하니까 희망의 소식이 귀에 들어오지 않는 것입니다. 그래서 낙담한 이스라엘 백성을 보면서 하나님이 하시는 말씀인데, 세 가지 주제로 나누어집니다. 첫째는 "일어나라", 둘째는 "기뻐하라", 셋째는 "너를 위해 메시아가 오신다"는 내용입니다.

기뻐하는 것이 시작이다

첫째, 하나님은 낙심한 이스라엘 백성에게 "일어나라"고 하십니다.

시온이여 깰지어다 깰지어다 네 힘을 낼지어다 거룩한 성 예루살렘이여 네 아름다운 옷을 입을지어다 이제부터 할례 받지 아니한 자와 부정한 자가 다시는 네게로 들어옴이 없을 것임이라 (사 52:1)

깨라고 두 번이나 반복하십니다. 잠자는 아이를 깨웠는데 안 일어나니까 한 번 더 깨우는 것입니다. 정신적으로, 영적으로 너무 깊이 잠들어 버린 자녀를 깨우는 아버지의 마음입니다. "얘야, 제발 좀 일어나라." 이런 말입니다. 그다음에는 "네 힘을 낼지어다" 하십니다. 힘을 내란 말은 힘이 있단 말입니까, 없단 말입니까? 힘이 있는데 못 쓰고 있다는 말입니다. 사실은 엄청난 힘을 가지고 있는데 너무나 낙심해서 그 힘을 사용하지 못하고 있습니다. 거대한 세상 바벨론을 바라보면서 그 앞에서 나는 너무 초라하다고 좌절하는 것입니다. '내가 해 봤자 뭐가 되겠는가? 관두자. 희망이 없어' 하며 그냥 주저앉은 것입니다.

아름다운 옷은 아무 때나 입는 것이 아닙니다. 좋은 일이 있을 때, 잔치할 때 입는 것입니다. 그러므로 "아름다운 옷"은 기쁨을 의미합니다. "제발 우중충하게 지내지 말고, 인상 좀 쓰지 말고 밝게 웃고 기뻐하면서 살아라." 이런 말입니다.

성도님들이 가끔 묻습니다. "어떻게 하면 배우자와 자녀들을 전도할 수 있나요?" 저는 이렇게 말합니다. "간단합니다. 이래라저래라 하지 말고 먼저 본인이 기뻐하세요. 특별히 교회 갔다 온 다음에 행복해하시면 됩니다. 교회 다녀오는 순간부터 짜증을 내면 '그런 교회 왜 갔다 왔어?' 이렇게 생각하지 않겠습니까?" 내가 기뻐하는 것이 엄청난 봉사라는 것을 잊지 마세요. 기뻐하는 것이 전도의 시작입니다. 하나님이 살아 계시고, 나를 사랑하시고 내 삶을 인도하시는데 왜 그렇게 낙심하고 찡그리고 삽니까? 삶이 좀 힘들어도 신앙인은 하나님 때문에 기뻐해야 합니다.

> 너는 티끌을 털어 버릴지어다 예루살렘이여 일어나 앉을지어다 사로잡힌 딸 시온이여 네 목의 줄을 스스로 풀지어다 (사 52:2)

"티끌"이 무엇입니까? 잘못된 과거의 습관들입니다. "티끌을 다 털어 버리라." 패배 의식, 노예 의식, 불평과 원망, 낙심과 좌절, 다 티끌입니다. 모두 털어 버려야 합니다. 그리고 "일어나 앉으라"고 하십니다. '내가 이러면 안 되지. 이렇게 드러누워서 한숨만 쉬고 있으면 안 되지.' 벌떡 일어나서 앉아야 합니다. 그리고 아주 중요한 말씀을 하십니다. "네 목의 줄을 스스로 풀지어다." 지금까지 자기 목에 밧줄을 감고 있었다는 말입니다. 누가 채운 것이 아닙니다. 자기 스스로 '난 아무것도 할 수 없어. 나에겐 아무 희망이 없어. 포기할 수밖에 없어' 하고 자기 목에 스스로 밧줄을 감고 있던 것입니다. 이것을 풀라고 하십니다.

이 말씀 안에 하나님의 마음이 구구절절이 나타나 있습니다. 입장을 바꿔서 여러분의 자녀가 낙심했다면, 희망을 잃고 드러누워서 잠만 잔다면 여러분은 어떤 말을 하시겠습니까? 바로 이 말 아니겠습니까? "제발 잠에서 깨어나라. 힘을 내라. 아름다운 옷을 입고 티끌을 털어 버려라. 일어나 앉아서 목에 줄을 풀어 버려라.” 왜냐하면 하나님은 해결 능력이 있으시거든요. 또한 그들을 사랑하십니다.

하나님은 말씀하십니다. “아무 대가 없이 포로에서 해방시킬 거야. 바벨론에서 돌아오게 할 거야”(3절). 그렇게 되면 “내 백성은 내 이름을 알리라”(6절)고 하십니다. 그들이 하나님의 이름을 몰랐다는 말인가요? 아닙니다. 하나님의 이름을 압니다. 그러나 이름만 알지 하나님이 정말 어떤 분이신지는 모릅니다. “그러나 다시 돌아오게 되면 ‘정말 하나님은 살아 계시군요. 하나님은 내 기도를 들어 주시는 분이군요. 그 약속을 이루어 주시는군요’ 하면서 하나님을 제대로 알게 될 것이다. 너는 이렇게 약속된 미래가 있는데, 왜 낙심하여 쓰러져 있느냐?”라는 것입니다.

기뻐하라, 우리가 이겼노라!

둘째, 왜 일어나야 할까요? 기쁜 일이 있기 때문입니다. 어떤 기쁜 일이 있을까요? 얼마나 기뻐해야 될까요?

좋은 소식을 전하며 평화를 공포하며 복된 좋은 소식을 가져오며 구원을 공포하며 시온을 향하여 이르기를 네 하나님이 통치하신다 하는 자의 산을 넘는 발이 어찌 그리 아름다운가 (사 52:7)

“좋은 소식”이라는 말이 계속 나옵니다. 이것이 복음입니다. 그 내용은 평화가 왔다는 소식, 우리는 살았다는 구원의 소식입니다. 다시 말하면 승리의 소식입니다. 이 얘기를 쉽게 이해시키기 위해 비유를 들어서 설명하십니다.

본문에는 세 종류의 사람이 등장합니다. 소식을 전하는 자 전령과 파수꾼, 그 소식을 듣고 반응하는 성읍 사람들입니다. 옛날에는 통신 수단이 발달하지 않아서 외부로부터 정확한 소식을 듣기 어려웠습니다. 상상을 해 봅시다. 나라에 전쟁이 나서 남편과 아들이 전쟁터에 나갔는데, 어떻게 되고 있는지 상황을 전혀 모릅니다. 얼마나 궁금하겠습니까? 그런데 전쟁에서 승리했습니다. 이 소식을 빨리 알려야 합니다. 이 소식을 전하기 위해서 전령을 보냅니다.

여러분, 마라톤의 유래를 아시지요? 아테네의 마라톤 벌판에서 1만 명의 아테네 군대가 10만 명의 페르시아군과 국가의 존망을 걸고 생명을 다해 싸웠습니다. 아테네 시민들의 마음을 생각해 보십시오. 이 전쟁에 지면 나라가 없어지고, 다 죽는 겁니다. 전쟁의 결과에 대하여 얼마나 초조하겠습니까? 그런데 1만 명의 아테네 군대가 10만 명의 페르시아군과 싸워 승리했습니다. 이 승전보를 알리기 위해서 전령인 필리피데스(Philippides)가 마라톤 벌판에서 아테네까지 약 40km를 쉬지 않고 달려가 아테네성에 들어가면서 외쳤습니다. "기뻐하라, 우리가 이겼노라!" 그 한마디를 남기고 쓰러져 죽었습니다. 그것을 기념하여 마라톤 대회가 열리는 것입니다.

철없는 사람들은 이렇게 말할 겁니다. "왜 그렇게 죽자 살자 달려오는 거야? 천천히 오면 안 되나?" 그러나 그 소식을 기다리는 사람은 얼마나 간절한 마음일지 상상해 보세요.

첫째, 이기고 있는지, 지고 있는지 빨리 알아야 합니다. 만약에 졌다면 지금 이 자리도 적들에 의해 점령될 수 있습니다. 한순간이라도 빨리 도망치지 않으면 다 죽습니다. 모두의 생명이 달려 있는 것입니다. 그러므로 빨리 전해야 합니다. 둘째, 만약에 이겼다면 이제는 평화가 오는 것입니다. 셋째, 그 결과 내가 사랑하는 사람이 돌아옵니다. 여러분, 이것보다 더 좋은 소식이 어디 있겠습니까? 그래서 전령은 전쟁터의 소식을 목마르게 기다리는 사람들을 위해 생명을 다해 달리는 것입니다. "승리의 복된 소식을 가지고 달려오는 그 발은 얼마나 아름다운가!" 찬양하고 있잖아요.

이제 전령 얘기가 나왔으니까 파수꾼 얘기도 해야겠지요?

네 파수꾼들의 소리로다 그들이 소리를 높여 일제히 노래하니 이는 여호와께서 시온으로 돌아오실 때에 그들의 눈이 마주 보리로다 (사 52:8)

파수꾼은 성 높은 곳에 올라가서 앞을 바라보고 있습니다. 그런데 저 앞에 전쟁터에서 보낸 전령이 달려옵니다. 어떤 소식을 가지고 오는가? 기쁜 소식인가, 슬픈 소식인가? 기쁜 소식을 나타내는 깃발을 들고 전령이 달려옵니다. 그러면 파수꾼은 나팔을 붑니다. "뿌우! 지금 저 앞에 전쟁터에서 기쁜 소식을 가지고 전령이 달려옵니다!" 이렇게 외칩니다. "파수꾼들의 소리"입니다. 그러면 성읍 사람들이 다 모여서 기뻐 춤을 추며 잔치를 벌입니다. 이것이 7-8절의 배경입니다.

이제 전령이 도착해서 자세한 소식을 말해 줍니다. "그래, 우리 아들은 살아 있소? 내 남편은 언제쯤 돌아옵니까?" 두렵고 떨렸던 마음이 기쁨과 환희로 가득 차게 됩니다. 여러분, 이것이 승전보입니다.

바벨론에서 이스라엘 백성이 해방되어 돌아온다는 소식은 이렇게 기쁜 소식입니다. 그러니까 기뻐해야 합니다. 그런데 바벨론 포로에서 돌아오는 것보다 더 크고 놀라운 소식은 무엇일까요? 죄로 인하여 죽을 수밖에 없는 모든 인간이 죄로부터 해방되어 영원한 생명을 얻게 된다는 영적 구원의 소식입니다. 그래서 "열방의 목전에서 … 땅끝까지도 모두 우리 하나님의 구원을 보았도다"(10절)라고 말씀하십니다. 이제 구원이 이스라엘 민족의 한계를 넘어서 열방, 모든 나라, 모든 사람에게 펼쳐질 것임을 선포하는 것입니다.

그래서 바울은 로마서 10장 15절에서 본문 7절을 인용합니다. "기록된바 아름답도다 좋은 소식을 전하는 자들의 발이여 함과 같으니라"(롬 10:15). 온 세상에 복음을 전하는 바울의 선교 여행을 승전보를 가지고 산을 넘어 달려가는 전령에 빗대어 말했던 것입니다. "과거에 전령이 포로에서 해방되고 전쟁에서 이겼다는 소식을 가지고 달려갔듯이, 나는 만민 구원의 복음을 전하기 위해 산을 넘는다." 이런 말입니다.

메시아는 나를 위해 오신다

셋째, "메시아가 너를 위해 오신다"는 소식입니다.

이것이 기쁜 일의 클라이맥스입니다. 그 메시아가 나를 위해 고난을 받으시고, 나를 향한 하나님의 모든 뜻을 성취하신다는 내용입니다.

보라 내 종이 형통하리니 받들어 높이 들려서 지극히 존귀하게 되리라 전에는 그의 모양이 타인보다 상하였고 그의 모습이 사람들보다 상하였으므로 많은 사람이 그에 대하여 놀랐거니와 그가 나라들을 놀라게 할 것이며 왕들은 그로 말미암아 그들의 입을 봉하리니 이는 그들이 아직 그들에게 전파되지 아니한 것을 볼 것이요 아직 듣지 못한 것을 깨달을 것임이라(사 52:13-15).

먼저 메시아의 모습은 어떤가? 그는 영광의 메시아가 아닌 초라한 메시아라는 것을 말씀하십니다. "'아니, 어찌 저렇게 초라한 분이 메시아란 말인가?' 하고 놀랄 것이다." 그런데 더 놀라운 것은, 그 메시아를 통해서 모든 사람이 이제까지 듣지 못했던 것을 듣고, 보지 못했던 것을 보게 될 것입니다. 그래서 입을 다물지 못하고 틀어막을 것입니다. 그러나 그분은 형통하고 결국 존귀하게 되실 것입니다. 13-15절의 메시아 예언은 그 당시로서는 전혀 이해할 수 없는 내용이지만 이제 우리는 십자가 사건을 경험한 사람으로서 다 이해할 수 있습니다.

본문도 논리적으로 설명을 해야 합니다. "아니, 고난받는 메시아가 형통하다는 것은 무슨 소린가? 또한 메시아가 나를 향한 하나님의 뜻을 완전히 이루지 못하신다면 그분의 오심이 뭐가 기쁜 일인가?" 여기에 대한 대답이 "형통"입니다. 형통은 고통이 없다는 것이 아닙니다. 많은 대가를 지불하더라도 그 목적이 성취되는 것을 형통이라고 말합니다.

성경에 보면 요셉이 범사에 형통했다고 하는데, 그에게는 고통이 없었을까요? 아닙니다. 많았지요. 그러나 그것을 통해 하나님이 이루고자 하시는 일이 다 이루어졌습니다. 그래서 '형통한 사람'이라고 부르는 것입니다. 그러므로 메시아는 나를 향한 하나님의 놀라운 계획을 엄청난 고난을 통해서도 완성하십니다. 나에게 그런 미래가 약속되어 있습니다. 그러니까 일어서기만 하면, 하나님의 약속을 붙잡고 기뻐하기만 하면, 나를 위해 오시는 그 메시아를 믿기만 하면 됩니다.

여러분, 이제 여러분의 눈으로 세상을 한번 보십시오. 세상은 어둡고, 현실은 혼탁하고, 희망이 보이지 않습니다. 세상 사람들은 이런 상황에서 일어서기 어렵습니다. 왜냐하면 아무도 미래를 정확하게 알 수 없기 때문입니다. 희망을 가지라고 말하는 그 사람의 미래도 스스로 장담할 수 없는 것이 인간의 현실입니다. 그러나 하나님의 말씀은 다릅니다. 하나님이 희망을 가지라 하시면 가질 수 있죠. 하나님은 살아 계시고, 시간과 역사의 주인이시며, 미래를 예언하시고, 그 말씀을 반드시 성취하시는 분이기 때문에, 그 말씀을 믿고 힘을 내어 일어나 앉을 수 있고, 목의 줄을 풀어 버릴 수 있는 것입니다.

세상에 아무 희망이 없어도 괜찮다

"왜 세상에 이렇게 어렵고 힘든 일이 많을까?" 이 질문을 통해 하나님을 믿는 사람과 믿지 않는 사람이 얼마나 다른 길을 갈 수 있는가를 확실히 깨닫게 되기를 바랍니다. 왜 세상에 이렇게 어려운 일이 많은가 하면 이 세상에 내 마음이 너무 묶여 있기 때문에 세상으로부터 내 마음을 떼어 내려는 것입니다. 하나님이 정말 원하시는 것은 이 세상에 대해서 실망하는 것입니다.

세상만 바라보는 사람들은 세상에 실망하면 더 이상의 소망이 없습니다. 그래서 낙심하고 쓰러집니다. 드러눕고 맙니다. 그러나 하나님의 백성은 그렇지 않습니다. 우리가 세상에 대해 실망하게 되면 우리는 진정으로 하나님을 바라보게 됩니다. 세상으로 채웠던 우리 마음을 하나님으로 채우게 되면, 우리를 향한 하나님의 계획이 구체화되고 새 역사가 일어나는 것입니다. 그러므로 우리는 세상에 실망해도 됩니다. 아니, 반드시 실망해야 합니다. 세상에 대해 실망해야만 세상으로 마음을 채우지 않고 하나님으로만 마음을 채우는 사람이 되기 때문입니다.

이사야서 52장을 간단하게 요약하면 이런 뜻입니다. "네가 세상에 실망해도 하나님만 붙잡으면 너는 일어나게 되고, 하나님이 누구신지 알게 된다. 하나님이 너를 통치하신다는 것, 네 인생을 책임지신다는 것을 알게 해 주마."

최근에 어느 성도님이 저에게 이런 말을 해 주었습니다. "제 삶이 너무 힘들어서 질식할 것 같았는데, 같은 구역 성도분이 함께 성경을 읽자고 제안을 했습니다. '한 달에 성경을 한 번 통독하자.' 내키지는 않았지만 그렇게 하자고 약속하고 하루에 40장씩 읽는데, 숙제하듯이 뜻도 모르고 그냥 소리 내어 읽었는데, 성경을 죽어라고 읽다 보니 어느새 제 마음에 어둠과 근심이 사라지고 하나님이 내 삶을 다스리고 책임지신다는 확신이 생겼습니다. 목사님, 하나님의 말씀은 빛이라는 것을 귀로만 듣고 알았는데, 성경을 읽으면서 '하나님의 말씀은 정말 빛이구나. 내 마음의 어둠을 다 몰아내는 빛이구나.' 이것을 확실히 깨달았습니다."

여러분, 세상이 어두워서 드러눕는 것이 아닙니다. 내 마음에 주님의 빛이 없기 때문입니다. 하나님의 자녀들에게는 세상에 대한 실망이 하나님만 바라보게 하는 중요한 기회가 됩니다. 반드시 실망해야만 하고, 내 마음이 하나님으로 채워질 때 하나님의 손에 붙들려서 더 아름다운 삶이 전개될 것입니다.

그러므로 세상을 바라보며 낙심하고 희망이 없다고 드러눕지 말고 깨어나세요. 힘을 내세요. 아름다운 옷을 입으세요. 티끌을 털어 내고 일어나 앉으세요. 그리고 목에 묶인 줄을 풀어 버리세요. 그리고 기뻐하십시오. 나를 향한 하나님의 뜻을 온전히 성취하실 메시아를 바라보십시오. 그분은 나를 위해 많은 고난을 받으실 것입니다. 그리고 그 속에 담긴 나를 향한 하나님의 뜻이 성취되는 것을 알 때 우리는 감격할 것입니다. "세상에 이럴 수가 있는가!" 그런 놀라운 일이 우리에게 약속되어 있습니다. 너무나 좋은 소식입니다.

세상에 아무 희망이 없어도 괜찮습니다. 하나님이 소망이 되시고, 예수님이 나를 향한 하나님의 뜻을 어떤 대가를 지불하고서라도 이루실 것임을 믿는다면 우리는 일어날 수 있고, 기뻐할 수 있고, 감사하며 주님을 향해 걸어가게 될 줄 믿습니다.

> "일어나게 하소서. 기뻐하게 하소서. 나를 위해 오시는 메시아를 영접하게 하소서."

구원과 위로의 하나님!

초라한 나 자신을 바라보며 울지 않게 하시고, 내게 약속하신 하나님의 구원을 기뻐하게 하소서. 나를 위해 오시는 예수님을 기다리고 영접하며, 주 안에서 나를 향한 하나님의 뜻이 다 성취될 것을 믿게 하소서.

함께 이야기하기

[1] 희망을 잃어버린 이스라엘에게 하나님께서
     주신 말씀 세 가지는 무엇인가요?

[2] 어렵고 힘든 세상 속에서 살아가는 우리에게
     메시아가 오신다는 것은 어떤 의미입니까?

[3] 본문에 나오는 하나님으로 인한 '형통'을 경험
     한 적이 있다면 나눠 봅니다.

21

예수님이
오신 이유

이사야 53:4-6

오래전 신학생 때였는데, 유명한 랍비가 학교를 방문해서 신학 특강을 했습니다. 강연이 끝나고 질문 시간에 저는 이런 질문을 했습니다. "유대교와 기독교의 가장 큰 차이점은 무엇입니까? 그것을 보여 주는 성경 구절이 있다면 어디인지 말씀해 주시기를 바랍니다."

그 랍비는 이렇게 대답했습니다. "유대교와 기독교의 차이는 이사야서 53장에 대한 해석에 달려 있습니다. 여기서 고난을 받는 종이 개인이며, 그 개인이 예수님이라면 기독교입니다. 그러나 유대교에서는 이 고난의 종을 개인이 아니라 이스라엘 국가로 봅니다. 그런데 문제는, 이스라엘은 다른 사람들의 죄를 대속하기 위해 고난당한 적이 없습니다. 그들은 오히려 갈수록 하나님으로부터 멀어졌고, 자기들의 죄 때문에 징계를 당했지 남을 위해 고난당한 적은 없기 때문에, 이제는 유대교 안에서도 그 종을 단체가 아니라 개인으로 봐야 한다는 의견이 점점 많아지고 있습니다.

유대교는 이사야서 53장 때문에 고민하고 있습니다. 아무리 해석을 하려고 해도 잘 되지 않기 때문에 갈등하고 고통을 당하는 겁니다. 그런 이유로 정통 유대교인들은 이사야서 53장을 읽지 않고 건너뜁니다. 그러니까 이사야서 53장은 유대교에게는 가장 고통스러운 장이고, 기독교에게는 가장 기쁘고 감격스러운 장입니다. 그러므로 기독교와 유대교의 차이를 나타내는 가장 정확한 본문은 이사야서 53장입니다."

앞서 이사야서 52장에서 "일어나라. 기뻐하라. 너를 위해 메시아가 오실 것이다"라는 내용을 살펴보았는데, 본문인 53장은 그 메시아가 왜 오시는지, 어떤 일을 하시는지, 여기에 대한 사람들의 반응과 그 결과에 대해 자세하게 설명하고 있습니다.

영광의 메시아? 고난의 메시아!

이사야는 53장을 언제 예언했는가? 예수님이 오시기 700년 전에, 메시아가 고난의 종으로 오실 것을 예언했습니다. 그런데 이스라엘 사람들은 고난의 메시아를 원했을까요? 아니, 절대로 원하지 않았습니다. 그런데 왜 하나님은 그들에게 고난의 메시아를 보낸다고 하셨을까요? 중요한 이유가 있습니다. 문제를 보는 입장이 달랐던 것입니다. 하나님이 보실 때 인간의 진정한 문제는 죄였습니다. 그러므로 인간을 죄로부터 구원하기 위해 고난의 메시아를 보내겠다는 것입니다.

그러나 이스라엘은 자기들의 문제를 해결해 줄 메시아를 원했습니다. 그들은 어떤 메시아를 원했는가? 그 내용이 성경에 나옵니다. 마태복음 4장에 보면 예수님은 공생애를 시작하기 전에 40일 금식기도를 하셨습니다. '나는 이제 메시아로서 어떻게 살아야 하는가?' 이것을 알기 위해 기도하셨던 것입니다. 그때 마귀가 유혹합니다.

마귀의 첫 번째 시험은 "이 돌들로 떡덩이가 되게 하라"였습니다. "메시아가 할 일이 뭐냐? 백성에게 떡을 먹이는 것이다. 경제 문제의 해결, 그것이 사람들이 기대하는 메시아상이다. 그 길을 가라"고 유혹했던 것입니다. 두 번째 시험은 "성전 꼭대기에서 뛰어내리라"였습니다. 그 당시 가장 높은 건물이 성전이었습니다. 높은 곳에서 뛰어내리면 사람이 어떻게 될까요? 죽습니다. "그러나 너는 하나님의 아들이니 하나님이 천사들을 보내서 네 발이 돌에 부딪치지 않도록 받아 줄 것이다. 그런 기적을 보면 사람들이 '와, 대단하다. 하나님이 함께하시는 능력의 사람이다' 하며 너를 메시아로 추앙하고 따를 것이다. 그 길로 가라"는 거죠. 세 번째 시험은 "내 앞에 엎드려 절하면 세상의 모든 것을 다 주겠다"였습니다. 사람들이 원하는 세상의 것을 다 주면 그들이 메시아로 여긴다는 거예요.

"떡을 먹여 주고, 신비한 능력을 보여 주고, 그들이 원하는 세상적인 것을 다 주면 사람들은 너를 메시아로 여길 것이다." 예나 지금이나 똑같습니다. 이것이 이스라엘이 원했던 메시아상입니다. 그래서 그런 메시아를 간절히 기다리고 있는데, 고난의 메시아가 오신다니! 그 반응을 보십시오.

우리가 전한 것을 누가 믿었느냐 여호와의 팔이 누구에게 나타났느냐 (사 53:1)

고난의 메시아가 오신다고 말을 했다는 것입니까, 하지 않았다는 것입니까? 수없이 했습니다. 그런데 믿지 않았습니다. 여러분, 성경에 보면 고난의 메시아가 오실 것이라고 이사야 선지자 이전에도 많이 말했습니다. 다윗의 시편에 보면 고난의 메시아에 대한 이야기가 16번이나 나옵니다. 대표적인 것이 22편입니다. "내 하나님이여 내 하나님이여 어찌 나를 버리셨나이까"(시 22:1). 이것이 앞으로 메시아가 부르짖을 기도의 내용이라고 다윗은 시편에 말했습니다. 계속해서 고난의 메시아가 온다고 얘기했지만 사람들은 믿지 않았습니다.

"여호와의 팔"은 '하나님의 능력'을 말합니다. 고난의 메시아를 통하여 하나님의 능력이 나타났다는 말입니까, 안 나타났다는 말입니까? 수없이 나타났습니다. 그러나 그들은 믿지 않았습니다. 고난의 메시아를 원하지 않았고, 영광의 메시아만 원했기 때문입니다. 그러나 하나님은 고난의 메시아를 보내겠다고 말씀하시면서 고난의 메시아에 대하여 자세하게 설명하십니다.

메시아의 고난

그는 주 앞에서 자라나기를 연한 순 같고 마른 땅에서 나온 뿌리 같아서 고운 모양도 없고 풍채도 없은즉 우리가 보기에 흠모할 만한 아름다운 것이 없도다 (사 53:2)

먼저, 고난의 메시아의 모습이 나옵니다. 볼품이 없고 초라하다는 것입니다. 여러분, 예수님 얼굴 그림을 보신 적이 있지요? 잘생긴 백인 남자에 머리는 금발이고, 너무 고상하고 멋있지 않아요? 그러나 그것은 화가의 상상이고 성경은 그렇게 말하지 않습니다. 메시아의 외모에 대해 설명한 곳은 본문이 유일합니다. "외모가 초라하다." 메시아의 모습이 도무지 메시아답지 않았다는 말입니다. 그래서 사람들은 그를 세상의 구원자로 보지 않았고 멸시했습니다.

그렇다면 메시아는 어떤 고난을 당할까요? 3-5절에 보면 채찍에 맞았습니다. 육체적인 고통을 당했고, 멸시와 수치라는 정신적인 고난도 당했습니다. "징벌을 받아 하나님께 맞으며"(4절). 하나님께 버림받는 영적 고통도 겪으셨습니다. 엄청난 고난을 받았습니다.

그 고난은 누구 때문입니까? "우리의 허물과 죄악 때문이라"(5절). 그분의 잘못이 아니라 우리 때문입니다. 아니, 우리가 무슨 죄를 지었는데? "우리는 다 양 같아서 그릇 행하여 각기 제 길로 갔거늘"(6절). 철없는 양이 목자의 인도를 따라가지 않고 제멋대로 가면서 상처받고 죽어 나가듯이 하나님을 떠난 인간이 제멋대로 욕심을 따라 죄악의 길을 걸어 갔다는 것입니다. 그런데 하나님은 우리의 죄를 고난의 종에게 담당시키셨다는 것입니다. 다시 말하면 "그분의 고난은 다른 사람 때문이다. 대리적(대속적) 고난이다." 이런 말씀입니다.

메시아가 이렇게 되도록 한 것은 누구의 뜻입니까? 이 계획(고난의 종을 보내서 우리의 죄를 담당하게 만든 계획)을 계획한 분은 누구입니까? "여호와께서는 우리 모두의 죄악을 그에게 담당시키셨도다"(6절). 여호와 하나님입니다. 그리고 고난의 종은 실행자이며, 성령은 그것을 우리가 믿도록 하시는 분입니다. 이렇게 삼위일체 사역이 본문에 나타나 있습니다.

그렇다면 고난의 종은 이 엄청난 하나님의 뜻을 어떤 자세로 감당했습니까? 7-8절에 보면 입을 열지 않고 잠잠하셨습니다. 아무 불평도 원망도 없이 모든 고난을 다 받으셨습니다. 왜냐하면 그것이 하나님 아버지의 뜻이기 때문입니다. 묵묵히 그 고난을 당하신 것입니다.

그 고난의 결과 우리는 평화를 누리고 나음을 받았습니다(5절). 하나님과 우리가 평화를 누리고, 하나님을 아버지라 부를 수 있게 된 것은 놀라운 은혜인데, 그것이 고난의 종 때문이라는 것입니다. 또한 죽음과 심판의 두려움으로부터 자유로워졌어요. 고난의 종 때문입니다. "그가 씨를 보게 되며"(10절)에서 '씨'는 후손(열매)을 말합니다. 고난의 결과 하나님께 돌아오는 사람들이 많아질 것입니다. 그래서 하나님의 뜻을 성취할 것입니다. "고난의 결과가 너무도 좋아서 고난의 종이 만족할 것이다"(11절). 메시아의 고난은 많은 사람을 의롭게 만들고 하나님의 자녀가 되게 할 것입니다.

그러니까 메시아의 고난은 하나님 아버지의 뜻이고, 고난의 종은 그것을 기쁘게 감당하여 묵묵히 받들었고, 그 결과 많은 죄인이 의롭게 되고 하나님과 평화를 누리게 되었다는 것입니다.

고난의 종

그렇다면 이 고난의 종은 누구일까요? 신약성경 사도행전 8장에서 정확하게 설명합니다. 빌립이 전도하고 있는데, 성령께서 가라는 곳으로 갔더니 에티오피아의 국고를 맡은 내시가 예루살렘에 왔다가 자기 나라로 돌아가는데 수레에 앉아서 성경을 읽고 있었습니다. 빌립이 다가가서 물었습니다. "성경을 읽으시는군요. 이해가 됩니까?" 그러자 내시는 "설명해 주는 사람이 없는데 어찌 이해할 수 있겠소? 이리로 올라오시오"라고 말했습니다.

빌립이 수레에 타서 내시가 읽는 성경을 보니까 이사야서 53장이었습니다. 그런데 내시가 물었습니다. "여기서 고난받는 종이 도대체 누구입니까? 선지자 자신(이사야)을 가리키는 것입니까, 아니면 다른 사람을 가리키는 것입니까?" 그러자 빌립이 대답합니다. "그 고난의 종이 바로 예수님입니다. 당신도 예루살렘에서 들으셨지요? 얼마 전에 십자가에 죽고 부활하셨다는 그 예수님이 바로 여기 나온 고난의 종입니다." 그 말을 듣고 내시는 깊이 감동되어 요청합니다. "내가 세례를 받고 싶습니다. 선지자 이사야가 예언했던 그 고난의 종이 바로 예수님이라니, 예수님의 십자가가 바로 나의 죄를 위한 하나님 아들의 고난이라니, 이 얼마나 놀라운 일입니까? 예수의 이름으로 세례를 받고, 그분을 나의 주님으로 섬기고 하나님의 자녀가 되겠습니다." 그래서 빌립은 그에게 세례를 주었습니다. 내시는 세례를 받고 기뻐하며 자기 나라로 돌아갔습니다.

얼마나 신비한 일입니까? 이사야서 53장을 읽으면서 그 뜻을 몰라 힘들어했는데, 광야에서 한 사람을 만나서 그 고난의 종이 바로 예수님이라는 사실을 알고 감격하여 "내가 예수를 구주로 영접하겠노라" 하고 세례 받고 예수 믿고 마음에 기쁨이 충만해서 자기 나라로 돌아갔다는 것입니다.

오늘도 사람들은 질문합니다. 내시가 질문한 내용과 똑같습니다. "선지자가 이 말한 것이 누구를 가리킴이냐"(행 8:34). 다른 말로 바꾸면 "모든 사람의 죄를 대신해서 죽는 이분은 누구인가?" 개인적인 말로 바꾸면 "나를 죄에서 건져 주기 위해 대신 고난을 받으실 분이 누구냐?" 이런 뜻입니다. 이것이 인생에서 가장 절실한 질문이고 모든 사람이 알아야 할 내용입니다. "나를 죄에서 건져 주실 그분이 누구냐?" 누굽니까? 구약의 용어로 말하면 고난의 종이고, 신약의 용어로 말하면 예수 그리스도입니다.

가장 위대한 사랑 이야기

이사야는 본문에서 고난의 종으로 하나님이 자기 아들을 보내셨다는 것을 선포합니다. 그러므로 이사야서 53장은 별명이 '구약의 복음'이며 이사야서의 주제입니다. 53장의 내용을 설명한 것이 신약성경이고, 53장의 내용을 한 줄로 요약하면 요한복음 3장 16절입니다.

> 하나님이 세상을 이처럼 사랑하사 독생자를 주셨으니 이는 그를 믿는 자마다 멸망하지 않고 영생을 얻게 하심이라 (요 3:16)

왜 하나님이 고난의 종을 보내셨나요? 세상을 사랑하셨기 때문입니다. "세상"이라고 말하니 감이 좀 멀죠? "세상" 대신에 자기 이름을 넣어 보세요. "나 아무개를 사랑하셔서 하나님이 독생자를 고난의 종으로 보내셨다." 이 사실을 믿는 것이 예수 믿는다는 의미이고, 이 고백이 있을 때 우리는 예수 그리스도의 십자가를 나를 위한 십자가로 받아들이고 주님과 연합하게 되고, 죄의 용서함을 받고 하나님의 자녀가 되는 놀라운 축복을 받게 되는 것입니다.

여러분은 지금 세상에서 가장 위대한 사랑의 이야기, 어떤 동화보다도 더 아름답고 감동적이며 나와 직결되는 이야기, 이 세상을 살아가는 사람들이 한 번은 반드시 들어야 하고, 영원히 잊지 말아야 하는 이야기를 들었습니다. "하나님의 아들이 고난의 종으로 나를 위해 이 땅에 오셔서 나를 위해 죽으셨다." 이 이야기를 나의 것으로 받아들이느냐, 받아들이지 않느냐에 따라서 내 영원한 생명이 갈라집니다.

이 소식을 들은 것 자체가 엄청난 복입니다. 그러므로 이 소식에 응답해야 합니다. 그럴 때 십자가를 바라보는 눈이 새로워지고 새로운 세계가 열리는 것입니다. 여러분, 성탄이 왜 기쁜가요? 예수님이 오셨기 때문입니다. 예수님이 오신 게 왜 기뻐요? 고난의 종으로 오셔서 나의 죄를 위해 죽으시고 그를 믿는 자에게 영생을 주시기 때문에 성탄절은 기쁜 절기가 되는 것입니다.

초기 기독교 시절 히브리어를 라틴어로 번역한 제롬(Jerome)이라는 교부가 있었습니다. 그가 어느 날 예루살렘에서 성경을 번역하고 있는데 주님이 나타나셨습니다. 너무 반가워서 그는 이렇게 말했습니다. "주님, 어서 오십시오. 누추한 저의 집에 오셔서 감사합니다. 주님, 제가 사랑하는 주님께 무엇을 드릴까요? 맛있는 음식을 드시겠습니까? 좋은 옷을 드릴까요?" "그런 것은 헐벗고 굶주린 사람에게나 주어라." "그렇다면 돈을 좀 드릴까요? 제가 가지고 있는 돈, 이것이 전부입니다. 받아 주십시오." "나에게는 돈이 필요 없단다, 제롬." "주님, 그럼 제가 무엇을 드릴 수 있겠습니까?" 주님은 제롬을 쳐다보면서 이렇게 말씀하셨습니다. "네가 정말 나를 기쁘게 할 선물을 주고 싶으냐?" "그렇습니다." "그렇다면 네 죄악의 보따리를 다오. 네 마음 깊은 곳에 숨겨진 교만과 탐욕과 자기 의와 깨어지지 않은 네 자아를 내게 다오. 그것보다 나를 더 기쁘게 할 선물은 없다."

제롬은 여기서 완전히 깨어집니다. 성경을 번역하는 거룩한 교부였지만 그 속에는 교만과 이기심과 아집과 깨어지지 않은 자아가 있었던 것입니다. 그런데 예수님이 원하시는 게 바로 "너의 죄"라고 하시자 그는 예수님 앞에 자기 죄를 고백합니다. 그리고 새로워집니다.

예수님은 누구신가요? 고난의 종입니다. 우리 죄를 위하여 죽으러 인간이 되어 이 땅에 오신 분입니다. 그 앞에서 우리가 할 일은 무엇일까요? "나는 죄인입니다." 내 죄를 고백하며 그분을 영접할 때 우리의 누추한 마음의 마구간은 주님이 계시는 곳으로 변할 것입니다. 그리고 우리는 하나님의 자녀로 다시 태어나게 됩니다.

"예수님이 왜 고난의 종으로 오셨는지, 이 사건 속에 들어 있는 나를 향한 하나님의 사랑을 알게 하소서. 내시가 고난의 종이 예수님이신 것을 알고 영접하며 기뻐한 것처럼 우리도 주님을 영접하고 기뻐하게 하소서."

사랑하는 아들을 고난의 종으로 보내신 하나님!

"어떻게 죄인이 의롭게 되어 하나님 앞에 설 수 있는가?" 이 문제를 해결하기 위해 아들을 고난의 종으로 보내신 하나님을 찬양합니다. 바라기는 우리의 눈이 열리고 어두워진 마음이 밝아져서 고난의 종이 예수님이시고, 예수님의 십자가 고난이 나를 위한 것임을 고백하고 감격하게 하소서. 예수님의 오심이 바로 나를 위한 놀라운 사랑의 사건임을 깨닫고 기뻐하며 감사하게 하소서.

함께 이야기하기

[1] 메시아 고난의 결과는 무엇인가요?

[2] 고난의 종은 누구이며, 또 누구를 위해 오셨나요?

[3] 예수님의 십자가는 나에게 어떠한 의미인지, 또 예수님을 영접했을 때 나에게는 어떤 변화가 있었는지 나눠 봅니다.

22

새로운 사람이
되려면

이사야 54:1-3

어느 해 신년 예배 때 설교 제목이 "새해 소원은 무엇입니까?"였는데 어떤 분이 질문을 했습니다. "목사님, '새해에는 이 세상의 어떤 소원이 아니라 하나님 자신을 소망하며 살아야 한다. 그럴 때 나를 향한 하나님의 뜻이 이루어진다'고 하셨잖아요? 내 미래는 하나님의 꿈이고, 특별히 내 자녀의 미래를 향한 하나님의 꿈이 있다는 것을 알고 얼마나 위로가 되었는지 모릅니다. 그런데 하나님만 소망하면 나를 향한 하나님의 꿈이 이루어지는 것을 알겠는데, 하나님만 소망할 수 있는 방법이 뭔지 꼭 좀 가르쳐 주세요." 이런 내용이었습니다.

"하나님만 소망하는 구체적인 방법은 무엇입니까?" 참 좋은 질문입니다. 어떻게 대답할지 고민하고 기도한 후에 이렇게 답장을 드렸습니다. "우리는 아침에 일어나면 커피를 한 잔 마시면서 '오늘은 무엇을 할까? 어떤 문제가 있는데 어떻게 해결할까?' 하고, 하루를 마치고 나면 '오늘 내가 어떻게 지냈나?' 이렇게 자기를 평가합니다. 이 정도면 훌륭한 사람이죠. 질서 있고 생각이 깊고 멋진 분이라고 할 수 있습니다. 그런데 여기서의 맹점은 내가 주인이라는 것입니다.

우리는 하나님의 백성이고 예수님을 믿는 사람입니다. 이것은 무슨 뜻인가 하면 나에게는 위대한 왕이 계시고 좋은 주인이 계신다는 뜻입니다. 나는 그분의 종이라는 것이지요. 종의 입장에서 생각해 봅시다. 아주 충성된 종이라면 그 종의 관심사는 자기의 뜻이 아닙니다. '내가 오늘 뭘 할까?' 대신 '오늘 주인은 어떤 계획을 가지고 계신가? 나는 오늘 어떻게 주인을 섬겨야 할까?' 이것이 중요합니다."

아침저녁으로 마음의 번제를 드리라

중요한 영적 원리를 설명해 보겠습니다. 구약성경에서 절대로 변할 수 없는 성전 규례가 있습니다. 그것은 아침마다 번제를 드리는 것입니다. 번제란 '내 전부를 하나님께 드린다'는 의미의 제사입니다. 1년 365일 매일 아침과 저녁에 성전에서 제사장이 번제를 드리게 되어 있습니다. 늘 드리는 제사라고 해서 '상번제'라고 합니다. '일상의 번제, 매일의 번제'라는 뜻입니다. 이것은 일반 백성이 참여하는 제사가 아닙니다. 성전 안에서 제사장들이 백성을 위해 드리는 제사입니다. 그렇다면 상번제와 일반 백성은 어떤 관계일까요?

백성은 언제나 성전에서 아침저녁으로 제사가 드려진다는 것을 기억하며 살라는 것입니다. 내가 어디서 무엇을 하고 살든지(내가 예루살렘에 살든지 헤브론에 살든지, 내가 목수든지 어부든지) 아침에 눈을 뜨면 '지금 이 시간에 하나님의 성전에서 나를 위한 번제가 드려지고 있다'고 생각하라는 것입니다. 저녁에도 마찬가지로 제사가 드려지는 시간에 '하나님, 지금 성전에서는 번제가 드려지고 있습니다. 저를 위한 번제입니다. 저를 하나님께 드립니다. 세상이 전부가 아니라 하나님이 나의 전부이십니다. 세상을 향한 나의 욕심을 내려놓습니다.' 이렇게 마음으로 동참하라는 것입니다. 그 시간에 마음의 번제를 드리라는 것입니다. 이것은 영원한 규례입니다.

네가 제단 위에 드릴 것은 이러하니라 매일 일 년 된 어린양 두 마리니 한 어린양은 아침에 드리고 한 어린양은 저녁 때에 드릴지며 한 어린양에 고운 밀가루 십분의 일 에바와 찧은 기름 사분의 일 힌을 더하고 또 전제로 포도주 사분의 일 힌을 더할지며 한 어린양은 저녁 때에 드리되 아침에 한 것처럼 소제와 전제를 그것과 함께 드려 향기로운 냄새가 되게 하여 여호와께 화제로 삼을지니 이는 너희가 대대로 여호와 앞 회막 문에서 늘 드릴 번제라 내가 거기서 너희와 만나고 네게 말하리라 (출 29:38-42)

그런데 성전 제사는 예수님의 십자가로 완성되었습니다. 그러므로 오늘 우리는 어떻게 이 규례를 이어 갈 수 있을까요? 십자가를 기억하는 것입니다. "예수님이 나를 위해 십자가에 죽으셨습니다. 저도 십자가에 죽었습니다. 저는 이 땅에 살지만 하나님의 자녀로 하늘나라에 속한 자로 살아갑니다. 오늘도 세상을 향한 나의 욕심은 죽게 하시고 나를 향한 하나님의 뜻이 이루어지게 하소서." 이런 기도, 마음의 번제를 아침과 저녁에 드리라는 것입니다.

저는 이 원리를 이해한 후부터 매일 아침저녁으로 마음의 번제를 드리는 시간을 꼭 갖습니다. "하늘에 계신 우리 아버지, 제 마음의 진정한 주인이시여! 저를 위해 독생자 예수님을 보내 주셔서 감사드립니다. 예수님은 저를 위해 십자가에 죽으셨습니다. 저도 예수님과 함께 십자가에 죽었습니다. 오늘도 잘 죽게 하소서." 저녁에는 잘 죽게 해 주셔서 감사드리고, 잘 죽지 못한 것을 용서하시고, 내일은 더 잘 죽게 해 달라고 기도하며 하루를 마무리 짓습니다.

매일 아침저녁으로 드리는 상번제, 이것은 하나님이 이스라엘 백성에게 가르쳐 주신 위대한 영적 시스템입니다. 이스라엘 백성이 이스라엘로 살아갈 수 있는 방법이 아침저녁으로 마음의 번제를 하나님 앞에 드리는 것입니다. 이것이 살아 있으면 하나님의 백성으로 살아갈 수 있습니다. 이 기능이 살아 있으면 이스라엘은 망하지 않습니다. 오늘 내가 하나님의 자녀답게 영적인 생명력을 유지하려면 뭘 해야 할까요? 세상의 야망에 끌려다니지 않고 하나님만 소망하며 사는 방법은 무엇일까요? 아침저녁으로 마음의 번제를 드리면 되는 것입니다.

하나님은 우리가 잘못된 길로 가는데 그것을 인정해 주면서 따라오시는 하나님이 아닙니다. 하나님의 뜻을 향하여 우리가 가야지요. 다시 말하면 우리가 하나님의 뜻을 받아들여야 합니다. 이것이 어떻게 가능할까요? 육체의 본성을 어떻게 내려놓을 수 있을까요? "나는 십자가에 죽었다"고 고백하는 번제를 통해 가능해집니다. 순간순간 이렇게 마음의 번제를 드린다면 주님과 동행할 수 있습니다.

십자가가 위대한 이유는 과거에 우리를 죄에서 구원한 것으로 끝나지 않고, 오늘도 내가 죽일 수 없는 나 자신의 욕망과 세상을 향한 애착을 "나는 십자가에 죽었다"고 고백하는 순간, 그 십자가의 능력이 죽도록 만들어 주기 때문입니다. 그래서 십자가는 과거에도 나를 구원하는 십자가였고, 오늘도 세상에 끌려가지 않고 하나님의 백성으로 살아갈 수 있는 힘을 제공하는 십자가입니다. 그러므로 매일 아침저녁으로 자신을 하나님께 번제로 드리는 그 작업이 유지되면 우리 신앙은 꺼지지 않고, 흔들리는 세상 속에서도 하나님만 소망하며 믿음을 유지할 수 있습니다.

마치 무엇과 같을까요? 세계 최고의 자동차가 있다고 합시다. 아무리 빨리 잘 달리는 자동차라고 해도 공중에 떠 있으면 바퀴가 공회전할 뿐입니다. 그러나 그 바퀴가 땅에 닿는 순간, 어느 방향으로든 나가겠죠. 하나님의 뜻도 그렇습니다. 나를 향한 하나님의 소망이 있지만 내 뜻과 다를 때는 하나님의 뜻도 공회전합니다. 우리가 세상을 향한 욕심을 십자가에 내려놓고 주님의 뜻과 일치될 때, 우리를 향한 하나님의 뜻이 공회전을 그치고 강력한 힘으로 하나님의 소원을 성취하기 위하여 나갈 수 있습니다. 그러니까 '왜 나를 향한 하나님의 소망이 이루어지지 않는가?' 의심하지 말고, '어떻게 하면 하나님의 뜻에 나를 맞출까?' 생각한다면 훨씬 더 역동적인 삶이 이루어질 것입니다.

하나님이 반드시 회복시키신다

이사야서 54장은 바벨론 포로라는 고난 속에서 회개하고 돌아온 자들에게 하나님이 주시는 약속입니다. 그러니까 지금 바벨론에 포로로 끌려가 있지만 회복시킨다는 약속을 믿고 힘을 내라는 것입니다. 그 내용은 세 가지입니다. 첫째, "황폐했으나 번성하리라." 둘째, "수치를 당하지 않고 승리하리라." 셋째, "하나님과 신비한 연합의 기쁨을 누리게 되리라." 이 주제를 잘 기억해야 합니다. 왜냐하면 다차원적으로 이루어지기 때문입니다.

첫째, 하나님은 회개하고 돌아온 자들에게 "황폐했으나 번성하리라"고 말씀하십니다.

잉태하지 못하며 출산하지 못한 너는 노래할지어다 산고를 겪지 못한 너는 외쳐 노래할지어다 이는 홀로 된 여인의 자식이 남편 있는 자의 자식보다 많음이라 여호와께서 말씀하셨느니라 (사 54:1)

자식이 없는 여자가 있었는데 남편까지 잃고 홀로되었습니다. 그렇다면 이제 자식을 낳기는 아예 틀린 것입니다. 그런데 이런 여자에게 기뻐하며 찬송을 부르라는 것입니다. 왜냐하면 자식도 있고 남편도 있는 여인보다 네 자식이 더 많아질 것이기 때문이라고 합니다. 여러분, 이게 말이 됩니까?

여기서 '잉태하지 못한 여자'는 바벨론에 포로로 끌려간 이스라엘을 의미합니다. 왜냐하면 자녀란 부모의 미래이기 때문입니다. 포로로 끌려간 이스라엘 백성에게 미래는 없습니다. 그런데 어찌 된 일인지 바벨론 포로에서 돌아올 것이고, 그다음에는 끌려가기 전보다 더 많은 열매가 있을 것이라고 하십니다. 왜 그럴까요? 인간적으로 볼 때는 다 망한 것 같고 희망이 전혀 보이지 않지만 하나님 안에서는 아닙니다. 왜냐하면 포로로 끌려가서 그곳에서 철저하게 회개했기 때문입니다. 그리고 하나님의 백성으로 거듭났습니다. 그들은 하나님 앞에서 새로워진 것입니다. 그러니까 하나님이 그들을 위해 "새 역사를 창조하겠다. 더 나은 미래를 주겠다. 번성하게 해 주겠다"고 말씀하시는 것입니다.

둘째, "수치를 당하지 아니하리라"(4절)고 하십니다.

나라를 빼앗기고 노예가 되는 것은 정말 수치스러운 일입니다. "그러나 포로에서 돌아온 후에는 그런 일이 없을 것이다." 참고로 "너와 분쟁을 일으키는 자는 너로 말미암아 패망하리라"(15절)는 네가 승리할 것이라는 말씀입니다. 수치 대신 승리를 주실 것입니다.

셋째, "하나님과 신비한 연합의 기쁨을 누리게 되리라"(5절)고 하십니다.

하나님과 새로운 관계를 맺게 됩니다. 부부처럼 되겠다는 말입니다. 사람 사이에 가장 신비한 연합이 부부 관계입니다. 다른 사람은 알지도 못하고 끼어들 수도 없는 온전한 하나 됨의 기쁨을 누리는 관계가 부부 관계입니다. 하나님이 "네 남편이시라"는 말은 "남이 알지 못하는 하나님과 너와의 깊고 신비한 연합이 있게 될 것이다"라는 뜻입니다.

다시 말하면 "너희가 회개하고 돌아오기만 한다면 황폐함은 그치고 번성할 것이며, 수치는 물러가고 승리하게 될 것이며, 하나님과 신비한 연합이 이루어지리라." 이런 놀라운 축복을 약속하신 것입니다.

예수 믿는 사람들에게

그런데 바벨론 포로 후에 정말 이 예언이 이루어졌을까요? 네, 어느 정도는 이루어졌습니다. 그러나 100% 이루어지지는 않았습니다. 그렇다면 이 예언은 틀린 것입니까? 아닙니다. 이 예언은 더 높은 것을 향하여 가고 있습니다. 그래서 본문은 두 번째 의미를 가집니다. 다시 말하면 본문은 고난의 종 예수님을 나의 구주로 영접한 사람들, 예수 믿는 사람들에게 주시는 말씀입니다.

첫째, "황폐했으나 번성하리라." 고난의 종 예수님이 우리를 위해 십자가에 죽으셨다는 복음을 듣고 돌아올 사람들이 많겠다는 것입니다. 복음은 이스라엘 민족의 경계를 넘어서 온 인류를 향하여 확장될 것입니다. 하나님 아들의 죽음을 통해 이루어지는 복음이 만민에게 펼쳐지고, 그 결과 수많은 사람이 주께로 돌아온다는 뜻입니다.

둘째, "다시 수치를 당하지 아니하리라." 영적으로 가장 큰 수치는 죄를 짓는 것입니다. 정말 죄짓고 싶지 않은데 죄의 노예가 되어 끌려가는 것은 참 수치스럽습니다. 그러나 여러분, 그 죄에 대한 용서를 확인받을 때 우리 마음의 수치가 씻기고 하나님 앞으로 나갈 담대함을 얻게 됩니다. 그래서 내가 죄인이지만 보혈로 씻음 받았음을 믿고 은혜의 보좌 앞으로 담대하게, 하나님을 아버지라 부르며 달려갈 수 있는 것입니다.

그리고 우리가 아무리 예수를 믿어도 연약한 자이기 때문에 우리의 적들은 우리를 공격하고 사탄은 우리를 참소합니다. 예를 들면 "황명환 목사는 죄가 많습니다." 사탄이 이렇게 참소할 수 있겠죠? 얼마나 부끄러운 것입니까? 그러나 예수님이 "네 말이 맞다. 그렇지만 십자가 보혈로 그를 온전히 씻었느니라." 이렇게 말씀해 주시면 더 이상 어떤 마귀도 공격할 수 없습니다. 이것이 승리입니다. 십자가를 붙들 때 수치를 벗어나 승리할 수 있습니다.

셋째, "하나님과 신비한 연합의 기쁨을 누리게 되리라." 예수님을 믿고 그 은혜 안으로 들어온 자들은 하나님과 신비한 연합의 기쁨을 누릴 수 있습니다. 예수 믿고 구원받으면 하나님과 연합합니다. 하나님은 나를 다스리는 왕이시며, 나의 아버지시며, 깊은 사랑을 나누는 남편이십니다. 그 신비한 기쁨은 놀라운 것입니다. 이것이 이사야서 54장을 해석하는 두 번째 방법입니다.

그런데 예수를 믿는다고 해도 진정한 그리스도인이 아닐 수도 있습니다. 진정한 그리스도인은 날마다 번제를 드리는 사람입니다. 그래서 본문의 세 번째 의미는 매일 아침저녁으로 "나는 십자가 앞에서 죽었다"고 고백하며 주님과 연합하려는 하나님의 자녀들에게 주시는 약속입니다.

첫째, "황폐했으나 번성하리라." 내가 십자가에 죽으면 다 잃어버릴 것 같지요? 손해 볼 것 같지요? 아닙니다. 더 많은 것을 얻게 됩니다. 미국 건국의 아버지인 벤자민 프랭클린(Benjamin Franklin)의 어릴 때 이야기입니다. 과자 가게에 갔는데 아저씨가 과자를 한 줌 더 가져가라고 했습니다. 그러자 그는 이렇게 말했습니다. "아저씨가 한 줌 집어 주세요." 왜 그랬을까요? 내 손보다 아저씨 손이 크니까, 아저씨가 한 줌 주는 것이 훨씬 많을 것이라고 생각했던 것입니다. 똑똑하지요? 그런데 아저씨는 과자를 가져가라고 했는데 아이가 막 가져가지 않고 "아저씨가 주세요"라고 하니까 더 사랑스러워서 한 줌 가득 주셨고, 그래서 생각보다 훨씬 더 많이 받았다고 합니다.

자녀에 대한 내 생각, 배우자에 대한 내 생각, 어떤 문제에 대한 내 생각이 절대적일 것 같죠? 그것을 내려놓으면 못 살 것 같죠? '꼭 이렇게 되지 않으면 안 된다'고 생각합니까? 아닙니다. 그 생각을 내려놓으세요. 그럴 때 하나님이 개입하셔서 다 풀어 가십니다. 손해 보지 않습니다. 나를 내려놓으면 황폐해지는 게 아니라 번성합니다. 하나님의 소망이 현실화되는 것입니다.

둘째, "수치를 당하지 않고 승리하리라." '내가 십자가에 죽으면 지는 것 아닌가? 내가 너무 초라해지지 않을까?' 이렇게 생각하는데, 아닙니다. 배우자를 어떻게 할 수 없어요. 그래서 이렇게 고백했습니다. "하나님, 배우자에 대한 제 생각을 십자가에 못 박습니다. 하나님이 개입해 주세요." 이러면 내가 지는 것 같고, 수치스럽다고 생각합니까? 아닙니다. 오히려 승리합니다. 여러분, 진정한 승리는 내가 상대방을 내리누르는 것이 아닙니다. 내가 십자가 앞에서 죽을 때 부활이라는 진정한 승리를 하나님이 주시는 것입니다.

셋째, "하나님과 신비한 연합의 기쁨을 누리게 되리라." 십자가 앞에서 내가 죽으면 버림받을 것 같습니까? 아닙니다. 하나님과 하나가 되는 신비한 연합, 그 기쁨을 누리게 됩니다. 하나님의 마음을 아는 자가 되고, 하나님의 위로와 기쁨이 나를 감싸게 됩니다. "내가 네 안에, 네가 내 안에." 이런 신비한 기쁨을 누릴 수 있습니다. 내가 십자가 앞에서 죽을 때, 나는 죽었다고 고백하며 십자가를 붙들 때, 그때 내가 주님과 하나가 되는 것입니다.

더 중요한 게 있습니다. 이 세 가지 놀라운 약속은 결코 파기되거나 변하지 않습니다. 반드시 이루어집니다.

> 이는 내게 노아의 홍수와 같도다 내가 다시는 노아의 홍수로 땅 위에 범람하지 못하게 하리라 맹세한 것같이 내가 네게 노하지 아니하며 너를 책망하지 아니하기로 맹세하였노니 (사 54:9)

"노아의 홍수"라는 말이 왜 나왔을까요? 노아 홍수가 끝나고 하나님이 약속하셨죠? "다시는 물로 이 세상을 심판하지 않을 것이다." 그리고 보여 주신 것이 무지개 언약 아닙니까? 예수님과 우리의 관계는 피로 맺어진 언약입니다. 그러므로 절대로 취소되지 않습니다.

여러분, 주님과 우리가 맺은 언약이 깨질 수 있나요? 찬송가에도 있습니다. "내 주와 맺은 언약은 영 불변하시니"(새찬송가 370장). 왜 불변이죠? 예수의 십자가 피로 맺어졌기 때문에 깨질 수 없어요. 그래서 우리가 믿음으로 걸어가는 것입니다. 근심하지 않고 담대하게! 하나님이 이 약속을 끝까지 지키실 것을 믿기 때문이죠.

그 결과 우리가 살아가는 곳은 어떻게 변할까요? 보석과 같이 아름다워집니다(12절). 지금 내 삶의 현장은 어렵고 힘들어요. 그러나 매일매일 십자가를 생활화하면서 하나님의 약속을 붙들고 가면 하나님 보시기에 아름다운 곳으로 얼마든지 변할 수 있습니다.

그러므로 어떻게 하면 세상의 야망을 쫓아가지 않고 하나님만 소망하는 삶을 살 수 있을까요? 결론은 간단합니다. 아침저녁으로 두 가지만 하면 됩니다. 아침에 죽고 저녁에 죽는 것입니다. 아침에는 "오늘 하루도 주님 바라보며 잘 죽게 하소서"라고 기도하고, 저녁에는 "잘 죽게 해 주셔서 감사합니다. 못 죽은 것 있으면 용서하시고 내일은 더 잘 죽기 원합니다. 제 욕심 내려놓고 주님께 맡깁니다"라고 간구합니다. 이렇게 매일매일 살아가면 됩니다. 이것이 위대한 능력이고 흔들리는 세상 속에서 넘어지지 않는 마지막 원칙입니다.

세상은 말합니다. "네가 주인이니 네 생각대로 해라. 그러면 네 뜻이 이루어지리라." 그러나 성경은 말합니다. "하나님이 주인이시니 너는 하나님 뜻대로 해라. 그러면 하나님께서 너를 향한 그 모든 소원을 이루어 가실 것이다." 어느 쪽을 택하시겠습니까?

"어떻게 새사람이 될 수 있습니까? 날마다 십자가 앞에서 죽는 사람이 되게 하소서. 나는 죽고 나를 향한 하나님의 뜻이 이루어지게 하소서."

새사람 되게 하시는 하나님!

"어떻게 하면 나의 꿈을 따라가지 않고 하나님만 소망할 수 있는가?"라는 질문에 대해 "아침저녁으로 마음의 번제를 드리라"가 하나님이 가르쳐 주신 영적인 진리임을 깨닫게 하시고, 내가 십자가에 죽었다는 것을 고백하며 살게 하소서. 새사람이 되어 십자가를 생활화하고, 그럴때 주겠다고 약속하신 풍성한 은혜를 경험하게 하소서.

함께 이야기하기

[1] 황폐한 이스라엘에게 하나님께서 주신 세 가지 약속은 무엇인가요?

[2] 하나님 말씀은 우리 삶에서 각각 어떤 결과를 가져오나요?

[3] 새로운 사람이 되기 위해서 우리에게 필요한 것은 무엇인가요? 그렇게 살아갔을 때 내 삶이 보석과 같이 아름답게 변화된 경험이 있다면 나눠 봅니다.

23

하나님의
초대장

이사야 55:1-3

해마다 미국 라스베이거스에서 열리는 세계 최대 정보기술(IT)·가전 전시회인 CES(Consumer Electronics Show)에서는 세계 최고의 기술을 가진 회사들이 인공지능과 거기에 기초한 친환경적인 제품들을 전시합니다. 앞으로 인류의 삶을 혁신적으로 변화시킬 기술의 축제가 열리면, 많은 사람이 그런 기술이 가져올 더 행복한 인류의 미래를 꿈꾸며 관심을 기울입니다.

그런데 여러분, 진정한 인류의 행복은 어디에 있는 것일까요? 기술이 개발되고 좋은 제품이 나온다면 삶은 더 편리해질 것이 분명합니다. 지금 보통 사람이 누리는 삶의 편리함은 옛날에 종을 30명 정도 두고 살던 사람의 편리함과 같다고 합니다. 그만큼 이미 이 세상은 편리해진 것입니다. 그런데 이 편리하고 풍요한 세상 속에서 여러분은 진정으로 행복하신가요? 기술이 발달할수록 행복이 그만큼 증가하는 것은 아닙니다. 새로운 위험도 증가합니다. 그렇다면 정말 행복한 길은 어디에 있을까요?

이사야서 55장은 진정한 행복을 위한 하나님의 초대장입니다. 포로된 이스라엘 백성을 위한 초대장이요, 더 나가서는 예수님을 통해 구원을 받아야 할 온 인류를 향한 초대장이요, 마지막으로는 하나님을 믿는다고 하면서도 진정한 만족을 누리지 못하는 사람들을 향한 하나님의 초대장입니다.

하나님과의 관계를 회복하라

첫째, 포로로 끌려가 있는 당시 이스라엘 백성에게 주시는 초대장입니다.

그들은 육체적으로 목이 마르고 배가 고픕니다. 배부르게 할 양식이 필요하고, 갈증을 풀어 줄 생수가 필요합니다. 그들은 그 문제를 해결하기 위해 대가를 지불하며 애쓰고 있습니다. 바벨론에서 열심히 돈을 벌고, 주인에게 인정을 받고, 그렇게 되면 문제가 다 해결되고 행복할 것이라고 생각하고 있습니다. 그러나 하나님이 보실 때 그들은 진정한 해결 방법을 모르고 있습니다. 그래서 더 좋은 해결 방법을 가르쳐 주십니다.

> 너희는 귀를 기울이고 내게로 나아와 들으라 그리하면 너희의 영혼이 살리라 내가 너희를 위하여 영원한 언약을 맺으리니 곧 다윗에게 허락한 확실한 은혜이니라 (사 55:3)

"하나님께 나와서 들으라. 그렇게 하면 너희 영혼이 살리라. 하나님과의 관계를 다시 회복하라. 그러면 하나님이 포로에서 돌아오게 하고 나라를 회복시켜 줄 것이다." 하나님과의 관계를 회복하는 것이 우선이라는 말입니다.

그들이 포로로 끌려간 이유가 뭔가요? 세상의 복을 상징하는 우상을 숭배하고 그들의 마음에서 하나님을 버린 것이 원인입니다. 그러니까 해결책은 거기서 돌아오는 것입니다. "여호와를 만날 만한 때에 찾으라 가까이 계실 때에 그를 부르라"(6절). 지금이 어느 때입니까? '여호와를 만날 만한 때, 여호와가 가까이 계실 때'입니다. 지금 이 고난과 포로의 시간, 역경의 순간은 하나님을 만날 수 있는 아주 좋은 기회입니다. 왜냐하면 하나님은 고난을 통하여 우리를 부르시기 때문입니다. 그러므로 포로로 끌려가 있는 힘든 상황에서 이 기회를 놓치지 말고 여호와를 찾으라는 것입니다.

"너의 인간적인 해결책을 버리고 하나님께로 돌아오면 긍휼히 여기고 용서하겠다. 회개하고 돌아와서 진정으로 내 백성이 되면 네가 알지 못하는 길, 너희가 생각하는 미래보다 더 아름다운 미래를 내가 열어 주마"(8-9절). 이것이 진정한 문제의 해결이라고 말씀하십니다.

예수님을 통한 구원의 은혜

둘째, 예수 믿고 구원받아야 할 모든 세상 사람을 향한 초대장입니다.

이사야는 바벨론 포로에서 돌아오는 것을 예표로 해서, 하나님이 죄의 포로가 된 모든 인류를 예수님을 통해 구원하신다는 내용을 예언하고 있습니다. 여러분, 하나님이 보실 때 모든 인간은 어떤 존재일까요?

오호라 너희 모든 목마른 자들아 물로 나아오라 돈 없는 자도 오라 너희는 와서 사먹되 돈 없이, 값 없이 와서 포도주와 젖을 사라 (사 55:1)

아무리 물이 많아도 인간은 근본적으로 목마른 존재입니다. 왜냐하면 영적인 존재이기 때문입니다. "나는 누구지?", "어디서 왔지?", "내 인생의 존재 가치와 의미는 무엇일까?", "나는 무엇을 해야 하는가?", "나는 어디로 가는 것일까?" 이런 수많은 질문, 그 질문에 대한 해답을 찾기 위한 몸부림이 학문 아닙니까? 존재의 목마름에 대한 답을 추구하느라 수고하고 애쓰는 것이 인간의 현주소입니다.

그러나 하나님이 보실 때 그 대답은 세상에 있는 것이 아닙니다. 왜냐하면 우리는 하나님의 형상으로 창조된 존재이기 때문입니다. 적당한 돈이 있고, 건강하며, 사람들의 인정을 받으면 그것으로 만족할 수 있을까요? 아닙니다. 더 나은 해결책은 무엇일까요? 하나님께로 나와서 그 말씀을 듣고 영혼이 살아나는 것입니다(3절). 그래서 내가 하나님의 자녀라는 것, 하나님은 나를 창조하셨고, 나의 아버지시며, 결코 나를 버리지 않으신다는 놀라운 약속, 그 약속을 믿을 때 인간은 비로소 "나는 누구지?"에 대한 해답을 찾고 인생의 목마름에서 벗어날 수 있습니다. "나는 누구인가? 어떻게 하면 이 죄에서 벗어날 수 있는가?" 그 길이 어디 있어요? 본문은 말씀합니다, 예수님을 통해서만 가능하다고.

> 보라 내가 그를 만민에게 증인으로 세웠고 만민의 인도자와 명령자로 삼았나니 보라 네가 알지 못하는 나라를 네가 부를 것이며 너를 알지 못하는 나라가 네게로 달려올 것은 여호와 네 하나님 곧 이스라엘의 거룩하신 이로 말미암음이니라 이는 그가 너를 영화롭게 하였느니라 (사 55:4-5)

3절 끝에 보면 다윗 왕이 등장합니다. 그런데 4절은 다윗을 얘기하는 것이 아닙니다. 다윗은 '만민의 증인'도 아니고, '만민의 인도자'와 '명령자'도 아닙니다. 이것은 다윗의 후손이신 예수님을 가리킵니다. "네가 알지 못하는 나라", 다윗이 모르던 나라들이 '네게로 달려온다'는 말은 이방인들이 달려온다는 말입니다. 지금까지는 이스라엘 백성만 하나님의 백성이었어요. 그러나 앞으로는 다윗의 후손이신 예수님을 통하여 모든 이방 나라들이 하나님께로 나오겠다는 뜻입니다. 다시 말하면 예수님을 통한 만민 구원의 사건을 설명하는 것입니다.

만민이 고난의 종이신 예수님을 통하여 하나님께 나올 때 주시는 것이 무엇일까요? 영혼이 살아납니다(3절). 그리고 "다윗에게 허락한 확실한 은혜"를 누릴 수 있습니다. "다윗에게 허락한 확실한 은혜"가 무엇입니까? 사무엘하 7장에서 다윗이 하나님의 성전을 짓고 싶다고 하니까, 하나님이 기뻐하시면서 이렇게 약속하셨습니다. "그러나 너는 분명히 알라. 네가 나를 위하여 집을 짓는다고 생각하지 말라. 내가 먼저 너의 집을 세우고, 너의 왕위를 견고하게 한 것이다. 나는 너의 아버지가 되고 너는 내 아들이 되리라. 네가 잘못하면 징계는 하겠지만 결코 너를 버리지 않으리라. 너를 영원히 내 아들로 삼으리라."

그러니까 "다윗에게 허락한 확실한 은혜"는 "너를 영원히 버리지 않겠다"는 약속입니다. "예수님을 통하여 하나님께 나오는 자, 그가 누구라도 하나님은 절대로 그를 버리지 않으신다. 아들과 딸로 삼아 주신다"는 약속입니다. 이 놀라운 은혜를 예수님을 통해 받을 수 있다는 말입니다.

그 은혜는 값이 없습니다(1절). 그런데 사라고 하십니다. 값이 없는데 어떻게 삽니까? '산다'는 것은 내가 뭔가를 지불한다는 뜻입니다. '값이 없다'는 말은 너무 비싸서 내가 지불할 수 없다는 뜻입니다. 아들을 주신 하나님의 사랑과 예수님의 희생을 통한 엄청난 대가가 이미 지불되었기 때문에 내 힘으로는 살 수 없습니다. 그러나 내가 내놓을 것이 있습니다. 그것은 나의 가능성을 포기하고 예수님의 십자가 외에는 내가 하나님의 자녀 될 자격이 없다는 것을 고백하는 것입니다. 그래서 값없이 사야 한다는 것입니다. 자기 의, 자기 가능성을 십자가 앞에 내려놓고 그 귀한 은혜를 받아들이라는 뜻입니다.

그래서 여러분, 구원의 길은 우리의 생각과 다른 것입니다. 하나님은 "이는 내 생각이 너희의 생각과 다르며 내 길은 너희의 길과 다름이니라 여호와의 말씀이니라"(8절) 하고 말씀하십니다. 구원을 어떻게 받을 수 있을지 사람들은 생각합니다. 뭔가 선한 일을 많이 하고 공덕을 쌓고 칭찬을 받고 헌신하면 그 대가로 받을 것이라고 생각합니다. 그러나 하나님의 방법은 다릅니다. 예수님 앞에서 내가 죄인임을 고백하며 십자가를 붙드는 것, 그 믿음을 요구합니다. 그럴 때 하나님의 자녀가 되고 구원이 우리에게 주어집니다. 그러므로 본문은 예수님을 통한 구원의 길을 만민에게 제시합니다.

하나님으로 꽉찬 마음

셋째, 이미 예수 믿고 있는 우리에게 주시는 초대장입니다.

나는 이미 예수님을 믿으니 더 이상 관계없는 말씀일까요? 아닙니다. 하나님이 아닌 것으로 목말라하는 인생을 살지 말라는 뜻입니다.

오호라 너희 모든 목마른 자들아 물로 나아오라…너희가 어찌하여 양식이 아닌 것을 위하여 은을 달아 주며 배부르게 하지 못할 것을 위하여 수고하느냐 내게 듣고 들을지어다 그리하면 너희가 좋은 것을 먹을 것이며 너희 자신들이 기름진 것으로 즐거움을 얻으리라(사 55:1-2)

하나님의 백성도 하나님이 아닌 것을 위하여 은을 달아 주고 수고하며 자기만족을 추구하고 있다는 말입니다. 그러나 하나님이 우리에게 주고 싶어 하시는 것은 그것이 아닙니다. 하나님으로 배부른 인생, 하나님으로 충만한 인생이 되기를 원하시는 것입니다.

제가 가깝게 지냈던 분이 있었는데 대학의 철학 교수이고 인격도 훌륭하고 상당히 인기 있는 강사이며 책도 많이 쓰셨습니다. 은퇴한 지 한참 지난 어느 날 만나서 어떻게 지내시느냐고 했더니 지금도 강연 요청이 많아서 거의 1년이나 강의가 밀려 있다고 말했습니다.

"저는 그렇게 바쁘게 사시는 줄 몰랐습니다. 그 많은 일을 어떻게 감당하십니까?" 했더니 "그것만이 아닙니다. 나는 아직도 왜 이렇게 하고 싶은 게 많은지 몰라요" 하시는 겁니다. "뭘 그렇게 하고 싶으세요?" 물었더니 "새로운 언어도 배우고 싶고, 전공 분야에 대한 책도 더 읽고 싶고, 기타도 배우고 싶고, 노래도 잘 부르면 좋겠고…" 하며 여러 가지 하고 싶은 계획들을 말했습니다. "열정이 넘치시는군요. 참 멋지십니다. 제자들보다 더 젊으시군요." 이렇게 말하자 그분은 "내가 삶에 대한 열정이 많지요. 그 힘으로 살아왔습니다" 했습니다.

그 말을 듣고 뭔가 느껴지는 것이 있어서 물었습니다. "그런데 교수님, 혹시 이런 생각 해 보셨습니까? '이런 것을 못 해 보고 죽으면 내 인생은 너무 허전하고 후회가 될 것 같다. 인생이 너무 허전해. 그래서 이런 것은 꼭 해 봐야겠다. 그래야만 내 인생은 더 풍요해지고 만족할 수 있다'고 생각하시는 건가요? 아니면 내 마음은 이미 만족한데 남은 날들을 더 아름답게 채우고 싶은 것입니까? 그러니까 앞으로 하시고 싶은 일이 내 인생의 만족을 위해 필수입니까, 선택입니까?"

그러자 그분은 말했습니다. "목사님은 어느 쪽이세요?" "저는 교수님처럼 해 보고 싶은 것은 많지만 앞으로 어떤 일을 더 해야 내 인생이 더 만족스러울 것이라고는 생각하지 않습니다. 왜냐하면 이미 만족하기 때문입니다. 이런 의미에서 보면 저에게는 교수님 같은 열정은 부족합니다."

"두 가지가 무슨 차이가 있나요?" 그분의 질문에 이렇게 답해 주었습니다. "교수님이 신앙인이기 때문입니다. 신앙인에게 있어서 진정한 만족은 세상에서의 성공이나 내 꿈의 실현이나 내 자녀가 잘되는 것에 달려 있지 않습니다. 인생의 진정한 만족은 하나님께 있는 것입니다. 모든 사람에게는 '지금과 다르게 살고 싶다. 더 나은 인생을 살고 싶다'는 마음이 있습니다. 더 나은 인생이란 무엇일까요? 내가 생각한 인생보다 훨씬 더 좋은 인생, 그것은 바로 하나님으로 배부른 인생, 하나님으로 충만한 인생입니다.

저는 교수님이 꿈 많은 청년처럼 사시는 것이 존경스럽습니다. 앞으로 하고 싶은 것 다 하시고 멋지게 사시길 바랍니다. 그러나 하나님의 백성에게 열정은 점검의 대상입니다. 목마름 때문에 나오는 열정이라면 하나님으로 만족한 것이 아닙니다. 하나님으로 인한 만족에서 나오는 축제여야 합니다. 우리의 활동이 허전하고 텅 빈 인생을 채우려는 몸부림이 아니고, 이미 하나님으로 꽉 찬 행복한 마음에서 나오는 활동이 되고 만족감에서 나오는 축제가 되어야 합니다. 교수님은 인생이 뭔지 평생 연구하고 가르치셨는데 '내가 살아 보니 인생 별거 없더라. 하나님 한 분이면 충분한 것이다.' 이렇게 진심으로 고백할 수 있다면 그것이 인생에 대한 최고의 가르침이 아닐까요? 가장 멋진 인생이 아닐까요?" 이런 이야기를 나누었습니다. 이것이 그분과의 마지막 대화였습니다.

우리는 하나님을 믿으면서도 늘 세상의 어떤 것에 목말라하고 있습니다. 예수님을 영접했는데도 세상의 어떤 것에 늘 목말라 있습니다. 하나님으로만 채워질 수 있는 마음을 이 세상 것으로 채우려고 합니다. 그래서 하나님을 믿으면서도 늘 세상을 바라보고, 세상을 원하고, 세상 것에 만족하려고 합니다. 그래서 하나님은 말씀하시는 것입니다. "목마른 자들아, 물로 나아오라. 어찌하여 양식이 아닌 것, 배부르게 못할 것을 위해 수고하느냐?" 왜? 이런 사람들이 너무 많으니까요.

진정한 삶은 그런 것이 아닙니다. 내 영혼이 하나님으로 만족하는 삶입니다. 그러므로 "이 세상에서 만족을 찾으려는 그 생각을 버리고, 정말 하나님을 목적으로 하는 삶, 그런 삶으로 나오라. 그럴 때 세상이 줄 수 없고 알 수도 없는 만족과 충만함을 주리라"는 약속입니다.

하나님으로만 만족하는 사람

'악인의 길'은 무엇이고, '불의한 자의 생각'은 뭘까요?(7절) '하나님 아닌 것으로 만족할 수 있다'는 생각, '이 세상으로 만족할 수 있다. 돈만 있으면, 권력만 있으면, 가족만 있으면, 건강하기만 하면, 이웃이 많으면 행복할 수 있다.' 이런 사고방식을 말합니다. 하나님을 믿으면서도 이런 생각에 빠질 수 있습니다. 이런 생각을 버리고 하나님께 나오라는 것입니다. 하나님이 원하시는 진정한 신앙인은 '지금 내가 어떤 상황에 있더라도 하나님만 계시면 충분하다.' 이렇게 하나님으로만 마음을 채우고 만족하는 사람입니다.

그렇게 우리의 마음이 하나님으로 채워질 때 하나님이 모든 필요한 것을 채우시고 나를 향한 모든 뜻을 이루어 가십니다(10-11절). 무에서 유를 창조하신 하나님께서 하나님으로 만족하는 사람을 위하여 비를 내리고 땅을 적셔서 소출이 나게 하며, 싹이 나게 하며, 종자를 주며, 양식을 줌과 같이 우리를 향한 하나님의 계획을 다 이루어 주신다는 것입니다. 우리가 하나님으로만 만족하는 사람이 되면 하나님이 우리의 진정한 책임자가 되시고 우리를 통해서 역사하십니다.

하나님으로 만족하고, 하나님이 우리를 통하여 하나님의 뜻을 이루어 가시는 것이 우리가 하나님의 사람이 된 영원한 표징입니다(13절).

"너는 언제나 목마르고 배고픈 인생이었지? 지금도 그 목마름을 채우려고 몸부림치며 살아가고 있지? 네가 그것을 얻으려고 얼마나 수고하는지 내가 안다. 그런데 진정한 만족은 거기서 얻어지는 것이 아니다. 네가 지금까지 원하고 찾고 갈망하는 것보다 더 좋은 것, 그것은 바로 나만이 줄 수 있다. 내게로 오면, 내게로 와서 내 말을 들으면 네 영혼이 살게 된다. 그러므로 세상을 향한 네 기대를 내려놓고 내게로 오라. 그러면 아무 대가 없이 네가 원하는 것보다 더 멋진 인생을 만들어 주마."

이것이 하나님의 초대장입니다. 우리 모두는 이 초대장을 받았습니다. 이 사랑의 초대장, 위대한 초대장 앞에 진정으로 응답하는 여러분 되시기를 축원합니다.

> "모든 사람에게 주어진 하나님의 초대장의 내용을 알게 하시고, 이 은혜의 초대를 거부하지 않고 받아들여서 하나님으로 만족하는 사람이 되게 하소서."

하나님 아버지!

이 세상 모든 사람은 행복을 꿈꿉니다. 이것보다 더 나은 삶을 원합니다. 육체에 필요한 음식과 물과 적당한 환경만 있으면 얼마든지 살 수 있다고 생각하는 사람들도 많습니다. 그러나 하나님의 형상으로 만들어진 인간이기에 진정한 만족은 하나님께만 있음을 고백합니다. 참된 만족을 모르고 살아가는 사람들을 부르시는 하나님! 육체에 필요한 것이 없어서 고통받는 사람들에게 필요한 것들을 공급해 주소서. 더 나아가서 세상 모든 사람이 예수 그리스도를 통하여 하나님을 알게 되기를 원합니다. 간절히 바라기는 모든 하나님의 자녀들이 하나님으로만 만족하는 충만한 인생을 살도록 도와주소서. 우리의 활동이 허전하고 텅 빈 인생을 채우려는 몸부림이 아니고, 이미 하나님으로 꽉 찬 행복한 마음에서 나오는 활동이 되고 만족감에서 나오는 축제가 되게 하소서.

함께 이야기하기

[1] 문제의 진정한 해결 방법은 무엇인가요?

[2] 하나님의 자녀라는 진정한 표징은 무엇인가요?

[3] 예수님의 초대장에 응답했을 때 경험한 은혜가
    있다면 나눠 봅니다.

24

생명의
야드바셈

이사야 56:4-5

이스라엘 예루살렘에 가면 나치 독일에 의해 희생당한 유대인 600만 명을 기념하는 유명한 기념관이 있습니다. 그 기념관 이름이 '야드바셈'입니다. 이스라엘에 갔을 때 일부러 시간을 내어 방문했습니다. 그곳에는 수많은 유대인의 이름과 그들이 남긴 기념물이 전시되어 있습니다. 안경, 시계, 구두, 가방, 사진, 일기, 편지들은 물론이고 심지어 머리카락과 이빨, 해골 등 많은 유품이 산더미처럼 쌓여 있습니다. 쉽게 말하면 아주 예술적으로 만든 거대한 납골당이죠.

그것을 보면서 '저 물건 속에 담겨 있는 사연들은 얼마나 많을까?' 생각하니 너무도 마음이 아팠습니다. 그래서 건물 밖으로 나와서 벤치에 앉아서 생각했습니다. '야드바셈, 이름 참 잘 지었다.' '야드'는 히브리어로 '기념물'이고, '바'는 영어로 'and'(그리고)라는 뜻이고, '셈'은 이름입니다. 이사야서 56장 5절에 나오는 "기념물과 이름"이 히브리어로 '야드바셈'입니다. 수많은 사람의 이름과 그들이 남긴 기념물을 모아 놓은 기념관 이름이 '야드바셈'이니 얼마나 잘 지은 것입니까?

그런데 야드바셈이 어떤 배경에서 나왔는지 알아보려고 이사야서 56장을 읽어 보다가 깜짝 놀랐습니다. 야드바셈은 성경에서 따온 말인데, 성경과는 180도 다른 의미로 사용되었다는 걸 깨달았습니다. 야드바셈에 전시한 기념물과 이름은 죽은 사람이 남긴 기념물과 이름입니다. 사람이 죽으면 세상에서 불렸던 그 사람의 이름과 그 사람이 사용했던 몇 가지 유물, 기념물이 남습니다. 그런데 그것을 누가 소중히 여기겠습니까? 아무리 대단한 이름과 기념물이라고 해도 그것을 바라보면 슬프지요. 인생은 짧고, 결국은 다 금방 잊힐 것입니다.

그러나 하나님이 약속하신 "기념물과 이름"은 '죽음의 야드바셈'이 아니라 '생명의 야드바셈'입니다. 죽은 사람의 이름이 아니라 하나님이 불러 주시는 내 이름, 생명책에 기록된 내 이름이고, 죽은 사람이 남긴 물건이 아니라 그가 하나님 앞에 남긴 아름다운 것들(하나님을 향한 수고와 헌신, 충성과 눈물, 그것에 대한 하나님의 상급)을 의미합니다. 다시 말하면 그에게 주실 면류관을 의미합니다. 하나님이 불러 주시는 내 이름, 영원히 사라지지 않을 내 이름과 내가 받을 영원한 면류관이 나의 진정한 야드바셈이라는 말입니다.

죽음의 야드바셈과 생명의 야드바셈, 이 두 가지는 얼마나 다릅니까! 그래서 기도했습니다. "하나님, 제가 죽으면 육신의 이름 석 자와 초라한 몇 가지 유품을 남기는 인생이 아니라 '하나님의 아들 황명환'이라는 영원한 이름과 면류관을 받는 인생이 되게 하소서" 이렇게 기도하고 야드바셈을 나왔습니다.

하나님의 의는 값없이 받는다

이사야서 55장은 하나님의 초대장입니다. 56장은 그 초대를 받아들인다면 바벨론 포로에서 해방될 그날이 가까울수록 '어떻게 그날을 준비해야 하는가?' 여기에 대한 말씀입니다. 결혼하게 되었다면 결혼을 위해 준비해야 하듯이, '엄청난 구원 사건을 앞에 둔 너희는 어떻게 그날을 준비해야 하는가?'에 대해 하나님은 말씀하셨습니다.

여호와께서 이와 같이 말씀하시기를 너희는 정의를 지키며 의를 행하라 이는 나

의 구원이 가까이 왔고 나의 공의가 나타날 것임이라 하셨도다 (사 56:1)

어려운 말이 나옵니다. "구원이 가까이 왔다"고 하면서 왜 "의를 행하라"고 하실까요? 바벨론 포로 해방은 이스라엘에게는 구원이지만 바벨론 사람들에게는 하나님의 심판입니다. 같은 사건인데 그 속에 구원과 심판이 동시에 들어 있는 것입니다.

예를 들면 예수님의 재림은 성도들에게는 구원의 날이지요. "주여, 어서 오시옵소서!" 우리는 그날을 기다리지만 믿지 않는 사람들은 절대로 그날을 기다리지 않습니다. 심판의 날이기 때문입니다. 그런데 그 심판의 기준이 뭘까요? 심판을 통과하려면 심판의 기준을 알아야 합니다. 찬송가에도 나옵니다. "인애하신 우리 구주 의의 심판하시는 날/ 곧 가까이 임하는데 믿는 자여 어이할꼬"(새찬송가 515장).

심판의 기준은 '의(로움)'입니다. 그런데 의에는 두 종류가 있습니다. '내가 세운 의, 자기 의'가 있습니다. 내가 행한 좋은 일, 착한 일, 신학적으로 말하자면 '율법을 지킨 의'입니다. 그러나 율법으로는 의를 얻을 수 없습니다. 왜냐하면 사람은 율법을 완전히 지킬 수 없기 때문입니다. 그래서 '또 다른 의'가 필요합니다. 이것을 '거저 주어진 의, 전가된 의'라고 합니다. 바울은 로마서에서 이렇게 설명합니다.

그러므로 율법의 행위로 그의 앞에 의롭다 하심을 얻을 육체가 없나니 율법으로는 죄를 깨달음이니라 이제는 율법 외에 하나님의 한 의가 나타났으니 율법과 선지자들에게 증거를 받은 것이라 곧 예수 그리스도를 믿음으로 말미암아 모든 믿는 자에게 미치는 하나님의 의니 차별이 없느니라 모든 사람이 죄를 범하였으매 하나님의 영광에 이르지 못하더니 그리스도 예수 안에 있는 속량으로 말미암아 하나님의 은혜로 값없이 의롭다 하심을 얻은 자 되었느니라 이 예수를 하나님이 그의 피로써 믿음으로 말미암는 화목제물로 세우셨으니 이는 하나님께서 길이 참으시는 중에 전에 지은 죄를 간과하심으로 자기의 의로우심을 나타내려 하심 이니 곧 이때에 자기의 의로우심을 나타내사 자기도 의로우시며 또한 예수 믿는 자를 의롭다 하려 하심이라(롬 3:20-26)

율법을 통해서는 의를 얻을 수 없습니다(롬 3:20). 그것 이외에 또 다른 의가 필요합니다(롬 3:21). 그것은 예수를 믿음으로 받게 되는 의인데, 그것을 '하나님의 의'라고 합니다(롬 3:22). 하나님의 의는 차별이 없습니다. 유대인이나 이방인이나 자기가 잘해서 의를 얻는 것이 아니라 하나님의 의를 얻어서 구원을 받는 것입니다. 내가 뭘 잘해서 "너 의롭구나. 내 자녀가 되는 자격에 합격!" 이렇게 구원을 받는 것이 아닙니다.

하나님의 의는 값없이 받은 것입니다(롬 3:24). 우리가 하나님의 의를 얻는 방법은 무엇인가요? "하나님, 나에게는 의가 없습니다. 오직 예수님께서 나를 위해 죽으신 그 예수님의 십자가 공로로 의로워짐을 믿습니다"(롬 3:26). "나의 의는 이것뿐 예수의 피밖에 없네"(새찬송가 252장). 이런 고백을 하는 자에게 하나님의 의를 덧입혀 주어 의롭게 되는 것입니다. 예수님이 나를 위해 죽으셨다는 것을 믿는 자에게 주어지는 의입니다. 그 의로만 우리는 구원을 받을 수 있습니다.

그러므로 진정으로 의로운 사람은 어떤 사람입니까? "예수 믿는 자" 입니다(롬 3:26). 예수를 믿을 때 예수님의 십자가의 의가 나에게 덮여 의로워지는 것이기 때문에 이 의만이 완전한 의가 되는 것입니다.

바벨론 포로 해방은 구원의 날인 동시에 심판의 날인데, 그날이 가까이 올수록 뭐가 필요할까요? 의가 필요합니다. 하나님과 나의 관계가 공의이고(1절), 나와 다른 사람의 관계가 정의인데, 수직적 공의가 이루어질 때 수평적 정의도 이루어집니다.

개인적으로 말하면 나이가 들수록, 하나님을 만날 날이 가까울수록 우리가 준비하고 가져야 할 것이 있습니다. 나이 들수록 건강과 돈과 명예와 사람들의 존경이 필요한 것 같지만 하나님이 보실 때는 가장 필요한 것이 의를 준비하는 것입니다. 의의 심판이 다가오기 때문입니다. 그 의는 '자기 의'가 아니라 '하나님의 의'입니다. '하나님의 의를 준비했는가? 나는 예수님을 제대로 믿고 있는가? 하나님의 거저 주시는 의로 무장되어 있는가?' 확인하라는 것입니다. 이것이 하나님과 나와의 공의입니다.

이 믿음을 가졌다면 이제 다른 사람을 향해서도 믿음의 행동을 해야지요. 이것이 정의입니다. 그날이 가까워 올수록, 그날을 기다리는 최고의 방법이 의를 행하는 것입니다. "'나는 정말 예수 제대로 믿고 있는가?' 이 질문을 하고, 이 믿음 위에 확실히 서라. 그 증거로 '다른 사람에게 정의를 행하고 있는가?' 확인하라"는 것입니다. 십자가 의를 붙잡고 거기서 나오는 정의를 행하라는 것입니다.

의를 행하기 위해 필요한 것

그런데 의를 행하려면 뭐가 필요합니까? 안식일을 잘 지켜야 합니다.

안식일을 지켜 더럽히지 아니하며 그의 손을 금하여 모든 악을 행하지 아니하여야 하나니 이와 같이 하는 사람, 이와 같이 굳게 잡는 사람은 복이 있느니라(사 56:2)

안식일을 지키는 것이 왜 중요할까요? 안식일은 나와 하나님, 나와 다른 사람과의 관계를 가장 정확하게 보여 주기 때문입니다. 그러니까 나와 하나님, 나와 세상과의 관계를 가장 정확하게 보여 주는 것이 안식일입니다. 내가 하나님을 제대로 믿지 못하면 안식일을 제대로 지킬 수 없고, 내가 안식일을 제대로 지키지 않으면 내 옆에 있는 사람들도 안식일을 지킬 수 없습니다.

옛날 이스라엘 부자들 중에는 자기는 안식일을 지켜야 하기 때문에 아무 일도 하지 않았지만 욕심 때문에 땅을 놀리기 싫어서 종들에게 일을 시키는 사람들이 있었습니다. 그래서 성경에서 "일곱째 날은 네 하나님 여호와의 안식일인즉 너나 네 아들이나 네 딸이나 네 남종이나 네 여종이나 네 가축이나 네 문안에 머무는 객이라도 아무 일도 하지 말라"(출 20:10)고 했습니다. 안식일을 지킨다는 의미는 하나님과 나와의 공의 관계, 나와 다른 사람들 사이의 정의 관계를 나타내는 것입니다.

여러분, 우리가 하나님 백성인지, 아닌지 알 수 있는 가장 간단한 방법이 뭔가요? 주일날 성전에 나와서 예배를 제대로 드리는지가 기본입니다. 이날을 잘 지키면 다 됩니다. 안식일을 잘 지키면 내가 누구인지를 알게 되고, 하나님이 어떤 분이신지를 알게 되고, 내가 어떻게 살아야 하는지를 알게 되고, 그렇게 살 힘을 위로부터 얻게 됩니다. 이것이 내 의지와 노력으로 가능할까요? 아닙니다. 안식일을 지킬 때, 그것을 굳게 붙잡을 때 가능한 것입니다. 그래서 안식일을 잘 붙잡고 지키려고 애쓰는 사람에 대해 뭐라고 하셨나요? "복이 있느니라"고 하셨습니다(2절). 그러니까 구원의 날이 가까울수록 안식일을 잘 지키는 것이 그날을 준비하는 최고의 방법입니다.

그런데 안식일에 대한 오해가 많습니다. 안식일이 뭔가요? 단순히 아무것도 안 하고 쉬는 날이 아닙니다. 이것보다 훨씬 깊은 뜻을 가지고 있어요. 아담을 생각해 볼까요? 하나님이 엿새 동안 세상을 창조하시고 맨 마지막 날에 아담을 지으셨죠? 그다음 날이 안식일입니다. 그러니까 아담으로 말하자면 눈을 뜨자마자 하나님을 본 것입니다. 세상도 모르고 세상일도 몰라요. 눈을 뜨는 순간 영광의 하나님을 보고, 하나님의 사랑과 은혜에 감격하고 충만해진 것이 아담의 안식일입니다. 진정한 안식이란 바로 그 상태로 돌아가는 것입니다.

우리는 안식일을 지킨다고 하지만 엿새 동안 세상에 살면서 세상 생각, 복잡한 사건이 가득 담긴 마음으로 성전에 나옵니다. 예배드리면서도 딴생각하고, 휴대폰이 울리면 문자도 보고 SNS도 합니다. 이런 마음과 행동은 안식이 아닙니다. 세상에 붙들려 있는 생각을 싹 내려놓고 하나님으로 내 마음을 충만하게 채우는 것이 진정한 안식입니다. 이런 안식을 맛보고 싶지요? 그러려면 고백해야 합니다. "하나님, 제 마음이 진정이 안 되고 복잡한데, 저는 십자가에 죽었습니다. 제 속에 있는 세상 생각을 다 비워 주시고 이 시간 하나님으로만 꽉 채워지게 하소서." 이렇게 십자가를 붙들고 안식에 들어가려고 애써야 합니다.

이렇게 해 보세요. 이것이 얼마나 대단한 능력인지! 안식일을 제대로 지키면 세상에 휘둘리지 않고 하나님의 사람으로 살아갈 수 있습니다. 아무리 바쁘고 힘들어도 주님의 날을 기억하고 성전에 나와서 예배하면서 하나님을 굳게 붙잡는 안식일이 되길 바랍니다. 이것이 바로 우리의 복입니다.

이런 말이 있습니다. "이스라엘이 안식일을 지켰는가? 안식일이 이스라엘을 지켰는가?" 이스라엘이 안식일을 지켰습니다. 그러나 사실은 안식일이 이스라엘을 지킨 것입니다. 이스라엘의 이스라엘 됨은 안식일에 있습니다. 오늘 성도의 성도 됨은 주일 성수에 있습니다. 주일을 성수할 때 주일이 우리의 영혼을 지키고, 우리의 의를 지키고, 하나님 앞에 갈 수 있는 힘을 계속해서 공급해 주는 것입니다.

차별 없이 품에 안으시는 하나님

하나님은 이방인들을 향해서는 이렇게 말씀하십니다.

여호와께 연합한 이방인은 말하기를 여호와께서 나를 그의 백성 중에서 반드시 갈라내시리라 하지 말며 고자도 말하기를 나는 마른 나무라 하지 말라 (사 56:3)

왜 이런 말씀을 하실까요? 바벨론에 포로로 끌려간 이스라엘 백성 중에 이스라엘 사람만 있는 게 아니고, 이스라엘 백성을 보고 감동을 받아서 개종한 다른 이방인들도 같이 살고 있었습니다. 그런데 유대인들이 고국으로 돌아간다는 소문이 들리자 그들의 마음속에는 걱정이 생겼습니다. '그럼 우리는 어떻게 하지? 우리도 이스라엘 사람들을 따라서 예루살렘으로 돌아가면 이스라엘 사람들이 우리를 같은 하나님의 백성으로 인정해 줄까? 우리를 이방인이라고 무시하고 귀찮아하지 않을까? 그렇다면 차라리 그냥 여기 남아 있어야 되는 것 아닐까? 그럼 우리는 신앙생활을 어떻게 하면 좋은가?' 개종한 이방인들이 이런 걱정을 했던 것입니다.

또한 그들 중에는 결혼도 하지 못해서 자손이 없는 사람들도 많았고, 이방 땅에서 살기 위해서 일부러 고자가 된 사람들도 있었습니다. 그들도 이런 걱정을 했습니다. '나는 자식도 없는데 예루살렘에 가서 새로운 삶을 시작한들 무슨 희망이 있겠는가? 종교적으로는 예루살렘으로 가야겠는데, 육신의 자손이 없으니 무슨 희망을 가지고 예루살렘으로 간단 말인가?' 왜 이런 걱정을 했을까요? 이스라엘 사람들이 그들을 차별했기 때문입니다. 하나님이 그들에게 하신 말씀이 이어집니다. "나의 안식일을 지키며 내가 기뻐하는 일을 선택하며 나의 언약을 굳게 잡는 고자들에게는 내가 내 집에서, 내 성안에서 아들이나 딸보다 나은 기념물과 이름을 그들에게 주며 영원한 이름을 주어 끊어지지 아니하게 할 것이며"(4-5절).

하나님은 사람을 차별하지 않으십니다. "이방인이라도, 자격 없는 자라도 안식일을 지키고 하나님을 굳게 붙잡는 사람이라면 누구든지 내 아들과 딸보다(즉 이스라엘 사람들보다) 더 나은 이름과 기념물을 주리라." 다시 말하면 "너희도 내 아들딸이다"라는 말씀입니다. "내 집에서 기도할 때 그 기도를 들어 줄 것이고 제사에 응답할 것이다. 그리고 너희 모두를 다 내 자녀로 차별 없이 품에 안아 주겠다"(7절)는 말씀입니다. "왜냐하면 내 집은 만민이 기도하는 집이기 때문이다." 그러면서 하나님은 엄청난 말씀을 하십니다.

> 이스라엘의 쫓겨난 자를 모으시는 주 여호와가 말하노니 내가 이미 모은 백성 외
> 에 또 모아 그에게 속하게 하리라 하셨느니라(사 56:8)

이 구절의 별명이 '구약의 신약'인데, 구약에 나오는 말씀이지만 철저히 신약적인 말씀이라는 뜻입니다. 이스라엘 백성을 향한 도전입니다. "너희는 스스로 선민이라 생각하고, 너희에게만 구원이 있다고 착각하지만 너희나 이방인이나 모두 다 하나님의 의로 구원을 받는 것이다. 그리고 너희는 다른 사람들에게는 관심이 없다. 그러나 하나님의 마음은 그렇지 않다. 하나님은 만민을 구원하기 원하신다. 그러므로 이방인을 차별하지 말라."

"내가 이미 모은 백성 외에", 즉 이스라엘 백성 외에 만민을 다 하나님에게 속하는 자로 만들고 싶다는 말씀입니다. 그러니까 하나님은 세상 모든 사람에게 진정한 야드바셈, 영원한 이름과 기념물을 주기를 원한다는 것입니다. 그러므로 이방인을 차별하지 말고, 이방인은 스스로 위축되지 말고, 안식일을 붙잡고 하나님을 붙잡으면 다 내 자녀로 받아 주겠다는 약속의 말씀입니다.

영원한 야드바셈을 소유하라

어떤 분에게 이런 질문을 했습니다. "하나님이 집사님을 바라보면

서 제일 기뻐하시는 일이 뭐라고 생각하세요?" 그 말을 하고 나서 '아차, 실수했다'고 생각했습니다. 대답하기가 너무 어려운 질문을 했다는 생각이 들었거든요. 그런데 그분은 양복 주머니에서 수첩을 꺼내서 커버에 끼워 놓은 종이 한 장을 보여 주었습니다. 거기에 세 명의 이름이 적혀 있었습니다.

"이게 뭡니까?" 하고 묻자 그분은 말했습니다. "전도 대상자입니다. 이들을 위해 기도하는데, 그중에 어떤 사람이 교회 나오면 그 사람 이름을 지우고, 다시 새로운 사람의 이름을 적고, 이렇게 늘 세 명의 이름을 적어서 가지고 다닙니다. 얼마 전에 친구를 위해서 기도하다가 그 친구에게 그것을 보여 주면서, '내가 너를 위해서 이렇게 기도하고 있다'고 했더니 그 친구가 엄청나게 감동을 받고 교회를 나왔습니다."

"이런 일을 하시게 된 어떤 계기가 있었나요?" 이렇게 물었더니 그렇답니다. 처음에는 자기 회사에 근무하는 처제에게 복음을 전했는데, 한 1년쯤 지나서 처제의 남편인 손아래 동서가 자기한테 와서 하는 말이, "형님, 참 고맙습니다. 제 아내가 예수 믿고 확 달라졌습니다" 하더랍니다. "어떻게 달라졌는데?" 이렇게 묻자 돌아오는 답이 이러했습니다. "불평이 없어졌습니다. 불만이 많고 바가지 긁어서 참 힘들었거든요. 그런데 예수 믿고 나서 아내가 이런 고백을 했습니다. '내가 상상도 할 수 없는 하나님의 구원을 선물로 받았는데, 이 땅에서 뭘 더 바랄 것이 있겠어요? 감사하며 살아도 인생이 짧은데.' 그 말에 제가 감동해서 저도 교회에 나가기 시작했습니다." "'할렐루야! 내가 한 가정을 구원했구나.' 너무 감격해서 평생을 하리라 결심하고 그 이후로 계속하고 있습니다. 이거 보시고 하나님이 저를 기뻐하지 않으실까요?" 정말 그렇겠다고 말하고 기도해 주었습니다.

　우리가 사랑하는 사람을 위해서 할 수 있는 최선의 일이 뭘까요? 그들이 하나님으로부터 영원한 야드바셈을 얻게 하는 것입니다. 영원한 이름과 기념물을 얻게 해 주는 것입니다. 사람이 죽으면 고인의 이름 석 자와 기념물, 시체와 유품이 남습니다. 하나님은 우리가 그것만 남기고 가기를 원하지 않으십니다. 하나님이 불러 주시는 영원한 이름과 내 헌신의 땀과 눈물에 대한 면류관을 주기 원하십니다. 그러므로 구원의 날이 가까울수록 내가 진정한 의, 하나님의 의를 가지고 있는지 확인하면서, 안식일을 잘 지키고, 하나님 앞에서 영원한 이름과 상급을 받는 인생이 되길 축원합니다.

　　"죽어서 육체의 야드바셈을 남기는 사람이 아니라, 하나님 앞에서 영원한 이름과 기념물을 받는 인생이 되게 하소서. 우리가 사랑하는 사람들도 하나님의 진정한 야드바셈, 기념물과 이름을 얻게 하소서."

사랑하는 아들을 고난의 종으로 보내신 하나님!

"어떻게 죄인이 의롭게 되어 하나님 앞에 설 수 있는가?" 이 문제를 해
결하기 위해 아들을 고난의 종으로 보내신 하나님을 찬양합니다. 바라
기는 우리의 눈이 열리고 어두워진 마음이 밝아져서 고난의 종이 예수
님이시고, 예수님의 십자가 고난이 나를 위한 것임을 고백하고 감격하
게 하소서. 예수님의 오심이 바로 나를 위한 놀라운 사랑의 사건임을
깨닫고 기뻐하고 감사하게 하소서.

함께 이야기하기

[1] '의'의 두 가지 종류는 무엇인가요?

[2] '의'를 행하기 위해 필요한 것은 무엇이며, 안
   식일을 지키는 것은 왜 중요한가요?

[3] 하나님 앞에서 영원한 이름과 면류관을 받는
   인생이 되기 위해 우리가 할 수 있는 것은 무
   엇인지 나눠 봅니다.

04

하나님으로
꽉 찬 마음

25

평안이 없는
이유

이사야 57:19-21

어느 성도님이 제게 이런 질문을 했습니다. "목사님, 저는 변하고 싶은데, 어떻게 해야 변할 수 있나요?" 저는 그분에게 대답했습니다. "사람은 자기를 변화시킬 수 없습니다. 연약하기 때문입니다. 하나님이 변하게 해 주셔야 합니다. 그런데 하나님은 아무나 변하게 해 주지 않으십니다. 자기가 변하기를 갈망해야 합니다. 변하지 않는 자신에 대하여 안타까워 눈물 흘리는 사람, 변화를 위해서라면 희생을 각오하는 사람, 그렇게 자기를 비운 만큼만 변할 수 있습니다. 이런 의미에서 변화는 은혜인 동시에 자기 책임이기도 합니다. 그러니까 한평생 예수님을 믿으면서도 변하지 않는 이유는 하나님이 능력이 없어서가 아닙니다. 자기가 변하려 하지 않고, 그것을 위해 자기를 내려놓지 않기 때문입니다. 이 법칙은 너무 정확해서 속일 수 없습니다. 나를 내려놓고 비운 만큼만 사람은 변합니다."

"그렇다면 내가 변했는지 어떻게 알 수 있을까요? 변하게 된 결과는 무엇입니까?" 그분이 이렇게 또 물으시기에 제가 말했습니다. "변한 만큼 평안해집니다. 하나님께 맡긴 만큼, 하나님께 붙잡힌 만큼 인간은 평안해집니다. 그러므로 평안은 환경과 상관이 없습니다. 아무리 힘들고 어려운 환경에서도 평안할 수 있습니다. 찬송가에도 있죠? '평화 평화로다 하늘 위에서 내려오네'(새찬송가 412장). 참된 평안은 하늘 위에서 내려오기 때문입니다. 그런데 평안을 모르는 사람들은 평안에 대한 모조품을 갈망합니다. 그것이 '편안'입니다. 편안은 내가 이 땅에서 바라는 것들이 이뤄졌을 때 느끼는 감정입니다. 평안은 하나님과의 평화 속에서 나오는 열매이고, 편안은 육신이 추구하는 열매입니다. 차원이 전혀 다른 것입니다. 성도님은 기도할 때 평안을 구하시나요, 편안을 구하시나요? 대부분의 사람들은 평안이 아니라 짝퉁에 불과한 편안을 구합니다. 그러나 평안을 구하세요. 놀라운 변화가 올 것입니다." 이런 이야기를 나누었습니다.

여러분, 사람들이 가장 갈망하는 것이 뭐라고 생각하십니까? 아니, 나에게 가장 필요한 것이 뭐라고 생각하세요? 평안입니다. 왜냐하면 인간 존재 자체가 불안하기 때문입니다. 사실은 우리가 열심히 일하고, 명예를 얻으려 하고, 자기를 강화하며 다른 사람의 인정을 받으려고 몸부림치는 이유는 존재에 대한 불안감 때문입니다. 이것을 극복할 수 있는 것이 평안입니다. 그러므로 참된 평안은 이 세상의 모든 것을 이룬 것보다 더 큰 만족을 가져옵니다. 평안은 모든 것보다 하나님을 더 사랑할 때 선물로 주어지는 것이기 때문입니다. 그래서 사도 바울은 그의 모든 서신에서 맨 처음에 이렇게 축복했습니다. "하나님 우리 아버지와 주 예수 그리스도로부터 은혜와 평강이 너희에게 있을지어다."

의인들의 죽음

지금까지 이사야는 남유다를 향해 회개하지 않으면 나라가 망한다고 예언했고, 그 결과 바벨론에 포로로 잡혀갈 것이고, 잡혀간 다음에는 돌아올 것이고, 그 포로에서 돌아오는 것을 예표로 해서 죄의 종인 모든 인류를 하나님이 고난의 종을 통하여 회복시키실 것이라고 했습니다. 하나님은 누구든지 목마른 자들은 물로 나오라고 초청하셨고, 그들과 같이 살던 이방인들까지도 하나님을 사랑하고 안식일을 지키면 내 자녀로, 내 가족으로 받아들이겠다고 말씀하셨습니다. 그러므로 이방인도 낙심하지 말고, 이스라엘 백성도 이방인이라고 무시하지 말고, 하나님 안에서 하나가 되라고 하셨습니다.

이사야는 먼 미래까지 예언한 후에 다시 현실로 돌아옵니다. 지금 남유다는 멸망을 앞에 두고 있습니다. 하나님은 계속 회개하라고 하시는데 그들은 돌아오지 않습니다. 그들을 향해 하나님은 뭐라고 하시나요? 이사야서 56장 후반부를 보면 지도자들을 책망하십니다.

> 들의 모든 짐승들아 숲 가운데의 모든 짐승들아 와서 먹으라 이스라엘의 파수꾼들은 맹인이요 다 무지하며 벙어리 개들이라 짖지 못하며 다 꿈꾸는 자들이요 누워 있는 자들이요 잠자기를 좋아하는 자들이니 (사 56:9-10)

숲속의 모든 짐승들에게 나와서 누구를 잡아먹으라는 것일까요? "이스라엘 지도자들을 잡아먹으라. 왜냐하면 그들은 맹인 파수꾼이라 앞을 보지 못한다. 벙어리 개들이라서 짖지 않는다. 도둑이 들어오면 짖어서 도망가게 하거나 주인을 깨워야 하는데 짖지 않는 개가 무슨 소용이 있는가? 허망한 꿈을 꾸고, 망상에 빠져 있고, 게으르게 누워 있으며, 잠자기를 좋아하는 자들이다. 백성을 깨우치지도 않고 민생은 살피지도 않고 자기 이익만 추구하는 욕심쟁이들이다." 그런 인간들을 다 잡아먹으라고 하나님이 화를 내시는 것입니다.

이런 상황 속에서 남유다 사람들의 영적인 상태는 의인과 악한 자, 둘로 갈라집니다. 언제나 위기 앞에서 인간은 둘로 갈라집니다. 이런 상황에서도 하나님 말씀대로 살아 보려고 몸부림치는 사람들이 있었습니다. 악한 세대 속에서 하나님만 바라보는 사람들은 살기가 힘들었겠지요. 낙담하고, 무시당하고, 때로는 공격도 받고 그런 가운데 죽어 갑니다. 그래서 이사야서 57장 1절에 보면 의인들의 죽음에 대한 설명이 나옵니다.

> 의인이 죽을지라도 마음에 두는 자가 없고 진실한 이들이 거두어 감을 당할지라도 깨닫는 자가 없도다 의인들은 악한 자들 앞에서 불리어가도다 (사 57:1)

의인들이 죽어 나가고 있는데 사람들은 관심도 없고, 그 의미가 뭔지 깨닫지도 못하고 있습니다. 잘 믿는 사람이 있는데, 그 사람을 보면 하나님이 옆에 계신 것 같은데, 그 사람이 뜻을 이루지 못하고 기도 응답도 받지 못하고 일찍 죽었다면 어떻게 생각하겠어요? 인간적으로는 실패라고 생각할 수 있죠. 세상만 존재한다면 그런 의인들의 죽음은 실패입니다.

그런데 하나님은 그 의인들의 죽음을 어떻게 해석하십니까? "그들은 평안에 들어갔나니 바른길로 가는 자들은 그들의 침상에서 편히 쉬리라"(2절)고 말씀하십니다. 하나님이 왜 그들을 부르셨을까요? "땅에서 고생 많이 했는데, 이제 내 품에 와서 편히 쉬어라." 그래서 하나님이 부르신 것이라고 설명합니다. 앞으로 엄청난 환란과 고통의 시간이 올 것인데 거기서 건져 주시려는 하나님의 배려입니다.

저는 어릴 때 이런 말을 종종 들은 적이 있습니다. "그 양반 복도 많아. 이 험한 꼴 안 보고 편히 가셨으니." 사는 것이 죽는 것보다 못한 상황을 보지 않게 하려고 하나님이 불러 가셨다는 것입니다. 마치 무엇과 같은가요? 군대에서 군기를 잡을 필요가 있어서 전체를 대상으로 기합을 주려고 하는데, 군기가 들어 있고 맡은 일을 잘하는 병사들은 일부러 괴롭힐 필요가 없으면 근무 교대를 시킵니다. "몇 시에 누가 어디 근무하는가? 아무개를 그 시간에 거기 근무자로 보내고 나머지는 다 집합시켜." 고통에서 피할 길을 주는 것입니다. 그다음에 나머지를 다 모아 놓고 정신이 번쩍 들게 혼내는 것입니다.

이제 의인들을 다 불러 가시고 이 땅에 남은 사람들에게는 엄청난 환란이 올 것인데, 사람들은 의인들의 죽음을 보면서도 영적으로 무뎌져서 그것이 무엇을 의미하는지 깨닫지 못하고 있습니다.

방향을 바꾸라

이제 이 땅에 남아 있는 불의한 사람들을 향해서 하나님이 하시는 말씀이 나옵니다.

> 무당의 자식, 간음자와 음녀의 자식들아 너희는 가까이 오라 너희가 누구를 희롱하느냐 누구를 향하여 입을 크게 벌리며 혀를 내미느냐 너희는 패역의 자식, 거짓의 후손이 아니냐(사 57:3-4)

그들을 왜 "무당의 자식, 간음자와 음녀의 자식들"이라고 했을까요? 그들이 신분상으로는 하나님의 백성이지만 마음으로는 하나님을 섬기지 않고 우상 숭배를 했거든요. 하나님을 추구하지 않고 자기의 욕심을 따라간 사람들입니다. 하나님의 백성을 "무당의 자식, 간음자의 자녀들"이라고 부른 것은 엄청난 모욕입니다. 그들을 불러 놓고 퍼부으십니다. "지금 너희가 누구를 희롱하느냐? 어디서 입을 함부로 놀리느냐?" 이런 뜻입니다. 그들이 입을 벌려 떠들어 대는 내용이 뭘까요?

"의인이면 뭐 해? 잘 믿으면 뭐 해? 기도 열심히 하면 뭐 해? 지지리 고생만 하다 죽는데. 하나님 믿는 것이 무슨 소용이 있는가? 하나님을 사랑하며 섬긴다는 사람들도 별수 없네. 하나님 잘 믿어서 잘된 것이 뭐야?" 이런 고난의 때에 빨리 죽는 것이 복인 줄도 모르고 이런 소리를 하고 있는 것입니다. "보이지도 않는 하나님께 기도해 봐야 무슨 소용이 있는가? 바벨론의 신들을 보라. 얼마나 능력이 있는가? 바벨론을 세계 최고의 나라로 만들지 않았는가? 그 신을 섬길 때 얼마나 화끈한가? 얼마나 짜릿한가? 그러므로 바벨론 신을 섬겨 보자." 이런 소리들을 하고 있는 것입니다.

그들은 다급해지자 어떻게 했습니까? 다른 나라를 찾아가서 우리를 도와 달라고 빌었습니다(9-10절). 그 나라의 신은 위대하다고 그 신을 칭송하면서 그 나라의 도움을 받으려고 했습니다. 어느 정도로 비참하게 굴었는가하면 스올에까지 낮아졌습니다. 지옥 아랫목까지 내려가서 "우리나라를 도와주시지 않으면 우리는 망합니다. 위대한 신의 이름으로 비오니 우리나라를 도와주소서." 이렇게 자존심 다 내려놓고 도움을 구걸했습니다.

한 나라가 아니라 여러 나라, 가까운 나라에서 먼 나라까지 지치지도 않고 돌아다니며 도움을 구걸했습니다. 가까이 계신 하나님, 전능하신 하나님이 돌아오라 하시는데 회개는 하지 않고 오히려 더 악한 길로 가면서 재앙을 막아 보려고 했습니다. 이에 대해 하나님은 그 나라의 신들을 섬기는 이유가 "너희가 나를 무시하고 버린 까닭이다"라고 말씀하십니다.

네가 나를 경외하지 아니함은 내가 오랫동안 잠잠했기 때문이 아니냐 (사 57:11하)

"그런데 왜 너희가 나를 무시하고 버렸는지 아느냐? 너희가 돌아오기를 바라며 때리지 않고 오래 참고 기다려 주었기 때문이다. 오랜 평안이 도리어 너희의 영혼을 방종하게 만들었다. 그래서 내가 더 이상 침묵할 수 없어서 고난을 주겠다"는 의미입니다.

"그러니 그때가 되면 너희가 그렇게 믿고 의지하는 우상에게 빌어 보라. 너희가 의지했던 우상들은 다 바람에 날려가겠고 기운에 불려 갈 것이로되, 나를 의뢰하는 자는 땅을 차지하겠고 나의 거룩한 산을 기업으로 얻으리라"(13절). 하나님은 "나를 의뢰하는 자는 역경 속에서도 구해 주겠고, 고난 속에서 죽어 간다 할지라도 거룩한 산, 영원한 나라를 선물로 받으리라. 하나님을 섬김에는 손해가 없으리라"고 말씀하십니다.

본문에 우상 숭배 얘기가 많이 나옵니다. 왜 사람들은 우상 숭배를 하는 것일까요? 불안하기 때문입니다. 평안은 하나님께 집중할 때 주어지는 것입니다. 그런데 악인들은 마음을 하나님께 집중하지 않습니다. 내가 좋아하는 세상의 그 무엇에 집중합니다. 그러나 그것이 아무리 좋은 것이라도 우리 마음은 하나님으로만 채워지기 때문에 만족할 수 없어 더 목말라하고, 채워지지 않는 마음의 공간 때문에 불안해지는 것입니다. 그 불안을 채우려는 것이 우상 숭배입니다. 그런데 문제는 불안해서 우상을 섬겼는데 그 길은 망하는 길입니다(17절).

그렇다면 사는 방법은 무엇입니까? 탐심이 가득한 마음의 길로 걸어가는 것을 중지해야 합니다. 욕심에 붙들린 삶의 궤도를 수정해야 합니다. 방향을 어디로 돌려야 합니까? 하나님께로 돌아와야 합니다.

> 입술의 열매를 창조하는 자 여호와가 말하노라 먼 데 있는 자에게든지 가까운 데 있는 자에게든지 평강이 있을지어다 평강이 있을지어다 내가 그를 고치리라 하셨느니라 (사 57:19)

여기서 "입술의 열매"는 무엇일까요? 성도의 입술의 열매는 찬송입니다. 그런데 찬송보다 더 먼저 있어야 될 입술의 열매가 있어요. 그것이 회개입니다. 지금 고난 중에 있어야 할 입술의 열매는 자기 잘못에 대해 애통하는 마음, 거기서 나오는 회개를 의미합니다. "하나님, 저희가 하나님이 아닌 우상을 숭배했고, 하나님이 없어도 강력한 군사력만 있으면 된다고 착각한 것을 용서해 주소서." 이 고백이 바로 입술의 열매입니다. "입술의 열매를 창조하는 자 여호와"란 말은 하나님이 그런 고백을 듣기 원하신다는 말입니다.

진정한 평안을 얻으려면

"평강이 있을지어다 평강이 있을지어다 내가 그를 고치리라"(19절). 지금이라도 잘못했다고 회개하고 돌아오면 하나님이 평강을 주겠다고 하십니다. 그들을 고쳐 주시고, 또한 그들에게 주고 싶으신 것은 평강입니다. 이것이 하나님의 마음입니다. 결론이 무엇입니까?

내 하나님의 말씀에 악인에게는 평강이 없다 하셨느니라 (사 57:21)

악인은 누구일까요? '하나님 아닌 다른 것으로도 나는 만족하고 행복하고 평안할 수 있다'고 생각하는 사람입니다. 탐심은 진정한 가치인 하나님을 배제하고 헛된 것을 가치 있다고 믿는 마음입니다. 악인에게는 항상 탐심이 있는데, 그 탐심이 요동하는 바다와 같다고 했습니다(20절). 태풍이 불어올 때 바다 밑에 있는 더러운 것들이 올라옵니다. 위기가 오면 탐심이 솟아오르고, 불안하니까 하나님 아닌 다른 걸 붙잡는데, 그래서 악인에게는 평강이 없는 것입니다. 평강은 회개하고 돌아오는 자에게 주어지는 것입니다.

이사야서 57장의 주제는 "평안이 없는 이유"입니다. 평안이 없는 이유가 뭘까요? '나는 평안이 필요한데, 그래서 평안을 원하는데 하나님은 왜 안 주시나?' 이렇게 생각하시나요? 그렇지 않습니다. 하나님은 진정한 평안을 주기 원하십니다. 문제는 우리가 하나님으로부터 평강을 구하지 않는 것입니다. 이 세상의 어떤 것으로 평강 얻기를 원합니다. 그래서 하나님의 평강을 얻지 못하는 것입니다.

진정한 평안은 세상이 주는 게 아닙니다. 하나님만이 주시는 평화, 세상이 줄 수 없고 알 수도 없는 평화가 진정한 평화입니다. 예수님이 말씀하셨죠. "나의 평안을 너희에게 주노라 내가 너희에게 주는 것은 세상이 주는 것과 같지 아니하니라"(요 14:27). 그런데 그 평안을 얻기 위해 하나님께로 가지 않습니다. 하나님보다 세상을 더 좋아하고, 내가 좋아하는 것만 있으면 평안할 것이라고 생각하니 어떻게 평안할 수 있겠어요? 그러므로 진정한 평안을 얻으려면 하나님보다 내가 더 신뢰하고 의지하는 평안의 근거들을 하나님 앞에 내려놓아야 합니다. "지금까지 그것이 나를 평안하고 행복하게 해 줄 것이라고 생각했습니다. 그러나 그것을 통해 평안이 오지 않는 것을 알았습니다." 내가 원했던 그것이 아무것도 아니라는 것, 하나님만이 진정으로 나를 평안하게 하실 수 있는 분임을 고백해야 합니다.

지금까지 내가 의지했던 평안의 근거들과 나와의 관계를 끊어야 합니다. 그것과 상종도 말라는 얘기가 아니고, 그것이 평안의 근거가 아니라는 것을 인정하고 하나님께 내 마음을 둘 때 하나님이 주시는 평안이 임합니다. 더 중요한 것은, 그 평안이 임할 때에 하나님이 개입하셔서 그 문제를 해결해 주신다는 것이 성경의 약속입니다.

예수님은 십자가 사건을 앞에 두고도 평안하셨습니다. 정말 기가 막힌 것입니다. 저 같으면 십자가 사건 앞에서 지레 죽었을 것 같아요. 그 사건만 바라보면 그렇게 되기 쉽습니다. 그러나 예수님은 사건을 보지 않고 십자가 뒤에 계신 하나님을 바라보셨습니다. 그 사건을 하나님이 내게 주신 잔으로 받으셨습니다. 그럴 때 하나님이 주신 평안이 임했던 것입니다.

인생을 살다 보면 평안을 잃어버릴 때가 참 많습니다. '나는 이만하면 살 만하고 건강한데 왜 이렇게 불안하지?' 이런 생각이 든다면 그것은 내가 어떤 문제를 하나님보다 더 마음에 담고 있다는 뜻입니다. 고민하고 있는 그 문제를 하나님 앞에 내려놓으라는 뜻입니다. 그 문제를 하나님 앞에 가지고 나오라는 것입니다. 그럴 때 하나님이 우리에게 평안을 주시고 그 문제를 풀어 가십니다.

그러므로 불안이 엄습할 때 이렇게 기도해야 합니다. "하나님, 이 문제가 저를 참 힘들게 합니다. 그러나 사실 이 문제는 하나님 앞에서 아무것도 아닙니다. 이것이 주님과 저와의 관계를 흔들지 못하게 하소서. 이것만 있으면 된다고 믿었던 나의 생각을 내려놓고 오직 하나님으로만 나는 평안할 수 있음을 고백합니다. 이 문제보다 하나님을 더 사랑하기 원합니다." 여러분 모두 세상이 줄 수 없는, 세상이 알 수도 없는 평안으로 충만한 인생 되기를 주님의 이름으로 축원합니다.

> "하나님보다 내가 더 신뢰하고 의지하는 평안의 근거들을 하나님 앞에 내려놓고 진정한 평안을 얻게 하소서."

진정한 평안을 주시는 하나님!

우리는 오해합니다. '나는 평안이 필요한데, 그래서 평안을 원하는데 하나님은 왜 안 주시나?' 그러나 사실은 하나님이 평안을 주려고 하시지만 우리가 받지 못함을 알게 하셔서 감사합니다. 그러므로 내 속에 평안이 없을 때 깨닫게 하소서. '내가 하나님 아닌 다른 것을 하나님보다 더 사랑했고, 하나님 아닌 다른 것에서 평안을 얻으려 했고, 하나님 앞에서 그것을 내려놓지 못했구나.' 이제 그것을 내려놓고 하나님으로 우리 마음을 채우게 하소서. 그래서 세상이 줄 수 없는, 세상이 알 수도 없는 평안을 누리며 살게 하소서.

함께 이야기하기

[1] 이 땅에 남아 있는 불의한 사람들을 향해 하나님
　　께서는 어떤 메시지를 주시나요?

[2] 진정한 평안을 얻기 위해 우리는 어떻게 해야 하
　　나요?

[3] 하나님만으로 우리 마음을 채웠을 때 경험한 평
　　안과 은혜가 있다면 나눠 봅니다.

26

금식기도의
본질

이사야 58:6-9

신앙생활 하면서 금식기도를 해 보셨나요? 왜 하셨나요? 그리고 그 결과는 어떠했습니까? 저는 이런 분을 보았습니다. 자녀가 대학 입시를 보는데 40일 동안 매일 아침 금식을 하면서 자녀를 위해 기도했습니다. 그런데 자녀는 시험을 잘 못 치렀고, 그해에 진학을 못했습니다. 많이 안타까워하는 것을 보았습니다.

또 어떤 분은 매년 새해가 되면 3일간 금식하는데, 금식하는 이유가 뭐냐고 했더니 가정의 화목을 위해서라고 했습니다. 그런데 우연히 그 분 따님의 이야기를 듣게 되었습니다. "저는 새해가 즐거웠던 적이 없습니다. 새해 첫날부터 굶으니까 분위기가 우울하고 힘들었지요. 모든 식구가 설날에 함께 모여 즐겁게 식사하는 집이 정말 부러웠습니다. 그런데 우리는 한 끼지만 엄마는 3일간 하셨는데, 우리만 먹는 것도 부담스러웠습니다. '꼭 저렇게 믿어야 하나?' 그런 생각을 하곤 했습니다." 금식의 방법, 목적, 결과는 아주 다양한 것 같습니다.

성경에 보면 에스더라는 왕비가 왕 앞에 나가야 하는데 허락 없이 나갔다가는 죽을 수도 있어서, 자기 민족을 살리기 위해서 금식하고 '죽으면 죽으리라' 하고 왕 앞으로 나갔습니다. 그런데 왕이 에스더를 보는 순간 너무 사랑스러워서 반갑다고 홀(지팡이)을 내밀었습니다. "어쩐 일이냐? 소원이 뭐냐? 나라의 절반이라도 주겠다"고 하자, 에스더는 "제가 준비한 잔치에 오시옵소서"라고 했습니다. 그것이 전부였습니다. 결국 대적 하만의 음모는 드러나고, 이스라엘 백성이 구원받는 이야기가 구약성경 에스더서입니다.

성경에는 금식기도에 대한 이야기가 많은데, 도대체 금식기도의 목적은 무엇인지를 본문을 통해서 이해할 수 있기를 바랍니다.

문제 자체를 없애 버리는 기도

사람은 먹어야 사는데 먹지 않고 기도한다는 것은 무슨 뜻일까요? 비장한 각오로 기도한다는 것이겠죠? 내 생각, 내 소원, 심지어 내 생명까지도 내걸고 기도하겠다는 것을 의미합니다. 그래서 금식기도는 기도 중에서도 비상 상황인 것이고 다른 기도보다도 훨씬 더 간절한 기도입니다. 그뿐만 아니라 한 차원 높은 기도입니다. 왜냐하면 그냥 기도는 문제를 해결하기 위한 것인데 금식기도는 그 문제 자체를 없애 버리는, 세상을 내려놓고 하나님을 붙잡겠다는 기도이기 때문입니다.

예를 들면 어떤 사람이 마음에 들지 않아요. 이때 "하나님, 저 사람이 변하기 원합니다"는 문제 해결을 위한 기도입니다. 그런데 더 수준 높은 기도는 "하나님, 저 사람을 바라보는 내 마음이 변화되게 하소서. 저 사람을 비난하지 말고, 하나님의 눈으로 바라보게 하소서"입니다.

돈 문제를 놓고 생각해 봅시다. "하나님, 제게는 돈이 필요합니다. 얼마의 돈을 언제까지 꼭 채워 주소서." 문제 해결을 위한 기도입니다. 그런데 이것보다 더 차원 높은 기도가 있습니다. "하나님, 내 마음속에서 돈에 대한 욕심이 사라지게 하소서. 그래서 돈이 없어도 전혀 문제가 되지 않는, 돈을 초월한, 하나님으로만 만족하는 사람이 되게 하소서." 이것은 돈 문제 자체를 없애 버리는 기도가 되는 것입니다. 어떤 사람은 돈이 없으면 못 삽니다. 그러나 돈이 없어도 아무 문제가 되지 않는 사람도 있습니다. 그러므로 문제를 해결하는 게 다가 아닙니다. 더 중요한 것은 문제 자체가 없어지는 것입니다. 금식기도는 바로 이런 방향을 향하여 나가는 기도라는 것을 잊지 않기 바랍니다.

이런 의미에서 금식은 단순히 음식을 안 먹는 것이 아니라 다른 것을 먹는 것입니다. 음식보다 더 소중한 하나님을 먹고 하나님으로 배불러지는 시간입니다. 하나님으로 배불러지면 인생이 바뀝니다. 금식의 모델이신 예수님을 살펴봅시다. 예수님은 40일 동안 금식하신 후에 주리셨다고 했습니다(마 4장). 그때 마귀가 와서 유혹했습니다. "네가 만일 하나님의 아들이어든 명하여 이 돌들로 떡덩이가 되게 하라"(마 4:3). 그때 예수님은 "기록되었으되 사람이 떡으로만 살 것이 아니요 하나님의 입으로부터 나오는 모든 말씀으로 살 것이라 하였느니라"(마 4:4)라고 대답하셨습니다.

몹시 배가 고팠지만 그 순간에도 사람이 떡으로 사는 존재가 아니라 하나님의 입으로부터 나오는 말씀으로 사는 것이라고 하셨습니다. 예수님은 하나님과 깊은 교제를 나누셨기 때문에, 하나님으로 배불렀기 때문에 그런 말씀을 하실 수 있었습니다. 이렇게 하나님으로 배부른 상태에서 공생애를 시작하셨습니다. 그 결과 세상에 휘둘리지 않고 소명을 완성하실 수 있었던 것입니다.

우리가 어떤 음식을 잘못 먹어서 속이 불편하거나 너무 먹어서 힘들면 어떻게 합니까? 아무것도 먹지 않아야 합니다. 그래야 속을 다스리고 제자리로 돌릴 수 있습니다. 영적으로도 그렇습니다. 세상에 찌들어 버린 우리가 세상으로부터 벗어나 몸과 마음과 영혼이 회복되려면 어떻게 하면 됩니까? 금식을 통해 우리 마음을 하나님께로 돌리는 것입니다. 이것이 금식기도의 목적입니다.

그런데 이렇게 아름다운 금식이 이스라엘 역사 속에서 어떻게 변질되었을까요? 첫째, 금식은 욕심을 버리는 것인데 오히려 욕심을 더 강하게 붙들고, 마치 아이들이 부모에게 뭘 사 달라고 했는데 안 사 주면 "나, 밥 안 먹을 거야" 하고 떼를 쓰는 것으로 전락했습니다. 세상을 내려놓고 하나님을 선택하는 것이 금식인데 세상 것을 더 기필코 가지겠다고 떼 쓰는 기도가 되었습니다. 둘째, 금식을 공로로 여기고 자기 의를 증명하는 수단으로 악용했습니다. 그래서 이사야서 58장은 금식을 통해 나타난 신앙의 문제점을 지적하고 올바른 금식의 방법을 말함으로써 올바른 신앙이 무엇인가를 설명합니다.

하나님이 받으실 수 없는 금식

하나님은 이사야에게 유다 백성에게 외치라고 하셨습니다.

크게 외치라 목소리를 아끼지 말라 네 목소리를 나팔같이 높여 내 백성에게 그들의 허물을, 야곱의 집에 그들의 죄를 알리라 (사 58:1)

"큰 소리로 분명하게 말하라. 듣지 못하는 자가 없도록 내 백성 이스라엘의 죄를 고발하라." 이스라엘 백성이 얼마나 잘못하고 있는가를 분명히 지적해 주라는 것입니다. 하나님이 보실 때 이스라엘 백성의 문제가 무엇인가요? 겉으로 볼 때는 이렇습니다. "그들이 날마다 나를 찾아 나의 길 알기를 즐거워함이 마치 공의를 행하여 그의 하나님의 규례를 저버리지 아니하는 나라 같아서 의로운 판단을 내게 구하며 하나님과 가까이하기를 즐거워하는도다"(2절). 날마다 하나님을 찾았고, 성경 공부도 했고, 모든 예배에 참여했습니다. 얼마나 선한 모습입니까? 겉으로는 아무 문제가 없습니다. 그런데 그들의 마음속은 어떠했나요?

> 우리가 금식하되 어찌하여 주께서 보지 아니하시오며 우리가 마음을 괴롭게 하되 어찌하여 주께서 알아주지 아니하시나이까 (사 58:3상)

"이에 더하여 우리가 특별히 금식기도도 했습니다. 그런데 왜 응답이 없는 것입니까?" 오늘도 많은 성도들이 이렇게 생각합니다. '내가 날마다 성경을 읽고 기도하고 예배드리고 하나님을 찾는데, 더구나 금식기도까지 하는데, 왜 하나님은 나에게 복을 주지 않으시는가?' 이렇게 불평하고 원망한다는 것입니다.

여기에 대해 하나님이 대답하십니다. "보라 너희가 금식하는 날에 오락을 구하며 온갖 일을 시키는도다"(3절). 금식이란 내가 하나님 앞에 나의 모든 것, 내 마음과 뜻과 생명까지도 바친다는 의미이고 처절한 자기부정인데 오락을 추구하다니, 이것은 자기가 죽지 않았다는 뜻입니다. 하고 싶은 것 다 하고, 재미 볼 것 다 보고, 자기 욕망에 붙들려 있습니다. 형식적으로는 금식이지만 마음으로는 금식이 아니라는 말씀입니다.

"온갖 일을 시키는도다." 나는 금식하면서 일할 수 없으니까 내가 할 일을 누구에게 시켰다는 말입니다. 종들에게 "내가 할 일까지 네가 다 해라." 이렇게 압제했다는 것입니다. 그것만이 아닙니다. 금식하면서 싸웠습니다(4절). 왜 싸웁니까? 금식하면 좀 예민해지긴 하죠. 신경이 날카로워집니다. 그러나 싸우는 이유는 "나는 잘못이 없는데 네가 잘못했다"는 것이지요. 금식이란 자기를 하나님 앞에 내려놓는 것이기 때문에 금식기도를 제대로 하면 자기가 죽고, 그 결과 양보하고 이해하고 사랑하게 되는데 전혀 그렇지 않았다는 것입니다. 그래서 이렇게 변질된 금식기도에 응답하실 수 없다는 것입니다.

금식할 때 모습은 머리를 숙이고, 베옷을 입고, 재를 뿌리는데 그들의 겉모습은 그럴듯했지만 속은 전혀 그렇지 않았습니다(5절). 마음을 괴롭게 하지 않고 오락을 추구했고, 그래서 하나님이 기쁘게 받으실 수 없는 금식이었습니다.

진정한 금식

그렇다면 하나님이 기뻐하시는 금식은 어떤 것일까요?

> 내가 기뻐하는 금식은 흉악의 결박을 풀어 주며 멍에의 줄을 끌러 주며 압제당하는 자를 자유하게 하며 모든 멍에를 꺾는 것이 아니겠느냐 또 주린 자에게 네 양식을 나누어 주며 유리하는 빈민을 집에 들이며 헐벗은 자를 보면 입히며 또 네 골육을 피하여 스스로 숨지 아니하는 것이 아니겠느냐(사 58:6-7)

금식을 강조하는 곳에서는 금식의 효과를 이렇게 설명합니다. "금식기도를 하면 흉악의 결박이 풀어지고, 압제에서 해방되고, 나를 누르고 있던 질병과 욕심과 염려와 어둠의 권세로부터 자유를 얻는다." 정말 금식기도를 잘하면 이런 일이 일어납니다. 그런데 본문은 그런 의미가 아닙니다. 금식하면서 세상을 내려놓고 하나님을 붙잡을 때 하나님으로 배불러진다는 것입니다.

진정한 금식을 통해 하나님을 먹고 하나님으로 배불러지면 이제는 세상의 그 어떤 것을 탐낼 필요가 없습니다. 내가 세상의 것을 추구한다면 금식할수록 더 다른 사람을 압제하고, 내 이익을 위해 다른 사람을 괴롭히고 결박하고 압제하겠지요. 그러나 금식기도를 통해서 하나님으로 배불러졌습니다. 그래서 하나님으로 충만해지면 이제는 다른 사람들에게 요구하는 것이 없어집니다. 오히려 이해하고 섬기고 사랑하고 베풀게 됩니다(6-7절). 그래서 너그러운 사람이 되고, 베푸는 사람이 되고 결박을 풀어 주는 사람이 됩니다. 내 마음이 하나님으로 꽉 찼기 때문입니다.

그렇다면 나는 세상에서 손해를 보는 것일까요? 아닙니다. 엄청난 축복이 약속되어 있습니다.

그리하면 네 빛이 새벽같이 비칠 것이며 네 치유가 급속할 것이며 네 공의가 네 앞에 행하고 여호와의 영광이 네 뒤에 호위하리니 네가 부를 때에는 나 여호와가 응답하겠고 네가 부르짖을 때에는 내가 여기 있다 하리라 (사 58:8-9상)

네 빛이 흑암 중에서 떠올라 네 어둠이 낮과 같이 될 것이며 여호와가 너를 항상 인도하여 메마른 곳에서도 네 영혼을 만족하게 하며 네 뼈를 견고하게 하리니 너는 물 댄 동산 같겠고 물이 끊어지지 아니하는 샘 같을 것이라 (사 58:10하-11)

하나님은 우리가 이런 사람이 되기를 원하시고, 우리에게 복을 주어서 이런 삶을 살게 해 주신다는 말씀입니다. 이 세상을 향한 진정한 축복의 통로가 되게 하시고 하나님이 책임지는 인생이 되겠다는 말씀입니다. 이것이 신앙인이 걸어갈 길입니다.

그런데 우리는 반대로 생각합니다. 내가 세상의 것을 더 많이 가져야 한다고 생각합니다. 하나님의 능력으로 더 많이 가질수록 더 행복하고, 그만큼 더 축복의 통로가 된다고 생각합니다. 그러나 내가 세상의 것을 더 가지려고 할수록 우리는 세상에 대하여 잔인해집니다. 내 유익을 위해 다른 사람들을 억압하게 되고 그들을 힘들게 만듭니다. 이것은 하나님이 우리에게 원하시는 것이 아닙니다. 그러니까 본문은 금식기도가 필요 없다는 말도 아니고, 금식은 만능이니 금식기도를 많이 하라는 것도 아닙니다. 중요한 것은 "금식의 본질은 신앙의 본질과 일맥상통한다. 그러므로 잘못된 금식을 고치라. 잘못된 신앙에서 벗어나 올바른 신앙을 가지라"는 것입니다.

앞으로 여러분이 금식기도를 하게 되면 '금식기도를 하니까 배가 고프고 슬프다' 이렇게 생각하지 말고 '나는 지금 밥보다 더 좋은 것, 가장 귀한 하나님을 먹고 하나님으로 배불러지고 있다'고 생각해야 합니다. 그리고 신앙이란 하나님의 힘을 빌려서 세상을 쟁취하는 것이 아니고, 먼저 하나님으로 배불러져서 세상을 섬기며 살아가는 것입니다. 이것이 신앙의 본질이며, 이런 사람을 하나님이 축복하신다는 것을 잊지 않기를 바랍니다. 하나님으로 배부른 인생이 되기를 축원합니다.

"금식에 대해 바로 알게 하소서. 금식은 나를 죽이고 하나님을 붙잡는 시간이며, 그 시간을 통하여 하나님으로 배불러지고 충만하게 되어 하나님의 도구가 되는 것임을 알게 하소서. 이것이 올바른 신앙의 모습이라는 것을 기억하며 살게 하소서."

금식을 통해 신앙의 본질을 설명해 주시는 하나님!

내가 원하는 세상의 것을 추구하던 것에서 하나님을 추구하며 하나님
으로 배부른 인생이 되게 하소서. 그 결과 세상을 섬기고 축복의 통로
가 되며 하나님이 책임지시는 인생이 되게 하소서.

함께 이야기하기

[1] 하나님은 왜 이스라엘의 금식과 기도를 받지 않
    으셨을까요?

[2] 하나님이 기뻐하시는 금식은 무엇인가요?

[3] 온전한 금식기도를 하나님께 드렸을 때 경험한
    은혜가 있다면 나눠 봅니다.

27

죄와 허물에서
벗어나려면

이사야 59:1-2

어떤 모임에서 "지금까지 신앙생활 하면서 가장 기억에 남는 일이 뭔가?" 이런 얘기를 하게 되었습니다. 제 옆에 있던 어떤 사장님이 말했습니다. 그는 대학 시절에 비교종교학을 들었는데, 아주 존경받는 교수님이 여러 종교를 비교하고 특징과 장단점을 말해 주었답니다. 그래서 그가 "단순히 비교만 하지 마시고 많은 종교 중에 어떤 종교가 더 좋은지 추천해 주실 수 있습니까?" 물었더니 그 교수님은 "내가 볼 때 기독교가 가장 탁월하기 때문에, 종교를 갖는다면 기독교 신앙을 갖는 것이 좋다고 생각합니다" 이렇게 대답했다고 합니다.

그러자 그가 다시 질문했습니다. "종교가 인간의 삶에 중요하고 그 중에서도 기독교가 탁월한 것이라면 교수님께서는 기독교를 믿고 계신가요?" 그랬더니 교수님은 "나는 그리스도인이 아닙니다"라고 말하면서 하늘을 쳐다보며 아무 말도 안 하고 한참 있더니 "나도 그리스도인이 되고 싶은데, 그 신앙을 갖고 싶은데, 아무리 믿으려고 해도 믿어지지 않는 것이 나의 딜레마입니다"라고 말하면서 눈물을 흘렸다고 합니다.

그는 어려서부터 교회를 다녔기 때문에 그런 갈등이 없었는데 교수님의 그 말을 듣고서 '신앙이란 내 마음대로 되는 게 아니구나. 믿는 것이 쉬운 일이 아니구나. 하나님이 믿어진다는 것이 엄청난 기적이고, 놀라운 은혜구나' 깨닫고 아주 놀랐다고 합니다. 그 이후로 신앙생활은 하나님의 은혜가 아니면 안 되는 것임을 깨닫고 늘 감격하는 마음으로 신앙생활을 한다는 얘기를 나눈 적이 있습니다. 모든 것이 다 마음같이 된다면 좋겠지만, 안 되는 건 안 되는 것입니다.

책임은 너희에게 있다

이사야서 59장은 "인간의 가장 고질적인 죄가 무엇이며, 그럼에도 불구하고 하나님의 가장 놀라운 은혜는 무엇인가?", 인간의 가장 큰 죄에 대한 하나님의 가장 큰 은혜를 말하는 내용입니다. 크게 세 가지 주제로 나뉘는데, 첫째는 "누구의 책임인가?"이고, 둘째는 "원하면서도 할 수 없는 이유는 무엇인가?", 그리고 셋째는 "문제의 해결은 어디에 있는가?"입니다.

첫째, "누구의 책임인가?"입니다. 지금 이스라엘 백성은 고난 중에 탄식하고 있습니다. 그들은 어떤 생각을 하고 있습니까?

여호와의 손이 짧아 구원하지 못하심도 아니요 귀가 둔하여 듣지 못하심도 아니라 (사 59:1)

이 대답을 역추론하면, 이스라엘은 '여호와의 손이 짧다. 무능하다. 귀가 둔하다. 우리에게 무관심하다'고 생각한 것입니다. "왜 우리를 이렇게 오랜 시간 고통 속에 두시는가? 하나님은 능력이 부족한가? 아니면 우리에게 무관심한 것인가?" 여기에 대한 하나님의 대답이 이어집니다.

"오직 너희 죄악이 너희와 너희 하나님 사이를 갈라놓았고 너희 죄가 그의 얼굴을 가리어서 너희에게서 듣지 않으시게 함이니라"(2절). "나는 손이 짧지도 않고 귀가 둔하지도 않다. 너희는 나에게 책임이 있다고 하는데, 아니다. 책임은 너희에게 있다"고 책임 소재를 분명히 밝히십니다. "너희의 죄악이 나와 너희를 갈라놓았다. 내가 너희의 죄를 차마 바라볼 수가 없다. 도와줄 능력이 없는 것이 아니라 도와주면 안 되겠기에 돕지 않는 것이다."

그러면서 이스라엘 사람들의 죄를 열거하십니다. 개인적인 죄(3절), 사회적인 죄와 국가적인 죄(4절)를 말씀하십니다.

> 이는 너희 손이 피에, 너희 손가락이 죄악에 더러워졌으며 너희 입술은 거짓을 말하며 너희 혀는 악독을 냄이라 공의대로 소송하는 자도 없고 진실하게 판결하는 자도 없으며 허망한 것을 의뢰하며 거짓을 말하며 악행을 잉태하여 죄악을 낳으며 (사 59:3-4)

사회적인 죄를 "소송"과 "판결"이라는 말로 압축합니다. 이게 무슨 뜻일까요? 사회가 부패하고 썩었어도 마지막에 재판만 올바르게 이루어진다면 더 이상은 썩지 않습니다. 그런데 진실하게 판결하는 자가 없다면 사회정의를 유지할 마지막 근거가 사라진 것입니다. 그만큼 사회는 부패했다는 뜻입니다.

"허망한 것"은 잘못된 사상과 종교를 말합니다. 세상이 바로 되려면 올바른 사상과 종교가 있어야 합니다. 잘못된 사상과 잘못된 종교는 인격을 망가뜨리고 사회를 부패하게 만듭니다. 죄인들이 나쁜 짓을 그냥 하는 게 아닙니다. 그들이 붙들고 있는 잘못된 사상과 종교적 가르침 때문입니다. 그래서 개인과 사회, 그리고 나라가 온통 죄에 물들었습니다.

이 속에서 사람들의 행동이 무엇과 같은가요? "독사의 알을 품으며 거미줄을 짠다"(5절)는 것이 무슨 뜻입니까? 독사의 알은 겉으로는 똑같은 알이지만 그 속에는 독이 들어 있습니다. 겉으로는 좋은 의도로 하는 것 같지만 그 속에는 나쁜 의도가 들어 있습니다. 꼼수가 들어 있는 것입니다. 그래서 그 결과 독이 나옵니다. 나쁜 일을 하면 일하지 않은 것보다 더 나쁜 결과를 가져온다는 것입니다.

거미가 거미줄 치는 것을 본 적이 있습니까? 엄청난 수고와 노력이 필요합니다. 이쪽에서 저쪽까지 건너가야 하고, 다시 위에서 아래로 수없이 반복하면서 거미줄을 만듭니다. 자기 딴에는 치밀한 계획과 엄청난 노력을 기울여서 거미줄을 짭니다. 그런데 그 거미줄이 힘이 있습니까? 사람이 한 번 툭 치면 싹 없어지고 맙니다. 죄인이 악한 의도를 가지고 있는 힘을 다해 노력해도 아무 쓸모가 없다는 말입니다. 그래서 그들은 정의도 없고 평강의 길도 알지 못합니다(8절). 그들에게는 죄악과 그것에 따른 갈등과 분열이 있을 뿐입니다.

"이것이 다 누구 때문인가? 하나님 때문인가? 하나님이 안 계셔서 그런 것인가? 아니다. 너희의 죄 때문이다. 그래서 내가 너희를 도와줄 수 없다. 그러니까 하나님을 원망하지 말고 네 문제가 뭔가를 살펴보라"는 것입니다.

허물과 죄

둘째, 원하면서도 할 수 없는 이유는 무엇일까요?

하나님의 질책을 듣고 이스라엘 백성은 깨달았습니다. '문제는 우리에게 있구나. 우리가 잘못했구나.' 그들이 고백하는 말이 "우리가 여호와를 배반하고 속였으며 우리 하나님을 따르는 데에서 돌이켜 포학과 패역을 말하며 거짓말을 마음에 잉태하여 낳으니"(13절)입니다.

그런데 잘못을 인정했는데, 그렇다면 어려운 일이 사라져야 되는데 왜 우리가 원하는 일은 일어나지 않습니까? 우리는 밝은 빛을 바라는데 왜 이렇게 현실은 캄캄합니까? 우리가 얼마나 처절하게 부르짖고 슬피 울면서 정의와 구원을 바라는데, 언제 이루어집니까? 왜 속히 해결되지 않는 것입니까(11절)?

> 이는 우리의 허물이 주의 앞에 심히 많으며 우리의 죄가 우리를 쳐서 증언하오니 이는 우리의 허물이 우리와 함께 있음이니라 우리의 죄악을 우리가 아나이다 (사 59:12)

여기서 두 단어가 중요한데 "허물"과 "죄"입니다. 허물은 누적된 죄의 흔적을 의미합니다. 수술해서 치료는 되었으나 흉터는 남는 것과 같습니다. 저는 이런 사람을 보았습니다. 옛날에 주먹깨나 쓰던 사람이 '절대로 이렇게 살지 않겠다'고 결심하고 그런 생활을 청산했습니다. 그런데 어느 날 억울하고 화가 나서 도저히 견딜 수 없게 되자 자기도 모르게 주먹이 나가서 사람을 팼습니다. 맞은 사람의 얼굴이 폭삭 주저앉았습니다. 그 모습을 보면서 "내가 왜 이랬지?" 탄식하는 것을 보았는데 그게 허물입니다. 평소에 주먹을 안 쓰던 사람은 그런 상황이 되어도 주먹이 나가지 않습니다. 그런데 허물이 있는 사람은 주먹이 나갑니다. 이것이 허물의 무서운 점입니다. 후회하고 다시는 그러지 않겠다고 결심하고 간절히 바라지만 벗어나기 어렵습니다.

　죄와 허물에서 구원을 받으려면 어떻게 해야 할까요? 입으로 그냥 "잘못했다"고 형식적으로 해서는 안 됩니다. 깊이 회개하고 용서를 받아야 합니다. 더 나아가서 내가 어떤 허물이 있다면 그 문제에 대해서 약점이 있으므로 더 조심해야 합니다. 내 몸에 갈고리가 박혀 있다고 생각해 보세요. 누군가가 줄을 던져서 걸고 잡아당기면 끌려갈 수밖에 없습니다. 갈고리가 없으면 끌려가지 않지만 갈고리가 박혀 있으면 아주 쉽게 끌려갑니다. 이것이 허물입니다. 이 허물을 밀봉해야 합니다.

　거짓말을 잘하는 사람이라면 그게 허물이니까 거짓말을 하지 않으려고 특별히 조심하지 않으면 또 하게 됩니다. 이성에 약한 사람은 더욱 조심하지 않으면 벗어날 수 없어요. 과거의 허물 때문에 계속 걸려드는 것이 인간의 약점입니다.

　그렇다면 죄와 허물에서 벗어나는 방법이 무엇일까요? 성실해야 악에서 떠날 수 있습니다(15절). 여기서 '성실'이라는 개념을 잘 이해해야 합니다. 전에 결혼식에 갔는데, 어떤 가수가 축가를 불렀습니다. 사랑에 대한 노래였는데 "당신 없으면 못 살아. 죽도록 사랑한다"는 노래였습니다. 그런데 뒤에서 누가 소곤거리는데, 그 가수가 얼마 전에 이혼을 했다는 얘기였습니다. 그 말을 듣고 생각했습니다. '사랑의 노래를 저렇게 잘 부르는데, 노래만 들어도 사랑이 막 생길 것 같은데, 사랑을 해 본 사람이고 사랑의 아픔을 아는 사람인데 왜 이혼을 했을까?' 그 사람도 누군가를 사랑하고 싶었고 사랑하려고 애썼을 것입니다. 그런데 그렇게 좋은 사랑도 내 맘대로 됩니까? 아닙니다. 아무리 해도 안 될 수 있습니다. 그 이유는 무엇일까요? 어떻게 하면 사랑할 수 있을까요?

본문의 논지로 말한다면 "너 때문이야." 이렇게 원망하면 안 된다는 것입니다. 그러면 방법이 없죠. 실패의 원인은 나에게도 있는 것입니다. '맞아, 내가 잘못했지. 이래서는 안 되지.' 이렇게 깨닫고 고치려고 해도 잘 안 됩니다. 왜냐하면 죄와 허물 때문입니다. 그럼 해결 방법은 뭘까요? 성실해야 합니다.

"하나님, 내 힘으로는 사랑할 수 없습니다. 나는 너무도 연약하고 죄와 허물이 많은 사람이라 유혹을 이길 수 없고 사랑을 유지할 능력이 없습니다." 이런 고백과 자기 포기가 필요합니다. 언제요? 가끔? 한 달에 한 번? 1년에 한 번? 아닙니다. 시시때때로 순간순간 언제나 고백해야 합니다. 이것이 성실입니다. 나는 못한다고, 내 힘으로는 사랑할 수 없다고 하나님께 도움을 구할 때, 내가 십자가에 못 박혀 죽었다는 것을 고백할 때, 하나님이 친히 구원을 베푸시는 것입니다.

여러분의 힘으로 사랑할 수 있을 것 같지요? 못합니다. 그래서 눈물겨운 사랑을 했던 사람도 헤어질 수 있습니다. 찬송가에도 나옵니다. "십자가 단단히 붙잡고 날마다 이기며 나가세/ 머리에 면류관 쓰고서 주 앞에 찬양할 때까지"(새찬송가 270장). 매일매일 순간순간 "나는 십자가에 죽었습니다." 이렇게 자기의 죄와 허물에 대해서 성실하게 죽지 않으면 사랑도 못합니다. 성실하게 십자가에 죽어야 사랑할 수 있습니다.

구원을 놓고 한번 생각해 봅시다. 내가 나를 구원할 수 있을까요? 아무리 해도 안 됩니다. 인간이 죄인이거든요. 죄인이 어떻게 스스로를 구원하겠습니까? 불가능합니다. 우리의 행위가 다 독사가 알을 낳고 거미줄을 치는 것과 같습니다. 애쓰고 수고하지만 평강이 없고, 빛을 바라지만 어둠뿐이고, 올바르게 살고 싶지만 마음먹은 대로 되지 않습니다.

나이 드신 분들과 얘기해 보면 인생의 평가가 극명하게 갈립니다. 일생을 돌아보면서 '내 인생은 왜 험악한가?'라고 생각하는 사람이 있고, '내 잔이 넘치나이다'라고 생각하는 사람이 있습니다. 왜 이렇게 180도 다른 결론이 나오는 것일까요? 그 이유는 간단합니다. 하나님을 제쳐 놓은 사람, 하나님을 밀어내 버리고 자기 힘으로 뭔가를 하려고 했던 사람은 험악하다고 고백합니다. 그런데 "나는 못합니다. 하나님이 도와주셔야 합니다" 하며 하나님을 성실히 붙든 사람은 고백이 달라집니다. "내 잔이 넘치나이다."

예수님을 보내시는 하나님

셋째, "문제의 해결은 어디에 있는가"입니다.

여호와께서 이를 살피시고 그 정의가 없는 것을 기뻐하지 아니하시고 사람이 없음을 보시며 중재자가 없음을 이상히 여기셨으므로 자기 팔로 스스로 구원을 베푸시며 자기의 공의를 스스로 의지하사 (사 59:15하-16)

하나님이 바라보시면서 세 가지가 없다고 말씀하십니다. 정의, 사람, 중재자입니다. 이렇게 세 가지가 없으면 아무 희망도 없다는 말입니다. 의가 없고, 그 의를 가져올 사람도 없고, 그런 상태를 불쌍히 여기고 중재할 사람도 없다면 무슨 희망이 있겠습니까? 망하는 것이지요.

그런데 이런 상태에서 놀라운 일이 일어납니다. 하나님이 말씀하십니다. "정의가 없구나. 그렇다면 내가 의를 주어야겠다. 사람이 없는데 어찌할까? 내가 그 사람을 보내리라. 중재자가 없구나. 내가 중재자가 되리라." 그래서 우리에게 의를 주기 위해 사람을 보내시는데, 그가 중재자가 되겠다는 것입니다. "구속자가 시온에 임하며"(20절). 예수님의 오심을 예언하는 것입니다. 예수님이 의를 가지고 사람이 되어 오시겠다는 것입니다.

그런데 조건이 하나 있습니다. "죄과를 떠나는 자"(20절)에게 임하겠다는 것입니다. "죄과를 떠나는 자", 그는 의인이 아닙니다. 죄인입니다. '그러나 나는 죄 속에서 이렇게 내 힘만 믿고 살지 않을 거야. 의가 없음을 인정하고, 그 의를 가져오는 그분을 대속자로 믿고 살 거야.' 그 사람이 죄과를 떠나는 자입니다. 우리 식으로 말하면 메시아(구원자)를 영접하는 사람입니다. 그에게 하나님이 뭐라고 하셨습니까? "그들과 영원한 언약을 맺고, 그들에게 나의 영을 주며, 말씀을 주어 살게 하리라" 약속하셨습니다. 참 놀라운 복음입니다.

> 여호와께서 이르시되 내가 그들과 세운 나의 언약이 이러하니 곧 네 위에 있는 나의 영과 네 입에 둔 나의 말이 이제부터 영원하도록 네 입에서와 네 후손의 입에서와 네 후손의 후손의 입에서 떠나지 아니하리라 하시니라 여호와의 말씀이니라 (사 59:21)

여러분, 인간에게 희망이 있을까요? 정의도 없고, 사람도 없고, 대속자도 없습니다. 완전히 끝난 것입니다. 그런데 하나님이 의도 주고, 사람도 보내 주고, 구속자를 보내 주겠다는 말씀입니다. 그분을 믿고 영접한다면 그 사람과 영원한 언약을 세우겠다는 것입니다.

인생이 힘든 이유는 내가 하나님을 거부했기 때문입니다. 내 힘으로 하려고 하기 때문입니다. '내 힘으로는 안 되는구나. 하나님이 도와주지 않으시면 안 되는구나. 나는 선을 원하나 악을 행할 수밖에 없고, 빛을 바라지만 어둠 속에서 헤맬 수밖에 없다.' 이렇게 자기를 완전히 십자가에 못 박고 포기할 때 하나님의 은혜가 그에게 임하는 것이고, 하나님이 그와 언약을 맺으시고 그 삶을 이끌어 가시는 것입니다. 이 은혜가 우리 모두에게 함께하기를 축원합니다.

> "저의 죄와 허물을 인정하고 이 문제를 하나님께 맡겨 드리기 원합니다."

하나님 아버지!

문제의 원인이 하나님이 아니라 나 자신이라는 것을 알게 하소서. 우리의 행위가 독사가 알을 낳고, 거미줄을 치는 일이 되지 않게 하소서. 우리의 죄와 허물을 용서하시고 거기서 자유롭게 하시며, 그렇게 되기 위하여 십자가 앞에서 날마다 순간마다 철저히 죽게 하소서. 그럴 때 주님이 우리의 의가 되시고, 하나님이 보내신 바로 그 대속자이심을 알게 하시고 날마다 이 은혜 가운데 거하게 하소서.

함께 이야기하기

[1] 인간의 고질적인 죄는 무엇인가요?

[2] 하나님은 인간의 문제를 해결하기 위해 어떤
방법을 사용하셨나요?

[3] 힘든 인생 가운데 내 힘으로 하고자 하는 것
을 포기하고 하나님께 맡겨 드렸을 때 경험한
은혜가 있다면 나눠 봅니다.

28

일어나라
빛을 발하라

이사야 60:1-3

'관계의 삼각형'이라는 말이 있습니다. 모든 관계는 삼각형 하나로 설명할 수 있다는 뜻입니다. 삼각형 하나를 머릿속에 그려 보세요. 맨 위에는 하나님, 왼쪽 모서리는 나, 그리고 다른 쪽 모서리는 세상입니다. 세상 속에는 모든 것이 들어가 있습니다. 가족, 사업, 내가 좋아하는 모든 것, 재물과 명예까지 다 이 세상의 영역에 포함되어 있습니다. 우리는 육체를 가졌기 때문에 눈으로 보고 손으로 만지고 느낄 수 있는 세상 것들에게 마음을 주기가 쉽습니다.

그런데 위에 계신 하나님은 이 세상 모든 것을 나에게 주신 분입니다. 그러니까 세상의 모든 것보다 나와 더 가까운 분이고 더 중요한 분입니다. 그래서 이런 말이 성립합니다. "나와 세상 사이에는 하나님이 계신다." 그러니까 가장 바람직한 관계는 내가 하나님을 바라보고, 내 마음을 하나님께 드리고, 그 하나님을 통해 세상을 향해 나가는 것입니다. 그럴 때 세상이 제대로 보이는 것입니다.

아브라함에게는 100세에 얻은 이삭이라는 아들이 있었습니다. 아들을 보면 기쁨이 충만해졌습니다. 그래서 자기도 모르는 사이에 이삭은 아브라함의 우상이 되었죠. 하나님보다 더 소중했습니다. 그런데 어느 날 하나님은 아브라함에게 이삭을 제물로 바치라는 명령을 하십니다. 그 순간 아브라함은 자기가 이삭만을 바라보고 있었다는 것을 깨닫고 하나님과 이삭을 비교합니다.

하나님을 통해 이삭을 바라보니 이삭이 어떤 존재인지 분명하게 보였습니다. 이삭은 하나님이 주신 선물에 불과했습니다. 하나님과는 비교 대상이 되지 않는 것이었습니다. 그걸 깨닫고 이삭을 하나님께 바칩니다. 그 결과 아브라함은 이삭을 사랑하되 하나님 안에서 사랑하는 올바른 관계로 회복됩니다. 또한 이삭도 아버지를 사랑하되 하나님 안에서 사랑하는 온전한 관계로 회복됩니다. 하나님의 눈으로, 하나님의 마음으로 자녀를 볼 때 자녀를 제대로 사랑할 수 있고, 자녀도 나를 통해 하나님을 만날 수 있는 것입니다.

내가 세상보다 하나님을 먼저 생각하고 먼저 관계를 맺게 되면, 나는 하나님으로 마음이 채워지고 하나님 때문에 만족할 수 있고 세상에 대하여 목말라하지 않을 수 있습니다. 이것이 하나님과 우리와의 올바른 관계입니다. 반대로 내가 하나님이 아니라 세상을 먼저 바라보고 거기에 마음을 주고 그것을 얻기 위해 하나님을 찾는다면 그것은 올바른 관계가 아닙니다. 건강을 예로 든다면, 건강을 먼저 바라보고 건강을 위해 하나님을 찾는다면 올바른 관계가 아닙니다. 먼저 하나님을 바라보고 만족한 후에 하나님을 통해 건강을 바라보아야 합니다.

그래서 관계의 삼각형은 간단해 보이지만 관계의 핵심이 뭔가를 보여 줍니다. 우리 마음이 세상으로 갔다가 하나님으로 가지 말고, 먼저 하나님께로 갔다가 세상으로 가야 합니다. 이것이 신앙의 핵심이고 영적 싸움의 본질입니다.

어떻게 일어날 수 있는가

우리가 아무리 해도 안 되는 이유는 내 죄와 허물 때문이며, 여기서 벗어나려면 내 약함을 인정하고 내가 할 수 없다는 것을 성실하게 인정해야 합니다. 순간마다 하나님 앞에서 죽어야 합니다. 그럴 때 하나님은 나를 위해 의를 가지고 올 사람, 대속자를 보내 주어 영원한 언약을 세우겠다고 하셨습니다. 이사야서 60장은 이런 놀라운 약속을 받은 이스라엘 백성에게 하나님이 하시는 말씀입니다.

> 일어나라 빛을 발하라 이는 네 빛이 이르렀고 여호와의 영광이 네 위에 임하였음이니라 (사 60:1)

우리를 향한 하나님의 소원이 바로 이것입니다. 일어나서 빛을 발하는 것입니다. 아마 모든 부모님이 자녀에게 해 주고 싶은 말, 자녀를 향한 부모의 소원을 한마디로 압축하라면 바로 "일어나라 빛을 발하라"일 것입니다.

그런데 지금 이스라엘의 모습은 어떤가요? 세상은 어둡고 캄캄합니다. 어둠이 모든 사람을 덮었습니다(2절). 이것이 세상의 본질입니다. 여러분, 세상이 굉장히 화려하고 대단한 것 같죠? 아닙니다. 세상을 깊이 바라보면 창세기 1장에 나옵니다. 혼돈과 공허, 그리고 흑암으로 가득합니다. 철학적으로 말하면, 뭔가 이 세상은 그럴듯하지만 궁극적인 목적도 없고 확실한 내용도 없고 어디로 갈지 알지 못한다는 것입니다.

정치적으로 말하면 지금 이스라엘은 바벨론이 다스리는 세상에서 노예 생활을 하고 있습니다. 바벨론은 강하고 그들은 노예입니다. 너무나 초라하고, 미래는 도무지 보이지 않고, 세상을 바라보면 깜깜할 뿐입니다. 그래서 이스라엘 백성은 쓰러져 있습니다. 그들이 쓰러진 이유는 세상만 바라보았기 때문입니다.

그런데 그 세상을 밝혀 줄 진정한 빛이 있는데, 그것은 하나님의 영광입니다. 하나님의 영광이 임할 때 혼돈이 질서로, 공허가 충만으로, 흑암이 빛으로 바뀌는 것입니다. 그러므로 1-2절을 쉽게 바꾸면 이런 말씀입니다. "얘야, 세상만 바라보고 있으면 캄캄해진다. 그 속에서 네가 아무리 좋은 것을 가지고 너 자신을 채워도 캄캄할 뿐이야. 네가 바라볼 것은 세상이 아니라 하나님이다. 하나님을 바라보면 하나님의 영광이 보일 것이고 그 빛이 너에게 비칠 것이다."

여기서 질문이 나옵니다. "일어서라고 하셨는데 어떻게 일어날 수 있는가?" 먼저는 방향을 바꾸어야 합니다. 세상을 바라보던 시선을 하나님께로 돌려야 합니다. 세상에 빼앗겼던 내 마음을 거두어들이고 내 마음을 하나님께 두기로 결단해야 합니다. 그럴 때 여호와의 영광이 비치겠다는 것입니다.

마치 무엇과 같을까요? 깜깜한 복도에 불을 켜려면 스위치를 올리면 됩니다. 그런데 요새는 자동 센서도 있습니다. 캄캄한 복도인데 내가 그 복도를 향해 걸어가면 내 동작을 감지하고 불이 저절로 들어옵니다. 내가 하나님을 향하여 고개를 돌려 하나님을 바라보기로 결심하고 발을 내디디면, "여호와의 영광이 네 위에 임하리라"는 약속을 믿고 하나님을 쳐다보면 여호와의 영광이 우리 가운데 비치겠다는 약속입니다. 그러면 그 빛을 받게 되고, 그 결과 일어서게 될 것이고, 이제는 그 빛을 반사하게 될 것입니다.

인간은 스스로 자체 발광하는 존재가 아닙니다. 인간은 그 자체로 혼돈과 공허, 흑암입니다. 그래서 자신을 바라보면 어두워집니다. 여기서 벗어나려면 하나님의 빛을 받아야 합니다. 여러분, 세상이 캄캄합니까? 내 마음이 낙심되고 불안하고 꽉 막힌 것 같습니까? 그것은 지금 내가 세상을 바라보고 있다는 뜻입니다. 세상의 어떤 문제에 눌려 있다는 뜻입니다. 그 문제가 해결된다고 거기서 벗어나는 게 아닙니다.

이럴 때 우리가 해야 할 가장 중요한 것은 마음을 하나님께로 돌리는 것입니다. 그리고 하나님을 바라보는 것입니다. 하나님의 영광의 빛이 우리에게 비치도록 빛이신 하나님을 쳐다보는 것입니다. 그럴 때 우리에게 새로운 위로와 소망과 기쁨이 생기고, 하나님의 힘과 은혜가 그 빛 가운데서 우리에게 들어오는 것입니다.

그러니까 어둠을 두려워하지 말고, 캄캄함에 눌리지도 말고, 세상을 바라보던 마음에서 '빛이신 하나님을 바라보리라' 결심해야 합니다. 그럴 때 우리는 밝아질 수 있고, 하나님의 영광의 빛을 반사하는 존재로 변해 가는 것입니다. 그렇게 될 때 어떤 일이 벌어질까요?

먼저 빛을 비추는 자가 되라

나라들은 네 빛으로, 왕들은 비치는 네 광명으로 나아오리라 네 눈을 들어 사방을 보라 무리가 다 모여 네게로 오느니라 네 아들들은 먼 곳에서 오겠고 네 딸들은 안기어 올 것이라 (사 60:3-4)

"모든 나라와 왕들이 너희에게 다가올 것이다." 다시 말하면 "온 세상이 너희를 인정하고 주목하고 바라볼 것이다. 너희가 세상의 스포트라이트를 받을 것이다" 이런 뜻입니다. 언제? 내가 하나님의 빛을 받아서 세상에 반사하게 될 때 어두운 세상은 그 빛을 주목하게 되고 빛이 된 사람을 중심으로 모이겠다는 말씀입니다.

오히려 반대일 것 같지 않습니까? 우리가 세상을 향하여 나가고 세상의 것을 많이 가지면 세상이 나를 주목하고 나에게 모여들 것 같은데 하나님은 아니라는 겁니다. 어두운 세상에 하나님의 빛을 받아 반사하는 존재가 될 때 어두운 세상이 너를 주목하고 너에게로 몰려오겠다는 거예요. 그래서 네가 영향력을 갖게 하겠다는 것입니다.

여러분, 하나님은 우리에게 빛을 주시고 사람들이 모여들게 하시고 우리에게 영향력 주기를 기뻐하시는 분입니다. 그런데 왜 하나님은 우리가 영향력 있는 사람이 되기를 기뻐하실까요? 영향력이 있어야 하나님을 증거하는 데 유리하거든요. 그래서 하나님의 빛을 발할 때 하나님은 우리를 주목받게 하시고 사람들이 우리 주변에 모이게 하겠다는 것입니다. 세상의 중심이 되게 하겠다는 것입니다.

그것만이 아닙니다. 이제는 물질이 네게로 모이겠다는 것입니다(5절). 그래서 잘살게 될 것입니다. 왜 잘살게 하실까요? 이유가 있습니다. 하나님을 전파하는 데 물질이 필요하기 때문입니다. 재물이 먼저가 아닙니다. "먼저는 빛을 비추는 자가 되라. 그러면 재물도 보내주겠다"는 것입니다. "하나님을 전하려면 물질이 필요하기 때문에 네가 축복의 통로가 되어서 그 물질을 가지고 하나님을 널리 전하는 일에 사용하라"는 것입니다. "너를 통해 사람들이 하나님께로 모여들고, 그들이 하나님께 예물을 드리고, 그들이 하나님을 섬기는 일에 너를 사용할 것이다. 내가 너를 영화롭게 하리라"(9절) 이렇게 말씀하십니다.

다시는 낮에 해가 네 빛이 되지 아니하며 달도 네게 빛을 비추지 않을 것이요 오직 여호와가 네게 영원한 빛이 되며 네 하나님이 네 영광이 되리니 다시는 네 해가 지지 아니하며 네 달이 물러가지 아니할 것은 여호와가 네 영원한 빛이 되고 네 슬픔의 날이 끝날 것임이라 네 백성이 다 의롭게 되어 영원히 땅을 차지하리니 그들은 내가 심은 가지요 내가 손으로 만든 것으로서 나의 영광을 나타낼 것인즉 (사 60:19-21)

또한 예루살렘이 복구될 것인데, 그 예루살렘에는 "해와 달이 아니라 하나님 자신이 빛이 되리라. 그곳에는 슬픔이 없을 것이다. 그 백성이 다 의롭게 되어 영원히 땅을 차지하리라. 이런 날이 속히 오도록 역사하겠다"(22절)고 말씀하십니다.

하나님의 빛을 세상에 반사하라

하나님의 빛을 받아 반사하는 사람들에게 이런 놀라운 약속들이 이루어질 것인데, 이 약속이 언제 이루어졌습니까? 포로에서 해방된 후에 어느 정도는 이루어졌습니다. 그러나 오늘 말씀대로 다 이루어지지는 않았습니다. 그럼 이 예언은 실패한 것일까요? 아닙니다. 바벨론 포로에서 해방되는 것은 온 인류 구원의 예표입니다. 이사야는 이스라엘이 바벨론 포로에서 돌아오는 것을 통하여 세상 만민이 하나님께로 돌아올 것이고, 그 이후에 이루어질 하나님 나라의 완성을 본문을 통해 설명하고 있습니다. 다시 말하면 이사야의 시야가 확장되면서 앞으로 이루어질 영적인 예루살렘, 영원한 천국까지 바라보는 것입니다.

본문에는 해와 달이 아니라 여호와 하나님이 영원한 빛이 되신다(19

절)고 했는데, 요한계시록 21장에서는 천국에는 해와 달이 없을 것이라고 말합니다(계 22:5). 슬픔이 없을 것(20절)이라고 했는데, 요한계시록에서는 눈물을 닦아 줄 것이라고 표현하고 있습니다(계 21:4). 의롭게 되어 영원히 그 땅을 차지한다(21절)고 했는데, 요한계시록에서는 흰옷을 입은 자들이 그 나라를 상속하겠다고 말씀하고 있습니다(계 7:13-14). 다시 말하면 19-21절은 미래의 천국 모습을 설명하는 것입니다. 회복될 이스라엘의 마지막 지점은 영원한 하늘나라임을 보여 주는 것입니다.

지금 이 말씀을 듣는 사람들은 정치적으로 이스라엘 사람들인데, 이제 이스라엘의 범위는 점점 확대되어 영적인 이스라엘이 됩니다. 영적인 이스라엘은 하나님을 믿는 성도들이고, 하나님의 교회를 영적인 이스라엘로 보기도 합니다. 그러므로 이 말씀은 하나님을 믿는 성도들에게 주신 약속의 말씀이며, 더 나아가서 하나님의 교회를 향한 약속이기도 합니다.

하나님이 이 땅의 교회들에게 오늘도 바라고 소망하시는 것이 있습니다. 그것은 "일어나라. 빛을 발하라"는 것입니다. 그런데 많은 교회가 세상을 바라보며 낙심하고, 교회가 위축되는 것을 두려워하고 있는데 그러면 안 된다는 것입니다. 세상의 어둠을 바라보지 말고, 시선을 돌려서 하나님을 바라보라는 말씀입니다. "하나님의 영광의 빛을 교회가 받아야 한다. 그리고 그 빛을 세상에 전파하라"는 것입니다. 그것이 교회가 할 일입니다.

또한 하나님의 자녀들인 우리에게 주시는 말씀이 뭡니까? 어두운 세상을 바라보고 낙심하지 말고, 하나님을 바라보고, 하나님이 너희를 위해 준비한 영광의 빛을 받고 일어서서 하나님의 사람이 되고, 하나님의 빛을 세상에 비추라는 것입니다. 이제 우리는 하나님 앞에서 일어나야 하고 우리에게 주어진 빛을 세상을 향해 비추어야 합니다.

1950년대 미국의 유명한 여자 배우 콜린 에반스(Colleen Evans)가 있습니다. 마릴린 먼로(Marilyn Monroe)와 동시대에 최고의 미인이었습니다. 그런데 인기 절정에서 갑자기 은퇴를 선언했습니다. 사람들은 깜짝 놀라며 아쉬워했습니다. 그 이유를 알고자 했습니다. 에반스는 이렇게 말했습니다. "여러분, 나는 지금 깊은 사랑에 빠져 있습니다." 갑자기 박수와 함께 카메라의 플래시들이 터지기 시작했습니다. 한 기자가 물었습니다. "도대체 당신이 선택한 행운의 남자는 누구입니까? 이름을 밝혀 주십시오."

에반스는 말했습니다. "내가 그를 선택한 것이 아닙니다. 그분이 나를 선택하셨습니다. 그분의 이름은 예수 그리스도입니다." 관중은 깜짝 놀랐습니다. "이제 나는 나를 선택하신 그분을 위해서 살기 위해 할리우드를 떠나 선교지로 갈 것입니다." 그래서 에반스는 선교사와 결혼하고 아프리카 우간다로 가서 선교에 일생을 바칩니다.

선교를 하다가 안식년에 잠시 귀국했을 때 빌리 그레이엄(Billy Graham) 목사님이 물었습니다. "에반스 양, 할리우드의 영광과 명예와 인기를 포기하고 선교사로 떠난 것이 후회되지 않았나요? 정말 행복합니까?" 그러자 에반스는 "후회라니요? 목사님, 무슨 후회입니까? 이 선교 사역은 나에게 너무도 과분하고 이 세상의 어떤 명예로운 자리와도 바꿀 수 없습니다." 이렇게 고백했습니다.

그러나 에반스와 쌍벽을 이루던 먼로는 세상 사람들의 박수와 갈채와 부귀영화를 최고로 누렸으나 마지막에는 밀려오는 고독과 허무, 인생의 무의미를 이겨 내지 못하고 마침내 자살했습니다. 한 시대를 지배했던 두 여자의 인생은 극명하게 갈렸습니다. 하나님을 바라보며 그 빛을 받고 일어서서 빛을 발한 인생과 어둠 속에서 쓰러져 일어나지 못한 인생으로 갈라졌던 것입니다.

에반스의 말 중에 사람들이 충격을 받은 말이 있습니다. "나는 내가 선택한 삶을 사는 것이 아닙니다. 그분이 나를 선택하셨으므로 선택받은 자로 살아가는 것입니다." 선택받은 자만이 비추어야 할 빛이 있습니다. 우리는 반드시 일어나서 그 빛을 발해야 할 줄로 믿습니다.

세상은 어떠합니까? 본문과 똑같습니다. 어둠이 땅을 덮었고 캄캄함이 만민을 가렸습니다. 그러므로 세상만 바라보면 희망이 없습니다. 그러나 우리는 이 가운데 쓰러져 있으면 안 됩니다. 세상이 아닌 하나님을 바라봐야 합니다. 하나님의 영광의 빛을 사모해야 하고, 그 빛을 받고, 그 빛을 세상에 비추는 우리 모두가 되기를 축원합니다.

"어두운 세상을 바라보며 낙심하지 말고 하나님을 바라보며 그 빛을 받고 일어서서 세상을 향해 빛을 발하게 하소서."

하나님 아버지!

이 세상은 캄캄합니다. 어둠이 온 땅을 덮었습니다. 그러나 세상만 바라보며 어둠 속에 쓰러져 있지 않게 하소서. 하나님을 바라보며 영광의 빛을 우리 위에 비추시는 하나님의 은혜를 힘입어 일어나서 빛을 발하는 인생이 되게 하소서. 우리를 향한 하나님의 소원, "일어나라 빛을 발하라" 이 말씀이 우리에게 이루어지게 하시고, 우리가 자녀들에게 간절히 바라는 소망, "얘야, 일어나서 빛을 발하라"는 말이 우리 자녀들에게 이루어지게 하소서.

함께 이야기하기

[1] 우리를 향한 하나님의 소원은 무엇인가요?

[2] 일어설 수 없는 상황 가운데 우리는 어떻게
    일어날 수 있나요?

[3] 내게 주어진 자리에서 '일어나 빛을 발할 수
    있는' 방법이 있다면 나눠 봅니다.

29

하나님 없는
슬픔

이사야 61:1-3

옛날부터 사람들은 자신이 누구인가를 알고자 했고, 자기 존재의 의미와 가치를 하나님과의 관계를 통해 해결하려고 노력했습니다. 그리고 다음과 같은 결론을 내렸습니다. "인간은 신 앞에서 무기력하고 초라하다. 더 나아가서 죄인이다." 아무리 인간을 높이 평가했던 문화 속에서도 신과 인간의 엄청난 차이 앞에서 인간은 소외감을 느꼈습니다. 그래서 신과 만나려는 몸부림, 그것이 인류의 갈망입니다.

이러한 인간의 딜레마를 철학적으로 극복하고 하나님을 세계 안에서 만나고 또 세계 안에서 하나님을 만날 수 있는 '통합적 세계관'을 얻으려고 시도한 사람이 독일의 철학자 헤겔(Hegel)입니다. 헤겔은 "신과 인간과의 분열 문제를 푸는 것이 인류 최대의 과제다"라고 말했습니다.

문제의 핵심은 하나님은 무한하시고 인간은 유한하다는 데 있습니다. 그러므로 두 존재는 만날 수 없습니다. 인간이 신이 되어 올라갈 수도 없고, 신이 인간처럼 저속하고 타락해도 안 됩니다. 이런 세계관으로는 해결할 수 없다고 고민하던 그는 마침내 해결책을 발견합니다. 예수 그리스도입니다. 사람이 되어 이 땅에 오신 예수님, 그분이야말로 하나님과 인간의 접촉점이고, 세상의 비밀을 풀어 주는 열쇠이며, 인간이 이해해야 할 가장 큰 신비가 되시는 것입니다. 이사야서 61장은 이 땅에 오신 예수님은 어떤 분이시며, 어떻게 그분과 만날 수 있고 그 결과는 무엇인가에 대한 설명입니다.

예수님은 누구신가

첫째, 예수님은 어떤 분이신가요?

주 여호와의 영이 내게 내리셨으니 이는 여호와께서 내게 기름을 부으사 가난한 자에게 아름다운 소식을 전하게 하려 하심이라 나를 보내사 마음이 상한 자를 고치며 포로 된 자에게 자유를, 갇힌 자에게 놓임을 선포하며 여호와의 은혜의 해와 우리 하나님의 보복의 날을 선포하여 모든 슬픈 자를 위로하되 (사 61:1-2)

이 구절은 예수님이 공생애를 시작하면서 자신이 누구인지를 설명하신 아주 중요한 내용입니다. 누가복음 4장에서 예수님이 갈릴리 나사렛 고향에 있는 회당을 방문하셨는데, 한 말씀 해 달라고 했더니 이 말씀을 읽고 나서 다음과 같이 말씀하셨습니다. "이 글이 오늘 너희 귀에 응하였느니라"(눅 4:21). 다시 말하면 "이사야서 61장 1-2절은 바로 나를 가리키는 말씀이다"라는 뜻입니다. 1절의 "나"는 1차적으로는 이사야를 의미하는 말입니다. 그러나 1-2절의 진정한 의미는 예수님에게서 완성되었다는 뜻입니다.

우리가 예언서에서 꼭 알아야 하는 중요한 개념이 있습니다. 바로 '사건 지향적 시간 개념'(fact-oriented time concept)입니다. 쉽게 말해 사건만 남기고 시간을 뺀 것입니다. 예를 들면 백두대간 사진을 찍었을 때 평면에 여러 개의 산이 겹쳐 있는 것같이 보이지만, 사실은 그 산과 산의 거리는 멀리 떨어져 있습니다. 산을 하나의 사건이라고 보고 시간을 거리로 본다면, 시간을 빼고 압축해서 여러 개의 산을 동시에 본다는 뜻입니다.

이사야-예수님-나, 시간적으로는 굉장히 멀어요. 이사야와 예수님은 700년, 예수님과 나는 2천 년의 시간 간격이 있습니다. 그러나 여기서 시간을 다 빼 버리고 거리를 압축하면 이사야, 예수님, 내가 모두 다 한 점에서 만나는 것입니다. 그러니까 여기서 "나"는 이사야도 되고, 예수님도 되고, 예수님을 만난 나 자신도 된다는 뜻입니다.

예수님이 오셔서 어떤 일을 하셨습니까? 네 가지 일을 하셨습니다(1절). 가난한 자에게 아름다운 소식을 전하시고, 마음이 상한 자를 고치시고, 포로 된 자에게 자유를 주시고, 갇힌 자를 놓아 주려고 오셨습니다. 이 세상의 슬픔을 네 가지로 요약하고 있습니다.

가난. 엄청난 슬픔이지요. 가난의 설움은 대단한 것입니다. 단순히 배고픈 것만 생각하시나요? 더 슬픈 것은 가난 때문에 모든 가능성이 사라지는 것입니다. 미래에 대한 꿈이 다 무너지는 것입니다. 엄청난 슬픔입니다. 다음으로 마음이 상하면 아무것도 할 수 없습니다. 세상을 살아갈 힘을 잃어버립니다. 그래서 마음이 상하면 죽어 버리잖아요? 또한 포로가 된 삶, 노예의 삶. 더 말해서 무엇을 하겠습니까? 질병의 포로가 되고, 악한 영의 포로가 되는 것, 얼마나 비참합니까? 그리고 갇힌 자(잘못된 사상에 묶이고, 뭔가에 중독되어 헤어나지 못하고, 트라우마를 극복하지 못하고 끌려다니는 비참함). 그 슬픔은 말로 다 표현할 수 없습니다. 네 가지 슬픔은 인류의 슬픔을 압축한 것입니다.

그런데 예수님은 어떤 분이신가요? 모든 슬픔을 위로하고 치료하시는 분입니다(1절). 또한 하나님의 심판과 구원을 선포하시는 분입니다(2절). '어떻게 해야 심판이 아니라 구원을 받을 수 있는가?' 그 방법을 알려 주시는 분입니다.

예수님은 다가오셔서 위로하신다

둘째, "예수님은 어떻게 메시아의 사역을 감당하는가?"입니다.

예수님은 시온에서 슬퍼하는 자를 위로하십니다. 그래서 그들이 의의 나무가 되어 하나님의 영광을 나타내게 하십니다.

> 무릇 시온에서 슬퍼하는 자에게 화관을 주어 그 재를 대신하며 기쁨의 기름으로 그 슬픔을 대신하며 찬송의 옷으로 그 근심을 대신하시고 그들이 의의 나무 곧 여호와께서 심으신 그 영광을 나타낼 자라 일컬음을 받게 하려 하심이라 (사 61:3)

"슬픔"이란 단어가 계속 나오는데, 1절에서는 슬픔을 가진 사람들을 네 종류로 설명합니다. 그런데 2절에서는 그들을 "모든 슬픈 자"라고 말합니다. 3절에서는 "시온에서 슬퍼하는 자"라고 설명합니다. 슬픔이 점점 모이고, 결국 '시온의 슬픔'이 모든 슬픔의 뿌리라는 것을 보여 줍니다.

그렇다면 시온에서 슬퍼하는 자는 어떤 사람일까요? "시온"은 성전을 가리키는 말입니다. 더 구체적으로는 번제단을 말합니다. 성전에서 슬퍼하는 이유가 뭘까요? 돈이 없어서? 내 몸이 병들어서? 내 자녀가 잘되지 못해서? 아닙니다. '시온의 슬픔'이란 하나님을 만나지 못한 슬픔을 말합니다. 하나님의 이름을 알고 그 이름을 부르지만 그 이름의 실체가 되시는 분의 존재를 느끼지 못하는 공허함, 하나님으로 내 마음을 채우고 싶은데 하나님으로 채워지지 않아서 텅 빈 내 마음, 하나님과 나와의 거리감을 느끼면서 안타까워하는 그 마음이 바로 시온의 슬픔입니다.

하나님을 만나지 못한 영혼의 갈급함이 시온의 슬픔입니다. 이 시온의 슬픔을 해결하시는 분이 예수님입니다. 예수님을 통해서 하나님을 만날 때, 시온의 슬픔이 해결될 때 인생의 모든 문제가 해결되는 것입니다.

"나는 이것 때문에 슬퍼. 애인이 떠났기 때문에, 시험에 떨어졌기 때문에, 돈이 없어서, 병들어서 슬퍼." 이렇게 슬픔의 목록들이 누구에게나 있겠지만 사실은 그것 때문이 아닙니다. 진짜 이유는 내 마음에 하나님이 없기 때문입니다. 아무리 힘들고 슬픔이 많아도 내 마음이 하나님으로 충만하면 슬퍼하지 않을 수 있습니다. 하나님으로 채워지지 않는 텅 빈 마음, 그 공간으로 여러 가지 슬픔이 파고드는 것입니다.

그런데 너무나 많은 사람이 내 슬픔의 원인이 뭔지, 그 슬픔을 어떻게 해결해야 하는지 모릅니다. 그러므로 지금 내 마음이 어떤 것 때문에 슬프다면 지금 내 마음이 하나님으로 채워져 있지 않다는 신호입니다. 예수님을 통해 시온의 슬픔을 해결하지 못했기 때문입니다. 그러므로 우리는 슬플 때마다 기도해야 합니다. "하나님, 이것 때문에 슬프지만 사실은 하나님 없는 빈 마음이 슬픔의 원인입니다. 세상의 어떤 것으로 내 마음을 채우려는 마음이 십자가 앞에 죽게 하시고, 제 마음이 하나님으로 채워져서 어떤 상황에서도 슬퍼하지 않게 하소서."

미국의 방송 설교자이며 상담가인 헨리 클라우드(Henry Cloud) 목사님에게 어느 날 전화가 걸려 왔습니다. "목사님, 저는 헬렌이라는 여자입니다. 목사님의 방송을 듣다가, 제가 병들고 두려워서 하나님께 기도했습니다. '정말 하나님이 살아 계신다면 저를 꼭 만나 주시기를 바랍니다.' 그런데 어느 날 예수님이 나타나셨습니다." 이렇게 말하기에 목사님은 "축하합니다. 예수님을 만나셨군요. 얼마나 기쁘세요?" 했습니다. 그런데 이렇게 말하는 것입니다. "저는 기쁘지 않습니다. 너무나 당황스럽습니다. 그래서 전화를 드린 것입니다." "아니, 왜 기쁘지 않습니까?" "저는 유대인이거든요. 유대인은 예수를 인정하지 않습니다. 저는 하나님을 만나기 원했지 예수님을 만나려고 하지는 않았거든요."

그 말을 듣고 목사님은 이렇게 설명해 주었습니다. "우리가 하나님을 갈망할 때 우리에게 나타나시는 분은 예수님입니다. 예수님은 우리가 하나님께로 나가게 해 주는 유일한 길이기 때문입니다. 예수님은 하나님과 우리 사이를 중보하는 분이시며, 우리에게 나타나시는 하나님입니다. 그러므로 하나님을 찾을 때 예수님이 나타나시는 것이 성경의 가르침입니다. 그래서 예수님은 말씀하셨습니다. '나를 본 자는 아버지를 본 것이다.'" 그 말을 듣고 헬렌은 기뻐했습니다. "제가 하나님을 제대로 만난 것이군요. 하나님이 예수님을 통해 저를 만나 주셨군요. 저는 예수님을 메시아로 인정합니다" 하고 예수님을 영접했습니다.

하나님을 만나기 원하는 자, 하나님이 없어서 슬퍼하는 자, 마음이 하나님으로 채워지지 않아서 탄식하는 자, 그들에게 예수님은 다가오셔서 시온의 슬픔을 위로하시고, 하나님을 만나게 해 주시고, 하나님의 자녀가 되게 하시고, 의롭게 하십니다. 우리가 어떻게 하나님 앞에 의로워질 수 있죠? 예수님을 통해서입니다. 하나님이 나를 구원하기 위해 예수님을 보내 주셨다는 것을 믿음으로써, 예수님은 내 죄를 용서하기 위해 죽으신 하나님의 어린양이라는 것을 고백함으로써 죄를 용서받고 의를 얻으며 하나님의 자녀가 되는 것입니다.

오늘도 우리는 수많은 슬픔에 빠져 있습니다. 어떻게 회복할 수 있을까요? 시온의 슬픔을 가지면 됩니다. 하나님 없는 내 마음, 세상의 어떤 것으로 내 마음을 채우려는 그 마음이 십자가 앞에서 죽었다는 것을 고백하고 하나님으로 내 마음이 채워지기를 갈망할 때, 예수님을 통해 하나님을 만나고 시온의 슬픔을 극복하게 됩니다.

우리를 통해 구원받기를 원하는 이들에게 어떻게 예수님을 전할까요? "예수 믿고 죄 사함 받고 천국 가자. 기도하면 다 이루어 주셔"라고 전할까요? 그러면 "나 죄 없어. 천국이 어디 있어? 기도하면 다 들어준다고? 하나님이 내 욕심을 채워 주는 분인가? 나 그런 하나님 안 믿는다." 이렇게 나오면 할 말이 없지요. 이럴 때는 시온의 슬픔을 가르쳐야 합니다. "인생이 힘들고 너무 슬프지? 뭔가 텅 빈 것 같고, 하나님이 계신다면 질문하고 싶은 것이 많지? 네 마음은 하나님을 원하고 있지? 너의 창조주, 네가 그렇기 만나기를 원하는 하나님을 만날 수 있어. 그분은 너를 사랑하시고 너를 기다리고 계셔. 그분에게 가서 물어봐. 네 인생은 왜 이렇게 고단한지, 너는 어디서 위로를 받을 수 있는지. 그러면 너에게 대답해 주실 거야. 그리고 네 삶을 인도해 주실 거야. 그럴 때 너는 인생의 의미를 깨닫고 기뻐할 수 있을 거야."

이렇게 하늘 아버지에 대한 그리움이 생기도록 해 주어야 합니다. 모든 슬픔의 뿌리가 되는 시온의 슬픔을 가르쳐 주어야 합니다. 그럴 때 우리 영혼의 갈망이 살아나면서 그 영혼이 하나님을 향해 나옵니다.

슬픔을 극복한 사람의 역할

셋째, 예수님을 만난 결과는 무엇일까요? 재 대신 화관을 주십니다(3절).

"재"는 슬픔과 죽음을 의미합니다. 머리에 재를 뒤집어쓰고 통곡하는 것입니다. 그런 사람이 예수님을 만나면 머리에 '화관'을 씁니다. 기쁨의 축제 때 쓰는 것이 화관, 꽃으로 장식한 관입니다. 재 대신 화관을 주시고, 슬픔 대신 기쁨을, 근심 대신 찬송을 부르게 하십니다. 세상이 줄 수도 없고 알 수도 없는 기쁨으로 충만하게 됩니다.

시온의 슬픔을 예수님 안에서 해결한 사람, 하나님 안에서 의의 나무가 된 사람은 세상을 향해 어떤 역할을 하게 될까요? 바벨론 포로에서 돌아올 때 예루살렘이 회복되는 것처럼, 예수님을 통해 의로워진 사람들은 하나님과 다른 사람의 무너진 관계를 다시 세워 줄 수 있습니다(4절).

그 결과 우리는 그 사람에게 하나님의 제사장(하나님의 봉사자)이 되는 것입니다(6절). 당시 이스라엘 사람들이 생각했던 가장 큰 영광은 성소에서 일하고 봉사하는 것입니다. 과거에는 내가 죄의 노예였는데 이제는 누군가를 하나님께로 이끄는 하나님의 제사장이 되어 살아갑니다. 그런 영광을 주시겠다는 것입니다. 그래서 그 사람도 영혼의 기쁨을 누리며 찬송하게 될 것이라고 말씀하십니다(10절). 이것이 그리스도인의 삶입니다. 이 은혜가 우리 모두에게 있기를 축원합니다.

"시온의 슬픔이 모든 슬픔의 뿌리라는 것을 알게 하소서. 하나님을 만남으로 시온의 슬픔이 해결되고, 그때 우리의 모든 슬픔도 해결됨을 알게 하소서. 예수님께 나아가 하나님 없는 슬픔을 고백하며 십자가를 붙들 때 하나님의 자녀가 되고 내가 십자가 은혜로 의로워짐을 경험하게 하소서."

하나님 아버지!

우리 가운데 모든 슬픈 자들(가난한 자, 마음이 상한 자, 포로 된 자, 갇힌 자들)을 위로하소서. 시온의 슬픔이 무엇인지 알게 하시고, 시온의 슬픔을 통해 우리를 하나님께로 인도하시는 예수님을 오늘도 만나게 하셔서 재 대신 화관을, 슬픔 대신 기쁨을, 근심 대신 찬송을 부르게 하소서. 우리가 또한 하나님의 제사장 역할을 하게 하시고, 다른 사람의 신앙을 회복시키고, 그들이 영혼의 기쁨을 알고 찬송을 부를 수 있게 하소서.

함께 이야기하기

[1] 예수님은 어떻게 메시아의 사역을 감당하셨
    나요?

[2] 슬픔을 극복한 사람의 역할은 무엇인가요?

[3] 예수님의 위로와 그를 통한 은혜를 경험한 적
    이 있다면 나눠 봅니다.

30

쉬지 않으시는
하나님

이사야 62:1-5

어떤 학생이 고학을 하면서 법과대학을 다녔는데 마지막 졸업 학기를 남겨두고 도저히 학자금을 마련할 수 없어 고민하다가 신부님을 찾아가서 부탁했습니다. "마지막 학기인데 학비가 없어 졸업을 못할 처지에 놓였습니다." 그 말을 듣고 신부님은 "마침 어떤 교인이 좋은 일에 써 달라고 돈을 좀 두고 갔는데 이것을 가지고 가게" 하면서 봉투를 청년에게 주었습니다.

감격한 청년이 인사하고 자리에서 일어나려는데, 신부님이 "잠깐, 내가 질문을 하나 하겠네. 자네, 그 돈으로 무엇을 할 것인가?" 하고 물었습니다. "네? 당연히 등록금을 내야지요." "그다음에는?" "졸업해야지요." "그다음에는?" "변호사가 되겠습니다." "그다음에는?" "돈을 벌겠지요?" "그다음에는?" "결혼을 하겠습니다." "그다음에는?" "어려운 사람들을 위해 봉사하겠습니다." "그다음에는?" 그러자 청년은 더 이상 대답하지 못했습니다. 그러자 신부님은 말했습니다. "그다음은 내가 말하지. 자네는 죽을 것이네. 그다음에는 하나님의 심판대 앞에 서게 될 거야. 언제나 그것을 잊지 말게. 알겠는가?"

청년은 알겠다고 인사드리고 나왔는데, 계속해서 신부님이 한 말, "그다음에는, 그다음에는?"이 사라지지 않았습니다. 청년은 마침내 성직자가 되기 위해 수도원으로 들어갔고, "그다음에는"을 좌우명으로 삼았습니다. 그 결과 훌륭한 성직자로 살았습니다. 그는 죽으면서 자기의 인생을 바꾼 "그다음에는" 이 말을 자기 묘비에 새겨 달라고 했고, 프랑스어로 "그다음에는"을 세 번이나 반복해 "아프레 쏠라, 아프레 쏠라, 아프레 쏠라"(après cela, après cela, après cela)라고 묘비에 새겨 놓았다고 합니다. 프랑스 파리의 수도원 입구에 세워진 비석에 대한 이야기입니다.

"그다음에는?" 여러분, 마지막 지점을 생각하면 인생을 바라보는 눈이 달라집니다. 그리고 그것이 확실하다면 오늘을 어떻게 살아야 할지 분명히 알게 됩니다. 미래를 모른다면 불안하지만 확실한 미래가 있다면, 더구나 그 미래가 밝다면 지금의 고난도 얼마든지 견딜 수 있습니다.

오늘도 쉬지 않고 일하신다

이사야서 62장은 하나님을 사랑하는 자, 하나님을 갈망하는 자에게 주시는 약속의 말씀입니다. 크게 세 가지 내용입니다. 회복에 대한 약속, 하나님의 사랑 고백, 하나님의 백성이 해야 할 일입니다.

첫째, 하나님을 갈망하는 자에게 회복에 대한 약속을 주십니다.

나는 시온의 의가 빛같이, 예루살렘의 구원이 횃불같이 나타나도록 시온을 위하여 잠잠하지 아니하며 예루살렘을 위하여 쉬지 아니할 것인즉 이방 나라들이 네 공의를, 뭇 왕이 다 네 영광을 볼 것이요 너는 여호와의 입으로 정하실 새 이름으로 일컬음이 될 것이며 (사 62:1-2)

시온과 예루살렘이 등장합니다. 시온에 있는 성전과 예루살렘 도성을 회복시키겠다는 것입니다. "빛같이, 횃불같이 나타나게 하겠다." 어둠 속에서는 아무것도 보이지 않습니다. 그러나 빛이 비치면 잘 보입니다. 특별히 밤에 횃불을 들면 먼 데서도 다 볼 수 있습니다. 그러니까 온 세상이 다 보고 알 수 있도록 예루살렘 도성과 성전을 회복시키겠다는 말씀입니다.

그것을 위해 하나님은 잠잠하지 않고 쉬지 않는다고 말씀하십니다. 마치 무엇과 같을까요? 갓난아기는 온종일 잠을 잡니다. 가끔 엄마를 보고 웃어 주거나 울거나 그것이 전부입니다. 그러나 엄마는 귀를 막고 잠잠하거나 무관심하게 쉬지 않습니다. 아기를 하루 종일 지켜보고 있습니다. 아기가 무슨 소리를 내면 벌떡 일어나 달려가고, 아기에게 필요한 것이 뭔지 찾아 그것을 위해 일합니다.

어릴 때 많이 불렀던 "섬집 아기"라는 동요가 있습니다. "엄마가 섬 그늘에 굴 따러 가면/ 아기가 혼자 남아 집을 보다가/ 바다가 불러 주는 자장 노래에/ 팔 베고 스르르르 잠이 듭니다// 아기는 잠을 곤히 자고 있지만/ 갈매기 울음소리 맘이 설레어/ 다 못 찬 굴 바구니 머리에 이고/ 엄마는 모랫길을 달려옵니다." 엄마의 마음이 이해가 됩니까? 아기는 잠이 들어 아무것도 모르지만 엄마는 한순간도 아기를 잊지 않습니다. 갈매기 울음소리에도 잠잠할 수 없어서, 엄마는 모랫길을 쉬지 않고 달려옵니다. 왜? 아기를 사랑하니까! 하나님이 그렇다는 것입니다. 사랑하는 자녀들을 위해서 쉬지 않고 일하십니다.

바벨론에 끌려가서 죽도록 고생하는 이스라엘 백성은 스스로를 해방시킬 능력이 없고 할 수 있는 일이 전혀 없습니다. 전적으로 무능합니다. 그러나 하나님은 그들이 이해할 수 없는 방법으로 그들을 위해 쉬지 않고 일하십니다. 그래서 돌아오게 하시고, 새 이름으로 일컬음을 받게 하실 것입니다. "전에는 하나님께 버림을 받은 자들이라고 했는데, 아니구나. 정말 이스라엘 백성은 하나님께 사랑받는 자들이구나." 이것을 모든 사람에게 보여 주겠다는 것이 하나님의 약속입니다.

여러분, 하나님은 오늘도 우리를 위해 쉬지 않고 일하십니다. 내 눈에는 아무것도 보이지 않고 캄캄하고 답답하고 한심하고 눈물이 나지만, 오늘도 하나님은 나를 위해 일하고 계심을 믿습니까? "나는 오늘도 너를 회복시키기 위해 쉬지 않고 일하고 있다"는 주님의 음성을 들을 수 있기를 바랍니다.

너는 내 기쁨이란다

둘째, 하나님이 우리를 얼마나 사랑하시는가에 대한 내용입니다.

너는 또 여호와의 손의 아름다운 관, 네 하나님의 손의 왕관이 될 것이라 다시는 너를 버림받은 자라 부르지 아니하며 다시는 네 땅을 황무지라 부르지 아니하고 오직 너를 헵시바라 하며 네 땅을 뿔라라 하리니 이는 여호와께서 너를 기뻐하실 것이며 네 땅이 결혼한 것처럼 될 것임이라 마치 청년이 처녀와 결혼함같이 네 아들들이 너를 취하겠고 신랑이 신부를 기뻐함같이 네 하나님이 너를 기뻐하시리라 (사 62:3-5)

"너희는 나에게 어떤 존재인가?" 하나님의 손에 들린 아름다운 관, 왕관입니다. 왕의 영광이 왕관에 집약되어 있거든요. 그만큼 "너희는 내가 소중히 여기는 존재다"라는 말씀입니다.

두 개의 단어가 나옵니다. '헵시바'와 '뿔라'입니다. 헵시바는 어떤 뜻일까요? 이 단어의 주석에 보면 "나의 기쁨이 그(녀)에게 있다"라고 쓰여 있습니다. 남자가 아주 사랑하는 여자를 향해 부르는 애칭입니다. "너는 내 기쁨이야." 쁠라 역시 주석을 보면 그 뜻은 "결혼한 여자"입니다. 그냥 유부녀라는 뜻이 아닙니다. 신랑이 신부를 보면서 "내 신부, 정말 예뻐 죽겠어." 이런 소리를 듣는 여자라는 뜻입니다(5절). 남편의 사랑을 엄청나게 받는 여자, 남편이 좋아서 어쩔 줄 모르는, 그렇게 사랑받는 아내를 가리키는 말입니다. "신랑이 신부를 보고 기뻐하듯이 하나님이 너를 기뻐하시리라." 하나님이 나를 보시고 기뻐하신다는 말입니다. "바라만 봐도 좋아." 이런 뜻입니다.

우리도 누군가를 정말 사랑하면 이렇게 말합니다. "너는 내 기쁨이야. 예뻐 죽겠어. 내가 너 때문에 살아." 생각만 해도 벅차지 않습니까? 지금 이스라엘 백성은 스스로를 버림받은 자로 생각하고 있습니다. 우리는 노예이므로 희망이 없다고 생각합니다. 나도 내가 싫은데, 어떤 때는 스스로 부끄럽고 민망한데 하나님은 나를 헵시바라고, 쁠라라고 하십니다. 이 말씀에 의지해서 무너진 자기 정체성을 회복하길 바랍니다.

세상에 하나님 사랑을 외쳐라

셋째, 하나님의 백성이 해야 할 일입니다.

예루살렘이여 내가 너의 성벽 위에 파수꾼을 세우고 그들로 하여금 주야로 계속 잠잠하지 않게 하였느니라 너희 여호와로 기억하시게 하는 자들아 너희는 쉬지 말며 또 여호와께서 예루살렘을 세워 세상에서 찬송을 받게 하시기까지 그로 쉬지 못하시게 하라 (사 62:6-7)

"하나님이 너희를 파수꾼으로 세우셨다. 그러니 잠잠하지 말고 외쳐라." 우리는 엄청난 하나님의 사랑을 받았습니다. 그 사랑이 나에게서 끝나면 안 되고, 이제는 세상을 향해 하나님의 사랑을 전해야 합니다. 다시 말하면 우리에게 파수꾼의 사명이 있다는 것입니다. 그러므로 쉬지 말고 부지런히 하나님의 사랑을 만민에게 알게 하라는 것입니다. 언제까지? "여호와께서 찬송을 받게 하시기까지!" 온 세상에 하나님의 사랑이 전해져서 모든 사람이 하나님께 영광을 돌릴 때까지. 이것이 역사의 목적이고 방향입니다. "세상은 요란하고 복잡하지만 하나님은 역사를 어떻게 끌고 가시는가? 온 세상이 하나님을 찬송하는 그 방향으로 역사를 이끌어 가시고, 너희는 그 파수꾼이 되어야 한다"는 말입니다.

여기에 참 놀라운 말이 나오는데 "그로 쉬지 못하시게 하라"입니다. 얼마나 은혜로운 말인지 모릅니다. 누가 하는 얘기예요? 하나님이 "너희는 나를 쉬지 못하게 해야 돼" 하신 것입니다. 그런데 "왜 너희는 외치지 않느냐? 왜 자고 있느냐? 왜 낙담하느냐? 너희는 파수꾼이니 마음 놓고 외쳐라. 하나님은 이런 분이시라고! 그렇게 외칠 때마다 내가 그 소리를 들으면서 '맞아, 내가 그렇게 약속했다' 내가 그 약속을 기억하고 쉬지 않고 반드시 그 약속을 성취할 것이다. 그러므로 너희는 두려움 없이 담대하게 외쳐라. 그래야 세상 사람 모두가 나를 알고 하나님께 영광을 올려 드릴 것이 아니겠느냐?" 이런 은혜의 약속입니다.

본문을 보면 하나님이 그 백성을 얼마나 사랑하시는지 알 수 있습니다. 여기서 질문이 생깁니다. "이렇게 사랑한다고 하시면서 왜 우리를 노예가 되게 하셨습니까? 우리를 보며 좋아 죽겠다 하시면서 왜 이런 고난을 주십니까?" 그 이유가 뭘까요?

한번은 기독교 잡지에서 저를 찾아와서 특별 인터뷰를 했습니다. 주제는 "고난"에 대해서인데 몇 시간 대화를 나누었습니다. 그중에서 이런 질문이 있었습니다. "'고난은 없어야 하는데 왜 있는가? 하나님이 우리를 사랑하지 않으시기 때문인가? 하나님이 우리를 버리셨기 때문인가?' 그리스도인들도 고난을 당하면 이런 생각을 합니다. 여기에 대한 목사님의 입장을 말씀해 주시기 바랍니다."

저는 이렇게 대답했습니다. "고난이 없어야 한다는 것은 잘못된 인생관입니다. 인생은 그 자체로 만만하지 않습니다. 그러나 고난이 있다는 것을 인정하고 거기에 따른 훈련을 받을 때 고난은 줄어들고 인생은 살 만해집니다. 그런데 많은 사람이 고난은 없어야 하고 인생은 항상 즐거워야 한다고 착각합니다. 이것은 정신적으로 바람직하지 않습니다. 왜냐하면 사실과 다르기 때문에, 현실적이지 않기 때문입니다. 현실은 쉽지 않고, 그 가운데서 잘 성장하려면 참고 인내하며 극복해야 할 것들이 많습니다. 신앙적으로도 마찬가지입니다. 우리가 하나님의 자녀라면 고난이 없어야 한다고 하는데, 아닙니다. 무의미한 고난은 없지만 고난은 반드시 있습니다.

또한 하나님의 자녀가 된다는 것이 어떤 의미인지 정확하게 알아야 합니다. 예를 들어 봅시다. 부모가 없는 아이는 어떤 일을 해도 상관하지 않습니다. 아침에 늦게 일어나도, 학교를 가지 않아도, 함부로 욕을 하고 제멋대로 살아도 아무도 뭐라고 하지 않습니다. 그러나 귀한 집 자녀는 그렇게 할 수 없습니다. 부모의 자녀를 향한 기대와 사랑이 크기 때문에, 거기에 걸맞은 자녀로 성장하기 위해서는 통제와 훈련을 받아야 하고, 그런 과정을 통해 아름답게 자라 가야 합니다. 그래야 부모의 기대에 합당한 사람이 되고, 그 집의 자녀다워지고, 그에게 걸맞은 역할을 감당할 수 있는 것입니다.

하나님의 자녀가 된다는 것은 그만큼 거룩해지고, 하나님이 주신 역할을 감당할 수 있어야 하며, 하나님과 영원히 살 수 있는 인격이 되어야 한다는 것입니다. 그런데 그 사람이 죄 가운데 빠져 있다면 하나님이 어떻게 해서라도 거기서 건져서 훈련시켜서 하나님의 자녀답게 만드셔야 합니다. 하나님은 그렇게 하실 의향과 능력이 있습니다. 그리스도인은 가장 존귀한 존재가 되었기 때문에, 그렇게 되기 위해 필요한 훈련이 고난입니다. 그러므로 고난은 버림받은 표시가 아니고, 하나님의 사랑과 우리를 향한 열정의 증거입니다." 이런 이야기를 나누었습니다.

이스라엘 백성은 지금 엄청난 고난 속에 있습니다. 노예가 되었고 버림받았다고 생각합니다. 그러나 하나님은 말씀하십니다, 고난은 과정이라고. 중요한 것은 마지막입니다. "너희는 하나님의 헵시바이며 뿔라인데, 죄 가운데서 헤어나지 못하기 때문에 거기서 빠져나오도록, 진정한 헵시바와 뿔라가 되도록 오늘도 쉬지 않고 너희를 위해 일한다"는 뜻입니다. 그러므로 어려운 현실을 바라보면서 낙심하지 말고, 내가 누구인가를 다시 확인해야 합니다. 나는 하나님의 헵시바요 뿔라입니다. 이런 감격을 가지고 하나님을 전파하는 파수꾼으로 살아가시길 축원합니다.

"오늘도 우리를 헵시바와 뿔라로 불러 주시고, 그렇게 되도록 쉬지 않으시는 하나님을 알아 가게 하소서."

사랑하는 하나님!

내가 나를 보아도 한심한데, 나도 나를 기뻐하지 않는데, 그런 나를 '헵
시바'라고, '쁄라'라고 불러 주셔서 감사합니다. 말씀을 통하여 하나님
의 마음을 알고 배우며, 미래를 바라보고, 어두웠던 마음이 밝아지고
회복되게 하소서. 우리만 구원받고 감격을 누리지 않고, 아직도 하나님
을 알지 못하는 땅끝까지 하나님의 사랑을 전하는 파수꾼으로 살게 하
소서.

함께 이야기하기

[1] 하나님을 갈망하는 사람에게 주신 약속은 무엇
    인가요?

[2] 하나님은 우리를 얼마나, 어떻게 사랑하시나요?

[3] 이 땅 가운데 하나님의 백성으로 우리는 어떤 일
    을 할 수 있는지 나눠 봅니다.

31

붉은 옷을 입은
당신은 누구십니까

이사야 63:1

"예수님은 왜 이 땅에 오셨는가? 왜 십자가에 죽으셨는가?" 이 질문은 그리스도인에게 아주 중요합니다. 대답은 뭘까요? "나를 위해 죽고, 나를 살리기 위해서"입니다. 그래서 종교개혁자 마르틴 루터(Martin Luther)는 《갈라디아서 주석》에서 십자가를 한마디로 "즐거운 교환"이라고 설명했습니다. 나와 예수님의 위치를 교환했다는 말입니다. "즐거운 교환이란 하나님의 아들이 사람이 되시어 우리의 것을 자기 것으로 삼으시고, 자기의 것을 우리에게 나눠 주시어 본질상 그분의 것을 은혜로 말미암아 우리의 것이 되게 하신 것이다."

정말 십자가에 달려서 고난받아야 될 사람은 나인데, 예수님이 나 대신 십자가에 달려 고난을 받으시고 하나님 자녀의 영광을 나에게 주셨습니다. 그래서 우리에게는 즐거운 교환입니다. 예수를 믿는 순간에 이 엄청난 은혜가 바로 내 것이 되는 것입니다.

제가 섬기는 수서교회에서 믿음동산을 할 때 "즐거운 교환" 시간이 있습니다. 자기의 죄와 허물과 연약함과 상처들을 다 종이에 기록해서 십자가에 꽂아 놓습니다. 그리고 십자가 앞에 무릎 꿇고 기도합니다. 아주 상징적이지만 또한 실제적인 것입니다. 십자가 앞에 자기 것을 다 내려놓으면, 나의 모든 연약함과 상처를 내려놓으면, 십자가의 은혜로 그것과는 정반대인 주님의 것을 교환하여 받을 수 있기 때문입니다. 슬픔 대신 기쁨을, 눈물 대신 웃음을, 분노 대신 감사를 회복할 수 있습니다. 그래서 십자가는 은혜이고, 오늘도 살아 역사하는 능력인 것입니다. 십자가 앞에서는 이것이 언제나 가능합니다.

하나님을 대적하다

이사야서 63장은 하나님의 약속이 어떻게 이루어지는가를 보여 줍니다. 총 세 부분으로 나누어지는데, 첫째는 에돔의 죄에 대한 심판입니다. 둘째는 이스라엘 백성에 대한 구원입니다. 셋째는 모든 인생이 하나님 앞에 드려야 하는 기도입니다.

첫째, 에돔의 죄에 대한 심판입니다.

에돔에서 오는 이 누구며 붉은 옷을 입고 보스라에서 오는 이 누구냐 그의 화려한 의복 큰 능력으로 걷는 이가 누구냐(사 63:1상)

"에돔"은 에서의 별명이며, 에서의 후예들이 사는 곳의 지명이기도 합니다. '에돔'은 '붉다'는 뜻으로, 실제 에돔 지역은 땅이 모두 붉은 색입니다. 바위까지도 아주 붉어요. 그리고 에돔은 포도 생산을 아주 많이 하는 곳입니다. 그런데 보스라 지역은 그중에서도 대표적인 포도 산지이고, 아주 큰 양조장이 있습니다.

거기에서 어떤 분이 붉은 옷을 입고 오시는데, 눈부시게 화려한 옷을 입고, 큰 능력으로 걷고 있습니다. 위풍당당한 모습으로 어떤 분이 오십니다. "에돔에서 오는 이 누구며 붉은 옷을 입고 보스라에서 오는 이 누구냐?" 그분이 누구신지 모른다는 것입니다. 그 말을 듣고 그분이 대답하십니다. "그는 나이니 공의를 말하는 이요 구원하는 능력을 가진 이니라"(1절). '나다'는 '너희가 나를 알아야 한다'는 말입니다. 또한 '나는 공의를 베풀며 구원자이다'입니다. 압축하면 "나는 왕이며, 심판자이며, 구원자이다" 이런 뜻입니다.

"어찌하여 네 의복이 붉으며 네 옷이 포도즙 틀을 밟는 자 같으냐"(2절)라고 말합니다. 다시 말하면 "당신의 옷에 포도 물이 튀어서 온통 붉게 물들었습니다. 왜 그렇게 되었습니까?" 이렇게 묻자 그분이 뭐라고 대답하셨습니까? "내가 포도즙 틀을 밟았는데 분노해서 짓밟았다"(3절). 이렇게 말씀하셨습니다. 포도 산지에서 포도를 수확할 때 어떻게 합니까? 큰 바위를 절구처럼 움푹하게 파서 그곳에 포도를 담고 사람들이 밟으면 바위 중간에 나 있는 홈을 통해 붉은 포도 물이 줄줄 흘러나옵니다. 그것을 계속 걸러서 흘러가게 하면 나중에는 맑은 포도즙만 고입니다. 여기서는 진짜 포도즙 틀을 밟았다는 말이 아니라 비유로 말씀하신 것입니다. "에돔의 죄를 내가 심판했다. 분노해서 짓밟았더니 그들의 선혈이, 붉은 피가 내 옷에 튀어 내가 이렇게 피범벅이 되었다"는 말입니다.

그렇다면 에돔의 죄는 무엇일까요? 바벨론이 유다를 정복했을 때 많은 이스라엘 사람이 가까운 에돔으로 도망갔습니다. 왜냐하면 에돔은 에서의 후예거든요. 이스라엘은 야곱의 후예니까 형제의 나라이고, 언어도 비슷하고 통하는 데가 있습니다. 그런데 에돔 사람들은 도망간 이스라엘 사람들을 적에게 넘겨주었습니다. 이때가 이스라엘의 씨를 말릴 수 있는 기회라고 생각하고 다 죽게 만든 것입니다.

이 내용이 시편 137편에 나오는데, 이 노래는 이스라엘 백성이 바벨론 포로로 끌려가서 바벨론 강가에서 고향을 생각하며 울면서 불렀던 노래입니다.

우리가 바벨론의 여러 강변 거기에 앉아서 시온을 기억하며 울었도다 (시 137:1)

여기서 주목할 것은 7절입니다.

여호와여 예루살렘이 멸망하던 날을 기억하시고 에돔 자손을 치소서 그들의 말이 헐어 버리라 헐어 버리라 그 기초까지 헐어 버리라 하였나이다 (시 137:7)

"예루살렘이 멸망하던 날, 에돔 자손들이 이스라엘을 그 기초까지 헐어 버리라고 했습니다. 그러니 그들에게 보복해 주십시오." 이런 내용입니다.

그러니까 바벨론에 나라가 망하던 날, 이스라엘 사람들을 가장 아프게 했던 사람들은 바벨론 사람들이 아닙니다. 에돔 자손이었다는 말입니다. 이스라엘 사람들을 미워하고 질투하고 경쟁하며 "너희, 별것도 아닌 것들이 선민이라고 으스댔는데, 이제 한번 망해 봐라. 이스라엘의 기초까지 무너뜨려라. 그들의 씨를 말려라"라고 했던 에돔 사람들을 심판해 달라는 것입니다. 바벨론에 원수를 갚아 달라고 하지 않고 에돔에게 원수를 갚아 달라고 울었습니다. 한이 맺힌 것입니다. 그러니까 에돔은 영적으로 하나님을 대적하는 사람들을 의미합니다. 그들을 향한 하나님의 심판이 확실히 있다는 것을 보여 줍니다.

환난에 동참하시다

둘째, 이스라엘 백성에 대한 구원입니다.

그렇다면 이스라엘 사람들은 죄가 없고 의로운 사람들입니까? 아 닙니다. 하나님을 대적하는 에돔만 아니라 하나님의 백성이라고 부르는 이스라엘 사람들도 똑같은 죄인입니다.

> 이는 내 원수 갚는 날이 내 마음에 있고 내가 구속할 해가 왔으나 내가 본즉 도와 주는 자도 없고 붙들어 주는 자도 없으므로 이상하게 여겨 내 팔이 나를 구원하며 내 분이 나를 붙들었음이라 (사 63:4-5)

"이스라엘을 구원하려고 보았더니 아무도 없다. 하나님의 심판 사역에 함께할 사람이 아무도 없다." 이렇게 말씀하십니다. 왜냐하면 그들도 심판의 대상이기 때문입니다. 결국 세상 만민이 다 심판의 대상이라는 것입니다.

여기서 하나님의 고민이 나옵니다. 모두가 심판받을 대상인데, 문제는 하나님이 그들을 사랑하십니다. 그래서 은혜를 베푸셨습니다(7절). 하나님이 이스라엘에게 베푸신 자비와 사랑이 엄청납니다. 말해 볼 테니 들어 보라는 것입니다. 이스라엘이 애굽에서 노예가 되었을 때 자기 백성의 고통을 보신 하나님이 "그들은 실로 나의 백성이요 거짓을 행하지 아니하는 자녀라 하시고 그들의 구원자가 되사"(8절). 이렇게 말씀하십니다. 그들의 상태가 훌륭해서 구원하셨다는 뜻이 아니고, 이런 백성으로 만들겠다는 계획과 꿈을 가지고 애굽에서 구원해 내신 것입니다.

그런데 거기서 끝이 아닙니다. 그들의 환난에 동참하셨습니다(9절). 독수리 날개로 품어서 애굽에서 이끌어 내시고 광야 길에 동행하셨습니다. 광야 길에서 험한 곳을 지날 때마다 그들을 업고 안아서 안전하게 인도했고 보살피셨습니다. 그래서 젖과 꿀이 흐르는 땅, 가나안 땅을 주었더니 그들이 말씀을 따라 살지 않고, 가나안 족속의 풍습을 따르고 우상을 숭배했습니다. 그래서 하나님이 돌이켜 그들의 대적이 되어 그들을 치셨습니다. "도저히 더 이상 봐줄 수가 없어. 그대로 두었다간 다 죽겠다"(10절). 그래서 치셨습니다. 그것이 바벨론 포로 사건입니다. 이대로는 고칠 방법이 없어요. 그래서 살리기 위해 대수술을 하기로 결심하십니다. 버린 것이 아니라 고치려고 그곳으로 보내신 것입니다.

그랬더니 그들이 뭐라고 했습니까? "왜 이제는 모세의 기적이 나타나지 않느냐? 열 가지 재앙을 통해 애굽을 벌하고 출애굽을 시키셨는데(11절), 또한 홍해를 가르고 그 바닷속을 마른 땅으로 걸어가게 했던 그 놀라운 능력을 베푸셨던 하나님은 어디 가셨는가(12절)? 왜 우리를 바벨론에 포로로 끌려가게 하셨는가?" 그들의 죄 때문인데, 회개는 하지 않고 "하나님이 어디 계신가? 하나님이 능력이 없다"고 불평합니다. 하나님은 "내가 무능한 것이 아니다. 너희를 버린 것도 아니다. 바벨론에 끌려간 이유는 너희의 죄 때문이고 너희를 고치려는 것이다." 이렇게 이스라엘 역사를 통해 설명하십니다.

여기서 질문이 나옵니다. "왜 심판자가 직접 피투성이가 되는가?" 그 엄청난 능력으로 심판을 명령하면 그만인데, 왜 자기가 피투성이가 되었단 말입니까? 심판자의 모습이 좀 이상하지 않습니까? 이것이 63장의 키포인트입니다. 심판자가 대신 심판을 받은 것입니다. 그것이 바로 피투성이가 된 심판자의 모습입니다. 그래서 그는 심판자이면서도 구원자이고, 의를 가져오는 분이 되시는 것입니다. 마치 무엇과 같습니까?

옛날에 어떤 왕이 정직하고 지혜롭게 나라를 잘 다스렸습니다. 법을 엄격하게 적용해서 불의를 막았고, 그래서 나라가 평안했습니다. 그런데 어느 날 왕이 세운 법을 그 왕의 어머니가 어겼다는 사실이 밝혀졌습니다. 사람들은 궁금했습니다. '왕께서 사랑하는 어머니에게 법을 공정하게 적용할 것인가, 아니면 적용하지 않을 것인가?' 그런데 왕은 그 사실을 알고 "죄인을 데려오라. 그리고 법에 따라서 정확하게 매를 치라"고 했습니다. 신하들은 깜짝 놀랐습니다. "그 매를 맞으면 노모는 생명을 유지하기 어렵습니다."

판결을 마친 왕은 어머니가 묶여 있는 곳으로 가서 왕의 옷을 벗고, 자기 어머니의 몸을 감싸고 어머니 위에서 그 곤장을 다 맞았습니다. 살이 찢기고, 온몸에서 피가 나도록 맞았습니다. 사람들은 숙연해졌습니다. 그 결과 나라의 공의도 세워지고 어머니를 향한 사랑도 길이 기억되었다고 합니다.

예수님은 죄를 심판하심과 동시에 자신이 심판을 받으시고 십자가에 피 흘려 돌아가셨습니다. 이것이 이 땅에 오신 구원자의 모습입니다. 그런데 이런 구원자를 사람들은 알아보지 못했습니다. 그래서 계속 물었습니다. 누구시냐고, 왜 포도즙 틀을 밟은 것처럼 온몸에 피가 가득하냐고. 그러자 "내가 심판자로서 심판을 받았다"고 말씀하시는 것입니다. 이것이 이스라엘 백성을 향한 구원의 내용입니다.

그러니 찬송하고 기도하라

셋째, 모든 인생이 하나님 앞에 드려야 하는 기도 내용입니다.

그들은 노예 생활을 하고 있습니다. 포로의 삶은 비참합니다. 그 가운데서 기도합니다.

> 주는 우리 아버지시라 아브라함은 우리를 모르고 이스라엘은 우리를 인정하지 아니할지라도 여호와여, 주는 우리의 아버지시라 옛날부터 주의 이름을 우리의 구속자라 하셨거늘 (사 63:16)

"하나님은 우리 아버지십니다. 내 육신의 아버지는 나를 버릴지라도 결코 나를 버리지 않으시는 아버지, 진정한 나의 아버지는 하나님이십니다. 그러니 우리를 버리지 마소서. 무너진 우리를 회복시켜 주시고, 돌아와 주를 경외하게 하소서." 이렇게 기도하라고 가르쳐 주십니다.

죄인이지만 구원받은 하나님의 백성이 할 것은 무엇입니까? 두 가지입니다. 첫째는 지나온 인생을 생각하며 받은 은혜에 대해 찬송해야 합니다. "찬송을 말하며"(7절). 내가 구원을 받은 것이 내 의 때문인가요? 아닙니다. 예수님이 나를 대신하여 심판을 받으셨기 때문에 구원받은 것입니다. 그러므로 찬송해야 합니다. 또한 내가 지금 이 자리에 있는 것이 내 힘이었을까요? 아닙니다. 하나님이 나에게 베푸신 은혜와 사랑 때문입니다. 나를 안아 주고 업어 주고 돌보시고 나와 함께하셨기 때문에 오늘 내가 여기 있는 것입니다. 그러므로 "지금까지 지내 온 것 주의 크신 은혜라"(새찬송가 301장) 하고 찬송해야 합니다. 둘째는 기도해야 합니다. "나를 버리지 않으시는 아버지 하나님, 나로 하여금 하나님을 경외하게 하시고 나를 다스려 주소서." 이렇게 기도하라고 가르쳐 주셨습니다.

예수님은 어떤 분이신가요? 붉은 옷을 입으신 분, 죄인을 심판하시는 분, 그러나 죄인을 위하여 피 흘리시는 분, 그분이 예수님입니다. 그러니까 예수님의 십자가는 심판과 구원이 만나는 곳이며, 나의 죄가 예수님의 의와 교환되는 곳입니다. 십자가에 달리신 예수님의 모습이 바로 나의 모습입니다. 예수님은 나를 위해 십자가에서 피의 제사를 드리신 것입니다.

왜 이렇게 이해할 수 없는 일이 일어났는가? 인간을 향한 하나님의 사랑 때문입니다. 이것이 사랑의 모순입니다. 그러므로 하나님의 사랑은 죄인을 심판하는 대신 자기 아들을 심판함으로써 그 문제를 해결했습니다. 이것이 우리가 받은 은혜입니다. 그러므로 그 은혜를 우리는 찬송해야 하고, 오늘도 그 은혜 가운데 살도록 기도해야 할 것입니다.

> "십자가는 죄에 대한 하나님의 심판인 동시에, 하나님의 자기 심판이라는 것을 알게 하소서. 오늘도 십자가를 통해 '즐거운 교환'이 이루어지게 하소서."

하나님 아버지!

하나님을 대적하는 사람들도, 하나님을 믿는 사람들도 다 심판받아 마땅한 죄인들입니다. 그들을 향한 하나님의 사랑과 공의가 만나는 곳이 바로 십자가이며, 거기서 우리의 죄와 하나님의 의가 교환되는 것을 알게 하소서. 예수님이 심판자이시며, 그 심판자가 우리를 위해 피 흘리시는 이 놀라운 신비를 알게 하시고, 그 은혜를 찬송하며 모든 사람이 하나님을 아버지라 부르는 그날이 속히 오게 하소서.

함께 이야기하기

[1] 이스라엘에 대한 구원의 내용은 무엇인가요?

[2] 이 땅에 오신 예수님의 구원자로서의 모습은 무엇인가요?

[3] 모든 인생은 하나님께 무엇을 해야 하나요? 또 내가 경험한 사랑의 은혜를 나눠 봅니다.

32

이사야의
기도

이사야 64:8-9

"기도란 바로 그 사람이다"라는 말이 있습니다. 왜냐하면 기도에는 그 사람의 깊은 고민과 마음속의 간절한 소원과 그의 신앙과 인격이 농축되어 있기 때문에 '바로 그 사람'이라는 말이 성립하는 것입니다. 그래서 사람마다 그가 드리는 기도의 특징이 있습니다. 아브라함의 기도가 있고, 모세의 기도가 있고, 다윗의 기도가 있고, 사도 바울의 기도가 있습니다. 이렇게 유명한 신앙인의 기도를 연구해 보면 그 사람의 신앙과 신학, 더 나아가서 시대상까지 다 알 수 있습니다. 이사야서에도 가장 위대한 선지자 이사야의 기도가 여러 번 나오는데 가장 대표적인 기도가 64장입니다. 이사야서 64장은 아주 위대한 기도입니다.

지금까지 이사야는 먼 미래까지 내다보면서 하나님의 계획을 다 예언했습니다. 하나님께로 돌아오지 않으면 나라가 망할 것이고, 포로가 되어 끌려갈 것이고, 그러나 하나님이 다시 회복시키실 것이라고 했습니다. 그리고 그것을 통해 하나님이 인류 구원의 계획을 말씀하셨고, 메시아가 오셔서 어떻게 그 구원을 완성하실지, 그 완성된 나라의 모습은 어떨지 설명했습니다. 그러므로 과정은 복잡하지만 마지막 그날은 확실하기에 낙심하지 말고, 끝까지 믿음으로 전진하라고 선포했습니다.

그런데 현실은 어떤가요? 변한 것이 없습니다. 전쟁은 계속되고, 나라는 곧 망할 위기에 처해 있습니다. 그런 막막한 상태에서 이사야는 마지막으로 나라와 민족을 위해 간절히 기도합니다. 이 기도는 역사적으로 교회와 성도들이 고난과 핍박을 받을 때 하나님께 탄식하는 기도의 모델로 사용되었습니다. 이사야의 기도는 세 가지 주제로 구성되어 있습니다. 첫째는 원수에 대해서, 둘째는 나(우리)에 대해서, 셋째는 하나님에 대해서입니다.

원수에 대한 기도

첫째, 원수에 대한 기도입니다. 전체 기도의 서론이 1절에 나옵니다.

원하건대 주는 하늘을 가르고 강림하시고 (사 64:1상)

왜 이렇게 기도를 시작할까요? 모든 것이 다 무너졌습니다. 어떤 희망도 보이지 않습니다. 지금 그들에게 정말 필요한 것은 하나님이 하늘을 가르고 불처럼 강림하시는 것입니다. "하늘을 가르시고, 이 땅에 강림하소서." 그것이 모든 문제의 진정한 해결책이라고 생각했던 것입니다.

여러분은 어떻게 생각하십니까? 하나님이 우리에게 오시는 것, 이것보다 더 중요한 것이 뭐가 있겠습니까? 하늘 문이 열린다면, 하나님이 우리에게 오신다면, 그래서 그 능력을 보여 주신다면 더 무엇이 필요하겠습니까? 반대로 모든 것을 가졌지만 주님이 안 계신다면 무슨 의미가 있겠습니까? 그러므로 "원하건대 주는 하늘을 가르고 이 땅에 임하소서." 이렇게 기도한 것입니다.

CCM 중에 "부흥 2000"(오소서 진리의 성령님 이 땅 흔들며 임하소서)이라는 노래가 있습니다. 우리의 가슴을 뜨겁게 하는 찬양곡으로 본문 말씀에 기초해 만들어진 곡인데, 원래 본문의 의미는 원수를 향한 기도입니다. 이스라엘을 무너뜨리려는 나라들, 특히 바벨론을 심판해 달라는 것입니다. 예를 들면 제2차 세계대전 때 우리를 가장 힘들게 했던 나라가 일본입니다. 얼마나 강했습니까? 그러나 원자폭탄 하나 떨어뜨리니까 꼼짝 못 하고 항복했습니다. 그런데 하나님은 그보다 더 강한 능력을 가지고 계신데, 왜 바벨론을 그냥 두십니까? 그 능력을 한 번만 사용하시면 모든 원수가 초토화될 것인데, 왜 그런 능력을 사용하지 않으시고 악한 자들이 하나님을 조롱하는 것을 보고만 계십니까? "그러니 임하소서. 화산이 터져서 산이 진동하고, 모든 것이 불에 타고, 용암이 부글부글 끓는 것처럼 그들 위에 심판의 불로 임하여 주소서."

이스라엘이 출애굽했을 때 그렇게 큰 애굽도, 바로도 하나님의 능력 앞에서 무너졌는데, 바벨론도 하나님이 불로 강림하시면 끝나는 것 아닙니까? "그런 강력하고 놀라운 일을 행하소서." 하늘에서 불을 내려서 원수를 다 태워 달라고 자기 감정을 있는 그대로 쏟아 놓았습니다.

그런데 여러분, 내 원수는 다 하나님의 원수일까요? 그것은 내 생각일 뿐입니다. 나에게는 원수지만 하나님에게는 아닐 수도 있습니다. 이사야가 볼 때 바벨론은 악한 나라입니다. 그러나 하나님은 심판의 도구로 사용하십니다. 그러므로 내 마음대로 원수를 진멸하는 것이 다가 아닙니다. 내 원수에 대한 하나님의 마음은 뭘까요? 원수들이 하나님의 이름을 알게 되고, 그 이름 앞에서 떨게 되는 것입니다(2절). 여러분, 하나님의 이름을 알고 그 앞에서 떨게 된다는 것은 그들이 하나님께 돌아와서 예수 믿고 구원을 받는 사람이 된다는 뜻일까요? 그럴 수도 있고 아닐 수도 있습니다.

예를 들어 바로 왕은 어떠했나요? 출애굽 때 열 번이나 재앙을 당하고 하나님이 어떤 분이신지를 알게 됐습니다. 그러나 믿지는 않았습니다. 하지만 중요한 것은 바로가 여호와 하나님이 얼마나 위대한 하나님이신가를 알게 되었고, 그 하나님의 말씀대로 이스라엘 백성을 놓아주었다는 것입니다.

여기서 우리는 원수를 향한 기도를 어떻게 해야 하는지 알게 됩니다. 너무나 미운 원수가 있습니다. 어떻게 기도해야 할까요? "아주 싹 망하게 해 주세요. 벼락을 맞아 죽게 해 주세요." 이렇게 기도해야 할까요? 그렇게 기도하고 싶고, 할 수도 있습니다. 기독교 역사 속에도 그런 일이 있었습니다. 자기가 미워하는 사람들을 저주하라고 기도하는 사람들을 고용하여 부탁하는 경우도 많았습니다. 그러나 본문은 가르쳐 줍니다. "그들이 하나님을 알고, 하나님을 두려워하여 떨게 하소서." 이렇게 기도하라는 것입니다. 왜냐하면 우리는 심판자가 아니기 때문입니다. 나머지는 하나님이 알아서 하실 것입니다.

아, 내가 문제로구나!

둘째, 원수를 멸해 달라고 기도하다 보니 내 모습이 보입니다.

'그럼 나는 원수보다 나은가? 그들에게 심판을 요구할 만큼 의로운가?' 아닙니다. 그래서 이사야는 하나님이 어떤 사람을 기뻐하시는가를 설명합니다.

> 주께서 기쁘게 공의를 행하는 자와 주의 길에서 주를 기억하는 자를 선대하시거늘 우리가 범죄하므로 주께서 진노하셨사오며 이 현상이 이미 오래되었사오니 우리가 어찌 구원을 얻을 수 있으리이까 (사 64:5)

"기쁘게 공의를 행하는 자", 예배를 드리러 올 때도 억지로 마지못해 오는 게 아니라 기쁨과 감사로, 기대하는 마음으로, 사모하는 마음으로 나오는 자를 하나님은 기뻐하시고, 봉사를 해도 "힘들어 죽겠네" 하지 않고 "나를 써 주시니 감사합니다." 이렇게 감사한 마음으로 주님 뜻을 행하는 자를 기뻐하시고 선대하신다는 것입니다. 또한 하나님은 "주의 길에서 주를 기억하는 자"를 선대하십니다. 삶의 현장에서 언제나 하나님을 기억하는 자, '하나님의 뜻은 무엇일까? 이런 상황을 왜 주셨는가? 내가 이런 상황에서 어떻게 하기를 원하시는가? 내가 어떻게 해야 하나님이 기뻐하실까?' 하며 언제 어떤 상황에서도 하나님을 기억하는 사람, 그런 사람을 선대하십니다.

그런데 우리는 어떠했습니까? 원수를 진멸해 달라고 했지만 우리 자신이 이미 범죄했고, 우리가 하나님의 진노의 대상이었습니다. 원수보다 나은 것이 전혀 없습니다. 이미 오랫동안 하나님을 기뻐하지 않았고, 주를 기억하지 못하고 제멋대로 살았습니다. 그러니 어떻게 구원을 받을 수 있겠습니까? 구원받을 자격이 없다는 것입니다.

"주의 이름을 부르는 자가 없으며 스스로 분발하여 주를 붙잡는 자가 없사오니"(7절)라는 말씀에서 이스라엘 사람들이 하나님의 이름을 부르지 않는다는 말은 성립되지 않습니다. 입으로는 항상 하나님을 부르지만 마음으로는 하나님의 이름을 간절히 부르는 자가 없고 스스로 분발하여 주를 붙잡는 자도 없습니다. 스스로 분발한다는 게 뭐예요? '내가 이렇게 믿으면 안 되지. 하나님을 뜨겁게 사랑해야지. 더 주님께로 가까이 가야지. 주님 없으면 나는 못 살지.' 이렇게 스스로 하나님을 찾고 붙잡는 마음이 분발입니다. 그게 있어야 된다는 거예요.

정확하게 말하면 주님이 주시는 복은 원하면서 주님 자신을 간절히 원하는 자가 없다는 것입니다. 주님은 우리를 바라보며 기다리셨는데, 우리는 주님의 얼굴을 쳐다보지 않았습니다. 그래서 주님은 우리에게서 얼굴을 숨기셨습니다. 하나님이 능력이 없어서가 아니라 우리의 죄 때문에 우리가 쇠약해진 것입니다. 아무리 봐도 자격이 없고 복 받을 그릇이 되지 못한다는 것을 깊이 고백합니다. 그래서 이 기도가 대단한 기도입니다.

처음에는 눈에 보이는 저 원수들 때문에 우리가 이렇게 고통을 당하고 있다고 생각했는데, 그래서 그들을 불로 태워 달라고 했는데, 다 누구 때문이라고 다른 사람에게 원인을 돌렸는데 눈이 열려서 자기를 본 것입니다. '내가 문제로구나. 우리 죄 때문에 이렇게 된 것이구나.' 이것을 깨닫게 된 것입니다. 문제의 원인이 나에게 있음을 아는 것 자체가 변화의 시작이고 새로운 길이 열리는 출발점입니다.

그런데 여기서 이사야는 딜레마에 빠집니다. '우리는 아무 자격도 없고, 아무 희망도 없고, 망할 수밖에 없는데 이럴 때는 어떻게 해야 하는가? 그럼 여기서 끝나야 하는가? 절망하고 말아야 하는가?'

그래도 주는 우리의 아버지십니다

셋째, 하나님을 향한 신앙의 도약, 하나님을 향한 기도가 나옵니다.

그러나 여호와여, 이제 주는 우리 아버지시니이다 우리는 진흙이요 주는 토기장

"그러나! 나는 자격이 없지만, 나는 부족하지만, 의도 없지만, 범죄한 것밖에 없지만, 그러나 여호와여, 주는 우리 아버지십니다." 이렇게 하나님과 나의 관계를 붙잡습니다. 이것이 의로움입니다. 하나님을 아버지라고 부르도록 허락하셨습니다. 그러니 내가 주의 자녀가 아닙니까? 여러분, 효도하는 자식만 자식인가요? 불효자는 자식이 아닌가요? 불효자도 자식입니다. 잘한 것도 없고, 하나님 말씀도 안 들었고, 하나님을 슬프게만 했고, 그래서 면목 없는 불효자식이지만 그래도 "여호와여 주는 우리의 아버지십니다"라고 기도해야 합니다. 이것은 아주 위대한 고백입니다.

또한 "우리는 진흙이요 주는 토기장이십니다. 하나님이 우리를 만드셨습니다. 저는 하나님의 것입니다. 그런데 못 쓰게 되었으니 어찌하면 좋겠습니까? 나를 자격 없는 자식이라 버리지 마시고, 망가졌다고 깨뜨리지 마시고, 그래도 저를 자식으로 인정해 주시고 하나님이 원하시는 그릇으로 새롭게 빚어 주소서" 하고 기도하는 것입니다.

결론입니다. "너무 분노하지 마소서. 때리더라도 살살 때려 주세요(9절). 너무 세게 치시면 아버지의 자식이 죽습니다. 아버지가 만드신 연약한 그릇이 다 깨지고 맙니다. 우리는 망하는 것이 당연합니다. 그러나 마땅히 맞아야 하는 만큼 맞으면 다 죽습니다. 아버지의 자식이 죽습니다. 그러니 적당히 때리소서. 왜? 아버지의 자식이니까. 주께서 만드신 우리니까. 버리는 게 목적은 아니잖습니까?" 여러분, 이 기도의 내용이 마음에 와닿습니까?

지금 이사야는 자기의 모든 감정을 하나님께 다 쏟아 놓습니다. 그리고 점점 눈이 열리고 문제 해결 방법을 찾아갑니다. 원수에 대한 분노에서, 이스라엘 백성의 죄를 보면서 "우리"라고 표현합니다. 자기를 백성과 동일시한 것입니다. 남의 이야기가 아니라 이것이 내 문제라는 것입니다. 그러면서 하나님의 은혜를 굳게 붙잡습니다. "주는 우리 아버지십니다. 토기장이십니다. 부족한 자식이고 깨어진 그릇이지만 다시 일어나셔서 우리에게 구원을 베풀어 주소서." 이렇게 기도합니다. 참으로 뜨겁고 겸손하고 정직하며 감동적인 기도입니다. 이스라엘 백성이 모두 이런 자세만 가질 수 있다면, 이런 기도를 할 수 있다면 얼마나 좋았을까요?

다시 기도의 자리로

여러분, 왜 이런 기도를 성경에 기록해 놓았을까요? 이사야의 기도를 따라서 하라는 것입니다. 하나님께 나와서 마음을 쏟아 놓으라는 것입니다. 요즘에 많은 사람이 마음의 병을 앓고 있습니다. 외로움과 분노와 자기 비하, 연민과 증오, 아주 복잡한 감정을 가지고 살아갑니다. 어떻게 회복할 수 있을까요? 누군가에게 말해야 하고, 누군가가 들어 주어야 하고, 누군가가 위로하고 어루만지고 그를 회복시켜야 합니다. 이것이 어떻게 가능하겠습니까? 우리를 위해 누가 이런 일을 할 수 있겠습니까?

하나님께 나와서 내 마음을 쏟아 놓으면 됩니다. 하나님 앞에서 경건한 척할 필요 없습니다. "힘들다. 어렵다. 어떤 사람이 밉다" 다 쏟아 놓아야 합니다. 하나님 앞에서는 말하지 않고 다른 사람 앞에서 그런 얘기를 하면 다른 사람의 마음까지 황폐해집니다. 그렇다고 내 마음속에 꼭 꼭 숨기면 성자가 되려다가 병자가 되고 맙니다. 그러므로 하나님 앞에 다 쏟아 놓아야 합니다.

그래서 다윗도 시편에서 얼마나 원수들을 향하여 욕하고 하나님께 원수를 갚아 달라고 말했는지 모릅니다. 그러나 나중에는 찬양으로 끝났습니다. 그것이 바로 기도의 힘입니다. 우리의 무거운 짐, 두려움과 염려와 분노와 막막함은 혼자서 감당이 안 됩니다. 은혜의 보좌 앞으로 나아가 하나님께 다 쏟아 놓고, 치료받고, 회복의 은총을 힘입어야 합니다.

어떤 도공이 이런 말을 했습니다. "나는 흙만 있으면 무엇이든 만들 수 있습니다. 아무리 실패해도 다시 빚으면 됩니다. 그러나 한계가 있습니다. 흙에 수분이 있어야만 합니다. 물기가 마르고 흙이 굳어지면 더 이상 새로운 모양으로 빚을 수 없습니다." 수분이 아직 남아 있다면 그 흙은 도공의 손에 의해 변화될 수 있습니다. 그러나 수분이 마르면 더 이상 그 흙으로 아무것도 만들 수 없습니다. 그 흙은 버려야 합니다.

영적으로 생각해 봅시다. 하나님은 토기장이시고 나는 진흙입니다. 하나님은 나를 빚어 가십니다. 언제까지 그것이 가능할까요? 영적 수분이 있을 때까지입니다. 영적인 수분은 뭘까요? 눈물의 기도입니다. 눈물의 기도가 살아난다면 다시 빚을 수 있습니다. 이제 스스로에게 물어보세요. '내가 기도하며 눈물을 흘린 것이 언제였던가? 하나님의 사랑에 감격하여 눈물로 찬양한 것이 언제였는가? 언제 말씀을 읽으면서 깨닫고 감격하여 울었는가? 언제 성령을 사모하여 가슴이 뜨거웠는가?' 생각해 보세요. 하나님이 아무리 나를 빚으시려 해도 수분이 마르고 딱딱해지면 그 영혼은 새로워질 수 없습니다.

이제 다시 기도의 자리로 나갑시다. 아무리 막막하고 답답해도, 아무리 자격이 없고 부끄러워도, 하나님이 우리의 아버지시며 우리의 토기장이시니 우리를 버리지 않고 새롭게 하실 것입니다. 이 은혜가 우리에게 다시 시작되기를 축원합니다.

"이사야의 기도가 우리의 기도가 되게 하소서."

하나님 아버지!

원수를 향한 분노에서 시작된 이사야의 기도는 원수에 대한 하나님의 마음을 알게 했고, 또한 자기 모습을 바라보게 했습니다. 이 모든 원인이 누구 때문이 아니라 바로 나, 우리 때문이라는 것을 깨닫고 통회 자복합니다. 그리고 마지막으로 자격은 없지만 하나님을 붙잡습니다. 절망하지 않고 하나님은 나의 아버지, 나를 지으신 토기장이시니 나를 버리지 말고 다시 빚어 달라고 눈물을 흘리며 기도합니다. 수분이 있을 때 그 흙을 다시 빚어 새 그릇을 만들 수 있듯이, 우리에게도 하나님을 향한 새로운 눈물의 기도가 시작되게 하소서. 그래서 아무 희망이 없는 상황에서도 다시 새로운 미래가 열리고 새로운 시작이 있게 하소서.

함께 이야기하기

[1] 이사야는 어떤 주제로 기도했나요?

[2] 하나님을 향해 감정을 쏟아 놓을 때 하나님은
    어떤 일들을 하시나요?

[3] 관계의 어려움 속에서 하나님께 기도했을 때
    경험한 은혜와 변화가 있다면 나눠 봅니다.

33

내가
여기 있노라

이사야 65:1

C. S. 루이스(C. S. Lewis)는 《천국과 지옥의 이혼》에서 이런 말을 했습니다. "천국에 간 사람들은 하나님을 바라보며 이렇게 말할 것이다. '하나님의 뜻이 이루어졌습니다.'" 내가 세상에 살 때 나는 내 멋대로 살려 했는데 하나님은 나를 찾아와 만나 주셨고, 나를 사랑하시고, 갈 길을 인도하셨습니다. 때로 잘못 갈 때는 막으시고 징계하시고, 때려서라도 결국 나를 이곳에 오게 하셨습니다. 그러므로 "하나님의 뜻이 이루어졌습니다." 이렇게 고백한다는 것입니다. 사람이 천국에 가는 이유는 하나님의 은혜 때문입니다.

반면에 지옥에 간 사람들을 향하여 하나님은 이렇게 말씀하실 것이라고 합니다. "네 뜻이 이루어졌구나." "내가 너를 이런저런 방법으로 권면하고 인도하고 경고하고 모든 수단을 다해 사랑했지만 너는 끝까지 나를 거부하였다. 결국 네 뜻이 이루어졌구나." 그래서 사람이 지옥에 가는 이유는 하나님이 만드신 것이 아니라 자기가 스스로 선택한 길이며, 천국을 끝까지 거부한 결과라는 것입니다.

'인간의 최후 운명이 천국과 지옥으로 갈라지는 것은 너무 가혹한 것이 아닌가?' 사람들은 그렇게 생각합니다. 그래서 윌리엄 블레이크 (William Blake)는 《천국과 지옥의 결혼》이라는 책을 썼습니다. "천국과 지옥은 그렇게 극단적인 곳이 아니다. 인생이란 강물 같아서 나중에는 다하나로 통합되는 것인데, 천국과 지옥의 그 중간 어디쯤이 존재할 수 있는 것이고, 악을 수정하고 발전시키면 언젠가 선이 될 수도 있다. 그러니까 인간의 운명을 그렇게 천국과 지옥, 흑백으로 나누는 것은 바람직하지 않다"는 것입니다.

그러나 인생이란 강물과 같이 만나는 것이 아니라, 마치 나무와 같아서 자랄수록 점점 가지가 뻗어서 서로 멀어지는 것입니다. 처음에는 작은 악이었는데, 그것이 계속 발전하면 더 악해집니다. 선도 마찬가지입니다. 물론 악에서 선으로 돌이킬 수는 있죠. 그러나 저절로는 되지 않습니다. 그렇게 하려면 반드시 원점으로 되돌아와야만 합니다. 그러므로 천국과 지옥은 결코 하나가 될 수 없는 것이고, 완전히 다른 가치관을 가진 사람들의 종착점이 되는 것입니다. 따라서 천국과 지옥의 중간점은 없으며, 반드시 내가 선택해야만 하는 분명한 장소라는 것입니다.

하나님의 긍휼

이사야서 65장은 64장 이사야의 기도에 대한 하나님의 응답입니다. 세 가지 내용으로 구성되어 있습니다. 첫째는 하나님의 긍휼에 대해서, 둘째는 우리를 버리지 않으심에 대해서, 마지막으로는 우리를 새롭게 하심에 대해서 말씀하십니다.

첫째, 하나님의 긍휼입니다.

'긍휼'이란 내리사랑을 말합니다. 하나님의 긍휼은 무엇일까요?

나는 나를 구하지 아니하던 자에게 물음을 받았으며 나를 찾지 아니하던 자에게 찾아냄이 되었으며 내 이름을 부르지 아니하던 나라에 내가 여기 있노라 내가 여기 있노라 하였노라 (사 65:1)

'물음을 받았다'는 성경 구절의 영어 번역은 'I revealed myself', 즉 '나 자신을 계시했다'는 뜻입니다. 하나님이 누구냐고 묻지 않는 자에게 하나님은 자신을 계시하셨다는 말입니다. 또한 "찾지 아니하던 자에게 찾아냄이 되었으며." 하나님을 찾는 사람들에게 "나 찾아 봐라" 하고 숨으시는 하나님이 아니고, 하나님이 그들에게 스스로 발견되려고 그들 앞에 나타나셨다는 말입니다. 그리고 "내 이름을 부르지 아니하던 나라에 내가 여기 있노라" 말씀해 주셨다는 것입니다. 다시 말하면 하나님을 구하지도 않고, 찾지도 않고, 부르지도 않고, 하나님에 대하여 관심도 없는 인생들에게 하나님이 먼저 다가가서 "얘들아, 내가 여기 있어. 내가 여기 있어." 이렇게 자신을 드러내시는 분이라는 말입니다.

여러분은 어떻게 생각하시나요? 하나님은 정말로 만날 수 없는 분일까요? 하나님의 음성을 듣는 것은 불가능한 것입니까? 성경은 분명히 아니라고 말합니다. 하나님 자신이 스스로를 계시하시는 분이고, 숨지 않고 먼저 나타나서 "내가 여기 있다"고 알려 주시는 분이기 때문입니다.

그렇다면 하나님은 왜 우리에게 먼저 다가오실까요? 사랑하시기 때문입니다. 부모하고 자식이 다투면 누가 먼저 손을 내미나요? 대부분의 경우 부모가 먼저 손을 내밀어 줍니다. 부부간에 갈등하면 누가 먼저 손을 내밀까요? 성질 급한 사람일까요? 아닙니다. 더 많이 사랑하는 쪽에서 먼저 손을 내미는 것입니다.

어떤 할아버지가 손자가 보고 싶어서 아들 집에 전화를 걸었습니다. 아들이 받았는데 서로 안부를 물은 다음에 아들에게 이렇게 말했습니다. "(손자 이름을 부르면서) 아무개 좀 바꿔 봐라. 목소리 한 번 들어 보자." 그 말을 듣고 "할아버지 전화 받아라" 했더니, 손자가 장난감을 가지고 놀면서 자기 아버지에게 말했습니다. "아빠, 내 목소리 어제하고 똑같다고 할아버지에게 말해 주세요" 하고 방으로 들어가 버렸습니다. 그 소리가 전화기를 통해 할아버지에게 다 들렸습니다. 그 말을 듣고 그 할아버지가 저에게 한 말입니다. "그래도 예쁘니 어떻게 하면 좋습니까?" 이렇게 말하면서 웃었습니다. 이게 긍휼입니다. 내리사랑입니다. 우리는 하나님을 구하지도 않고, 찾지도 않고, 부르지도 않습니다. 이런 자격 없는 우리를 향해 하나님은 두 팔을 벌리고 안아 주시는 긍휼이 많은 하나님입니다.

하나님은 나를 사랑하시는데 우리는 왜 하나님을 구하지도, 찾지도, 부르지도 않을까요? 자기 생각을 따라 걸어가기 때문입니다(2절). 사람마다 다 자기 생각이 있어요. 하나님이 보실 때는 옳지 않은데 하나님보다 자기 생각이 옳다는 것입니다. "하나님은 그렇게 말씀하시지만 제 생각엔 이게 옳습니다" 하고 자기 길을 걸어갑니다.

그렇다면 그들이 얼마나 옳은 길을 걸어가나요? 하나님의 성전에서 제사드리지 않고, 동산에서, 다른 말로는 산당에서 제사를 드립니다(3-4절). 원래 제사는 예루살렘 성전에서 드려야 합니다. 그런데 거기까지는 멀고 귀찮습니다. 그러니까 자기들이 편한 곳, 어디에나 있는 동산에서 예배를 드립니다. 그리고 벽돌 위에서 분향합니다. 율법에 의하면 반드시 다듬지 않은 돌 제단에서 분향해야 합니다(신 27:6). 그런데 벽돌은 내가 만든 돌입니다. 자기 의도가 들어갔다는 것입니다. 하나님이 섬기라는 방법대로 섬기지 않고 자기가 편한 방법으로 하나님을 섬긴다는 뜻입니다. 형식은 있는데 마음은 없다는 것입니다.

"무덤 사이에 앉으며"(4절). 이것은 죽은 자들과 교통한다는 뜻입니다.

즉 점을 치고 살아 계신 하나님의 음성이 아니라 귀신의 소리를 들으려고
하고, 밤에 모여서 하나님의 법을 어기는 일을 하고 있습니다.

> 사람에게 이르기를 너는 네 자리에 서 있고 내게 가까이하지 말라 나는 너보다 거
> 룩함이라 하나니 이런 자들은 내 코의 연기요 종일 타는 불이로다 (사 65:5)

그러면서 자기는 의로운 척한다는 것입니다. 이런 자들은 "내 코의
연기요 종일 타는 불이로다"라고 하나님은 말씀하십니다. 코에 연기가
들어오면 어떻게 됩니까? 못 견디죠. 그런데 불이 꺼지지도 않아 참기 어
렵습니다. 그래도 팔을 벌리고 안으시려는 것이 하나님의 긍휼입니다.

나는 하나님을 힘들게 만듭니다. 구하지도 않고, 찾지도 않고, 부르
지도 않습니다. 하나님 뜻에 자기를 맞추지 않고 자기 소견에 옳은 대로
합니다. 그러나 하나님은 오늘도 나를 향해 두 팔을 벌리고 안으려 하십
니다. 이것이 하나님의 긍휼입니다. 이 긍휼이 없으면 하나님과 나와의
관계는 성립될 수 없습니다. 오늘도 우리와 하나님의 관계가 이어지는
것은 하나님의 긍휼의 결과입니다.

절대로 버리지 않으신다

**둘째, 우리를 버리지 마시라는 기도에 대한 응답입니다. 하나님은 버리지
않는다는 것을 비유로 설명하십니다.**

여호와께서 이와 같이 말씀하시되 포도송이에는 즙이 있으므로 사람들이 말하

기를 그것을 상하지 말라 거기 복이 있느니라 하나니 나도 내 종들을 위하여 그와 같이 행하여 다 멸하지 아니하고 (사 65:8)

이스라엘에서는 포도를 많이 재배합니다. 그런데 오랫동안 재배하면 지력이 떨어져서 소출이 나빠집니다. 그러면 포도나무를 뽑고 다른 나무를 심어야 합니다. 어떤 농부가 포도원에서 농사를 지었는데 열매가 없어요. 다 말라 버렸어요. 그러므로 다 뽑아 버려야겠다고 생각했는데 포도송이 하나에 즙이 남아 있습니다. 그것을 보고 생각합니다. '비록 한 송이기는 하지만 포도송이에 즙이 있다면 나무 전체가 마른 것은 아니다. 아직 뿌리에는 생명이 남아 있다는 것 아닌가? 그렇다면 나무를 다 뽑아 버릴 수는 없지.' 이것이 농부의 마음인데, 하나님이 그렇다는 것입니다. 하나님이 자기 백성을 버리는 분입니까? 아닙니다. 가능성이 조금이라도 남아 있으면 절대로 버리지 않으신다는 것입니다.

그럼 어떤 사람을 버리실까요? 끝까지 돌아오지 않는 사람은 "하나님을 버리는 사람, 성산을 잊어버리는 사람, 갓에게 상을 베풀며 므니에게 섞은 술을 가득히 붓는 너희"(11절)입니다. 여기서 "갓"은 목성을 말합니다. "므니"는 금성을 말합니다. 점성술에서 운명과 행운을 주관하는 두 별이 갓과 므니입니다. "그것에게 예배하는 자들은 버릴 것이다." 여기서 주목할 것은 하나님이 먼저 나를 버리지 않으신다는 것입니다. 사람이 먼저 하나님을 버리는 것입니다. "성산"은 하나님의 집, 성전입니다. 성전을 잊는 자는 버림을 받습니다.

성전에 나온다는 것은 무슨 뜻일까요? 하나님을 인정하는 것이고, 하나님 앞에 은혜를 구하는 것이고, 하나님 품에 안기려는 시도입니다.

비록 완전하지 못해도, 특별히 선하지 못해도, 그래도 하나님의 성전을 잊지 말아야 합니다. 성전에 나올 때마다 매번 은혜 받는 것도 아닙니다. 어떤 때는 즐겁지만 어떤 때는 힘이 듭니다. 그러나 그래도 성전에는 잊지 않고 나와야 합니다. 그것이 하나님과 나의 관계를 나타내는 증거이기 때문입니다. 계속해서 성전을 드나들다 보면 은혜를 받고 말씀이 들려오고 복도 받는 것입니다. 별다른 것 없어도 성전을 잊지 않고 사랑하면 절대로 버림을 받지 않는다고 하나님은 말씀하십니다.

새롭게, 새롭게 나를 빚으소서

셋째, 우리를 새롭게 빚어 달라는 기도에 대한 응답입니다.

자격이 없지만 하나님과 나의 관계를 끝까지 붙잡으면, 여호와가 우리 아버지며 토기장이시라는 것을 끝까지 의지하면 "너를 새롭게 해 주겠다"고 약속하십니다.

> 보라 내가 새 하늘과 새 땅을 창조하나니 이전 것은 기억되거나 마음에 생각나지 아니할 것이라 (사 65:17)

"새 하늘과 새 땅"은 원래 성경 용어입니다. 그러나 많은 사람이 그 용어를 가져다가 자기의 이론을 펼치는 데 사용했습니다. 역사 속에서 많은 정치가가 성경 말씀을 인용하여 자기가 새 하늘과 새 땅이 오게 하겠다고 약속했습니다. 모든 혁명 공약과 독재자들이 부르짖는 것이 새 하늘과 새 땅입니다. 새로운 세대, 유토피아, 모두가 다 잘사는 시대, 그런 시대를 내가 만들겠다고 약속합니다. 그러나 아무도 만들지 못했습니다. 왜 사람들이 약속한 새 하늘과 새 땅은 이루어지지 않을까요?

"보라 내가 새 하늘과 새 땅을 창조하나니." 새 하늘과 새 땅을 창조하는 주체는 하나님입니다. 인간이 만들어 내는 것이 아닙니다. 또한 "이전 것은 기억되거나 마음에 생각나지 아니할 것이라." 과거와는 상관이 없습니다. 새 하늘과 새 땅은 오늘 현실을 개혁하고 발전시켜서 만들 수 있는 것이 아닙니다. 새 하늘과 새 땅은 하나님이 창조하시는, 이 세상 현실을 뛰어넘는 영원한 기쁨의 나라입니다. 새 하늘과 새 땅은 환경의 개선이나 인간의 이데올로기를 통해 이루어지지 않습니다. 새 하늘과 새 땅은 하나님의 선물입니다.

우리는 지금까지 하나님을 구하지도, 찾지도, 자주 부르지도 않았습니다. 내 생각에 옳은 대로 걸어가며 하나님을 참으로 힘들게 했습니다. 그러나 하나님은 여전히 우리에게 긍휼을 베푸시고 결코 우리를 버리지 않으시며 하나님을 굳게 붙잡는 자들에게 새 하늘과 새 땅을 창조해 주겠다고 약속하셨습니다. 그래서 우리가 지금 어떤 형편에 있다 할지라도 "하나님, 저 이러면 안 되는데 제 모습이 왜 이럴까요? 이대로는 안 됩니다. 나를 새롭게 하소서" 이렇게 하나님을 붙잡고 나가야 합니다. 그러면 하나님은 "그래, 내가 너에게 긍휼을 베풀어 주고 너를 버리지 않으며 너에게 새날을 만들어 주마" 약속하시고 우리 마음을 새롭게 변화시켜 주셔서 오늘 이 형편 속에서도 새 하늘과 새 땅을 창조해 주십니다. 그래서 이전과는 다른 새로운 삶을 살 수 있게 해 주십니다.

우리는 오늘도 예수님 안에서 하나님이 창조하신 새 하늘과 새 땅을 맛볼 수 있습니다. 새찬송가 421장은 "내가 예수 믿고서 죄 사함 받아 나의 모든 것 다 변했네/ 지금 내가 가는 길 천국 길이요 주의 피로 내 죄가 씻겼네/ 나의 모든 것 변하고 그 피로 구속받았네" 이렇게 찬송합니다. 이것이 오늘 누리는 새 하늘과 새 땅입니다.

오늘이라도 "이렇게 살고 싶지 않아요, 하나님. 나를 새롭게 하소서" 간구하면 예수님 안에서 새 하늘과 새 땅이 열리는 것입니다. 그래서 어제와는 다른 새로운 삶을 시작할 수 있는 약속이 우리에게 주어져 있습니다. 이렇게 새 하늘과 새 땅의 삶을 오늘부터라도 시작할 수 있고, 이렇게 살다가 영원한 새 하늘과 새 땅으로 가게 되는 것입니다.

본문을 통하여 하나님은 말씀하십니다. "나는 긍휼이 풍성한 하나님이다. 나는 너희를 절대로 버리지 않는다. 오늘도 원한다면 새 하늘과 새 땅의 삶을 살게 해 주고, 영원한 새 하늘과 새 땅을 선물로 주마." 이런 하나님이 어디 계신가요? "내가 여기 있노라." 하나님은 멀리 계신 분이 아닙니다. 바로 여기, 지금, 내 옆에 계십니다. 멀어졌던 우리의 마음을 돌이켜서 가까이, 여기 계신 하나님을 찾고 하나님께로 돌아와 이 은혜 가운데 거하시길 축원합니다.

> "하나님은 긍휼이 많으시고, 우리를 절대 버리지 않으시며 언제나 우리를 새롭게 하시는 분임을 알게 하소서."

하나님 아버지!

하나님은 기도를 들으시는 분입니다. 긍휼을 베풀어 달라고 할 때 끝까
지 긍휼을 베풀겠다 하셨고, 버리지 말라고 매달렸을 때 내가 너를 버
리지 않을 것이라 약속하셨고, 나를 새롭게 빚어 달라고 간구했을 때
내가 너를 새롭게 해 주겠다고 약속하셨습니다. 그 하나님이 오늘도
"내가 여기 있노라" 말씀하고 계십니다. 가까이 계신 하나님, 우리를 기
다리시고, 다가갈 때 안아 주시는 하나님, 그 하나님께로 우리의 마음
을 돌이키게 하소서. 그래서 새 하늘과 새 땅을 누리게 하소서.

함께 이야기하기

[1] 하나님의 긍휼은 무엇인가요?

[2] 새 하늘과 새 땅의 의미는 무엇인가요?

[3] 하나님께서 새롭게 하신 경험이 있다면 나눠
봅니다.

34

떠는 자와
떠드는 자

이사야 66:5

한번은 어떤 분과 식사를 하다가 그분에게 "인생의 좌우명이 무엇입니까?" 물었습니다. 그러자 그분은 망설임 없이 바로 대답했습니다. "'하나님 앞에서 까불지 말자.' 이것이 저의 좌우명입니다." 그 말을 듣고 깜짝 놀랐습니다. 너무나 생생하게 다가왔기 때문입니다. "그런 좌우명을 가지게 된 계기가 있었나요?" "네, 하나님이 저에게 많은 은혜를 주셨는데 제가 잘나서 그렇게 된 것으로 착각하고 제멋대로 까불다가 하나님께 혼나고, 고생 많이 했습니다. 그래서 결심했죠. 하나님 앞에서 까불지 말자." 그 말을 듣고 제가 말했습니다. "성경에도 선생님과 똑같은 좌우명을 가진 사람이 있습니다." 그러자 그분은 반색을 하면서 "그래요? 그게 누굽니까?" 했습니다.

저는 이렇게 말했습니다. "솔로몬 왕입니다. 전도서 7장 29절을 보면 이렇게 나와 있습니다. '내가 깨달은 것은 오직 이것이라 곧 하나님은 사람을 정직하게 지으셨으나 사람이 많은 꾀들을 낸 것이니라.' 하나님은 정직하게 만드셨는데 사람들이 잔꾀를 부려서 인생이 힘들게 되었다는 말입니다. 그래서 솔로몬은 인생을 다 살고 이렇게 결론을 내렸습니다. '하나님 앞에서 까불지 말자.' 그러니까 선생님의 좌우명은 지혜의 왕 솔로몬이 마지막에 깨달은 가장 지혜로운 인생의 좌우명입니다. 끝내주는 좌우명이죠." 이렇게 말하고 함께 웃었습니다.

'까분다'는 것은 어떤 사람이 주제 파악을 못하고 제멋대로 행동할 때 그것을 경고하는 말입니다. 하나님 앞에서 까부는 사람들이 얼마나 많은지 모릅니다. 그들은 자기들이 똑똑하다고 생각하지만 하나님이 보시기에 그것은 잔꾀에 불과합니다. 정직과 잔꾀, 둘 중에서 어느 길로 가야 할까요? 정직의 길로 가야 합니다. 그렇다면 사람이 걸어가야 할 정직의 길은 무엇일까요? 이사야서의 결론인 본문 66장은 여기에 대해 말해 줍니다.

하나님이 바라시는 것

먼저, 하나님은 어떤 분이신지에 대한 말씀입니다.

여호와께서 이와 같이 말씀하시되 하늘은 나의 보좌요 땅은 나의 발판이니 너희가 나를 위하여 무슨 집을 지으랴 내가 안식할 처소가 어디랴(사 66:1)

"보좌"가 나옵니다. 보좌는 왕이 앉는 자리입니다. 그러니까 하나님은 왕이시라는 말입니다. 그런데 그냥 왕이 아니라 하늘을 보좌로 삼고 땅을 발판으로 삼으신 왕입니다. 천지를 창조하신 '왕 중의 왕'이시라는 뜻입니다. 하늘과 땅 사이에서 벌어지고 있는 이 세상의 모든 일이 하나님의 손에 달려 있습니다. 절대적 주권자이십니다.

그런데 "너희가 나를 위하여 무슨 집을 지으랴 내가 안식할 처소가 어디랴"(1절) 하고 반문하십니다. 그런데 여러분, 이 말씀은 어디서 들어본 것 같지 않습니까? 사무엘하 7장에서 다윗이 하나님의 성전을 짓겠다고 했을 때 하나님이 기뻐하며 하셨던 말씀입니다. "네가 그런 생각을 했다는 것이 참 기쁘다. 그러나 누가 나를 위해 성전을 짓겠느냐? 그리고 내가 얼마나 큰 존재인데 너희가 지은 작은 집에 거하겠느냐?" 다시 말하면 "나는 누구에게 신세를 지는 존재가 아니다. 내가 너를 먼저 왕으로 세워 주었다. 그리고 앞으로도 너의 왕위를 견고하게 해 주겠다. 그러나 보이는 성전은 솔로몬이 짓겠지만 진정한 성전은 그 뒤에 다윗의 후손으로 오는 예수가 세울 것이다." 그 성전이 진정한 성전이라는 예언의 말씀이었던 것입니다.

그런데 왜 지금 이런 말씀을 인용하는 걸까요? 이스라엘 백성은 크고 아름다운 성전에서 거창한 제사를 드리면 하나님이 기뻐하실 것이라고 생각하고 있습니다. 그러니까 빨리 포로에서 해방되어 고국으로 돌아가서 성전을 짓고 거기서 제사를 드려야 한다고 생각했습니다. 그런데 하나님은 그게 아니라는 거예요. "누가 나를 위해 성전을 짓겠느냐?" 여러분, 이스라엘 백성이 무엇을 가지고 성전을 지을 수 있을까요? 돈을 가지고? 기술을 가지고? 그 돈과 기술을 누가 주었는데! 우리 인간은 하나님의 한없는 은혜 안에 거하는 존재에 불과하다는 것을 결코 잊어서는 안 된다는 말입니다.

또한 그들이 성전을 짓는다고 해도 하나님이 거기에 갇혀 있는 분이 아니십니다. 이 말은 성전이 없기 때문에, 제사가 없어서 하나님을 만나지 못하는 게 아니라는 말입니다. 물론 하나님은 성전을 좋아하시고 제사를 기뻐하십니다. 그런데 이스라엘은 성전 신학을 왜곡했습니다. 그들은 성전과 제사만 있으면 다 된다고 생각했고 그것이 없어서 하나님을 만나지 못한다고 여겼습니다. 그러나 하나님은 아니라는 것입니다.

그렇다면 하나님이 원하시는 것은 무엇입니까? 보이는 성전, 화려한 제사가 아닙니다.

나 여호와가 말하노라 내 손이 이 모든 것을 지었으므로 그들이 생겼느니라 무릇

마음이 가난하고 심령에 통회하며 내 말을 듣고 떠는 자 그 사람은 내가 돌보려니와 (사 66:2)

"마음이 가난하고." 가난한 마음, 하나님 없이는 못 산다고 하는, 하나님을 목말라하는 마음입니다. "심령에 통회하며." 마음으로 애통하는 자, 하나님 앞에 내가 죄인이라는 것을 깨닫고 통회 자복하는 마음을 가진 자입니다. "내 말을 듣고 떠는 자." 하나님의 말씀을 마음에 새기고, 그 말씀에 순종하고 응답하며 살려고 결심하는 자입니다. "내가 원하는 것은 바로 그런 마음으로 예배하는 자이다." 이렇게 하나님은 말씀하십니다. "겉으로 보이는 형식이 아니라 가난한 마음으로 하나님을 갈망하며 자기 죄에 대해 애통하며 회개하고 말씀 앞에 떠는 자가 되라. 이런 자세로 예배하면 내가 그들의 예배를 기쁘게 받을 것이고 그들의 인생을 돌봐 주겠다"고 약속하십니다.

마음을 다한 예배

그런데 지금 이스라엘 백성의 모습은 어떠합니까?

소를 잡아 드리는 것은 살인함과 다름이 없이 하고 어린양으로 제사드리는 것은 개의 목을 꺾음과 다름이 없이 하며 드리는 예물은 돼지의 피와 다름이 없이 하고 분향하는 것은 우상을 찬송함과 다름이 없이 행하는 그들은 자기의 길을 택하며 그들의 마음은 가증한 것을 기뻐한즉 (사 66:3)

여기 제사의 네 가지 방법이 나오는데 먼저 소를 잡고, 어린양으로 제사하고, 예물을 드리고, 분향까지 완벽하게 제사를 드립니다. 그런데 문제는 마음이 없다는 것입니다. 제사 속에 꼭 있어야 하는 것은 마음입니다. 정확하게 말하면 제사는 마음이 겉으로 드러난 형식에 불과한 것입니다.

제사를 왜 드립니까? 왜 비싼 소를 잡고 양을 죽이나요? 마음의 가난함을 드러내는 것입니다. 제사는 하나님을 향한 갈망에서 시작돼야 합니다. 또한 제사는 통회하는 마음의 표현입니다. 내가 하나님 앞에 죄를 지었는데, 죄의 삯은 사망이기 때문에 죄를 지은 내가 죽어야 하지만 '대신 이 짐승을 바치니 이 피를 보고 용서하소서.' 이렇게 통회 자복하는 마음이 제사로 표현되는 것입니다. 그러니까 말씀 앞에 순종하고, 가난한 마음으로 하나님을 사모하고, 죄에 대해 애통하는 마음이 제사의 본질이라는 것입니다. 그런데 화려한 성전에서 많은 제물을 드리지만 이런 마음이 쏙 빠져 있다면 그런 제사는 아무 소용이 없는 것입니다.

그들이 겉으로는 완벽한 제사를 드리지만 그들의 마음은 어떠합니까? "그들은 자기의 길을 택하며 그들의 마음은 가증한 것을 기뻐한즉"(3절). '자기의 길을 택한다.' 이게 무슨 말일까요? 잘못된 길에서 돌이켜 하나님이 원하시는 길로 돌아서는 것이 제사의 본질인데, 그들은 자기의 길을 그대로 걸어가면서 거창한 제사만 드리고 있으니 그런 제사는 가짜라는 말입니다.

여러분, 이사야서가 66장으로 이루어져 있는데 1장 처음부터 66장 끝까지 이사야가 계속해서 강조하는 것은 "마음을 다한 예배를 드리라"는 것입니다. 그런데 "너희는 하나님의 백성이라고 말하면서도 마음 없는 헛된 제사를 드리니 하나님이 슬퍼하신다. 그런 자세로 하나님께 오지 말라"고 경고하는 것입니다.

　본문의 의미를 잘 보여 주는 이사야서 1장 10-14절을 보십시오.

> 너희 소돔의 관원들아 여호와의 말씀을 들을지어다 너희 고모라의 백성아 우리 하나님의 법에 귀를 기울일지어다 여호와께서 말씀하시되 너희의 무수한 제물이 내게 무엇이 유익하뇨 나는 숫양의 번제와 살진 짐승의 기름에 배불렀고 나는 수송아지나 어린양이나 숫염소의 피를 기뻐하지 아니하노라 너희가 내 앞에 보이러 오니 이것을 누가 너희에게 요구하였느냐 내 마당만 밟을 뿐이니라 헛된 제물을 다시 가져오지 말라 분향은 내가 가증히 여기는 바요 월삭과 안식일과 대회로 모이는 것도 그러하니 성회와 아울러 악을 행하는 것을 내가 견디지 못하겠노라 내 마음이 너희의 월삭과 정한 절기를 싫어하나니 그것이 내게 무거운 짐이라 내가 지기에 곤비하였느니라 (사 1:10-14)

　"화려한 성전에서 바쳐지는 무수한 제물이 나를 기쁘게 할 것 같으냐? 마음이 없는 형식적인 제사, 그것이 진정한 제사가 될 수 있겠느냐?" 오늘 우리의 말로 표현하면 "너희가 커다란 교회를 짓고, 화려한 찬양대가 아름다운 곡을 노래하고, 교회가 거창한 봉사활동을 하는 것이 사람 눈에는 그럴듯하고 대단한 것같이 보여도 나에게는 부질없는 것이다. 정말 내가 원하는 것은 마음을 담은 예배, 가난한 마음, 애통하는 마음으로, 말씀 앞에서 경외하는 마음으로 드리는 살아 있는 제사이다." 이런 뜻입니다.

떠는 자인가, 떠드는 자인가

본문에는 두 종류의 사람이 나옵니다. 하나님 앞에서 떠는 자와 떠드는 자, 두 종류의 인간이 있다는 것입니다. 하나님 앞에 떠는 자는 어떤 사람일까요? 말씀을 사모하고, 그 말씀을 듣고 마음에 새기며 그 말씀에 순종하려고 몸부림치는 자, 그 사람이 말씀 앞에 떠는 자입니다. 그런가 하면 겉으로는 똑같은 예배를 드리는데 떠드는 자들이 있다는 것입니다. 그들은 하나님의 말씀을 향하여 떠듭니다. 말씀을 비웃고, 판단하고, 자기 생각으로 가감합니다. 그렇게 떠드는 자들이 하는 일이 뭡니까? 5절에 보면 세 가지가 나옵니다.

> 여호와의 말씀으로 말미암아 떠는 자들아 그의 말씀을 들을지어다 이르시되 너희 형제가 너희를 미워하며 내 이름으로 말미암아 너희를 쫓아내며 이르기를 여호와께서는 영광을 나타내사 너희 기쁨을 우리에게 보이시기를 원하노라 하였으나 그들은 수치를 당하리라 하셨느니라 (사 66:5)

"너희 형제가." 이 사람들이 떠드는 자들입니다. 그들은 겉으로 볼 때는 똑같이 예배하며 예수를 믿는 형제인데 떠는 자들을 미워합니다. "왜 그렇게 복잡하게 믿느냐? 왜 그렇게 힘들게 신앙생활을 하느냐?" 미워합니다. 그다음에는 쫓아냅니다. 잘 믿으려는 사람들, 떠는 사람들을 자기들과 분리시킵니다.

마지막으로는 어려운 말씀인데 "여호와께서는 영광을 나타내사 너희 기쁨을 우리에게 보이시기를 원하노라 하였으나"입니다. 이게 무슨 말인가 하면 "하나님이 너와 함께하시는 증거를 우리에게 보이라"고 요구한다는 뜻입니다. "너, 하나님 잘 믿지? 그런데 왜 병들었어? 하나님이 너를 기뻐하시고 네 기도에 응답하셔서 병이 낫는 것을 나한테 보여 줘. 그럼 내가 네 신앙을 인정해 줄게. 하나님을 믿는다면 사업이 잘되어야지, 왜 망하냐? 사업이 잘되는 것 내 눈앞에 보여라. 네가 수험생이라면, 하나님 잘 믿는다면 합격해야지, 왜 떨어져?" 이렇게 비방하고 조롱하고 핍박한다는 말입니다.

그러니까 떠는 자와 떠드는 자는 정반대의 길을 걸어갑니다. 겉으로는 똑같이 제사를 드리고 예배하지만 떠는 자들은 말씀을 사랑하고 그 말씀대로 살려고 애쓰고, 떠드는 자들은 말씀을 판단하고 떠는 자들을 미워하며 분리시키고 핍박합니다.

그런데 "떠드는 소리가 성읍에서부터 들려오며 목소리가 성전에서부터 들리니 이는 여호와께서 그의 원수에게 보응하시는 목소리로다"(6절)라고 말합니다. "하나님 앞에서 떠는 자들을 비방했던 떠드는 자들의 비명이 들릴 것이다. 왜냐하면 하나님이 그들에게 보복하시기 때문이다. 그러므로 떠는 자들아! 떠드는 자들이 너희를 미워하고 쫓아내고 조롱해도 끄떡도 하지 말라. 그들은 나의 원수이며 내가 그들에게 보복할 것이기 때문에 절대로 낙심하지 말라"는 것입니다.

그러면서 하나님의 말씀 앞에 떠는 자들을 향한 축복의 약속이 7절 이하에 쭉 열거되어 있습니다. "시온"은 떠는 자들을 상징적으로 표현하는 말이죠. "진통을 하기 전에 해산하며 고통을 당하기 전에 남아를 낳았으니"(7절). 이 말은 인생에는 고통이 있고 그중에 제일 큰 고통이 해산하는 고통인데, 떠는 자들이 고통받고 힘들어할 때 하나님이 신속한 응답을 주겠다는 것입니다.

또한 하나님 앞에서 떠는 자들에게 진정한 기쁨을 주겠다고 약속하십니다. "떠는 자에게 만족과 풍성함을 주겠다." 하나님이 그들에게 평강을 주시고 하나님의 무릎에서 노는 행복을 주시고, 하나님이 진정한 위로, 세상이 줄 수 없는 위로를 주시겠다는 것입니다(10-13절). 마지막으로 무엇을 주십니까?

> 내가 지을 새 하늘과 새 땅이 내 앞에 항상 있는 것같이 너희 자손과 너희 이름이 항상 있으리라 여호와의 말이니라 (사 66:22)

"하나님 앞에서 떠는 자들은 현실 속에서도 새 하늘과 새 땅을 경험할 것이고, 앞으로 영원한 새 하늘과 새 땅을 만들 것인데, 그 새 하늘과 새 땅을 너희에게 유업으로 주리라." 천국을 약속하십니다. 이것이 떠는 자들에게 주시는 약속입니다.

그럼 반대로 떠드는 자들의 마지막은 무엇입니까?

> 그들이 나가서 내게 패역한 자들의 시체들을 볼 것이라 그 벌레가 죽지 아니하며 그 불이 꺼지지 아니하여 모든 혈육에게 가증함이 되리라 (사 66:24)

하나님 앞에서 떠드는 자들, 하나님을 겉으로는 섬기는 것 같지만 사실은 하나님의 말씀을 듣지 않고 자기의 욕심을 따라가면서 자신을 섬기는 사람들, 그들의 마지막은 멸망이라는 것입니다. 수없이 돌아오라고 말했지만 그 음성을 듣지 않고 대답하지 않으며 욕심의 길을 따라가는 자들의 길은 멸망입니다.

마음을 어디에 둘 것인가

그러니까 두 종류의 사람이 있습니다. 떠는 자와 떠드는 자, 천국을 선물로 받을 자와 영원한 멸망에 이를 자가 있습니다. 그런데 이 둘을 갈라놓는 것이 무엇일까요? 이사야서의 마지막 구조가 아주 재미있습니다. 22절은 천국 이야기이고, 24절은 지옥 이야기인데 그것을 갈라놓는 것이 예배(23절)입니다.

> 여호와가 말하노라 매월 초하루와 매 안식일에 모든 혈육이 내 앞에 나아와 예배하리라 (사 66:23)

떠는 자와 떠드는 자를 구별하는 것, 천국과 지옥을 갈라놓는 것이 예배에 달려 있습니다. 진정한 예배, 마음을 다하여 드리는 예배가 떠는 자를 만듭니다. 그렇지 못한 자는 떠드는 자에 불과합니다. 마음을 다하여 예배드리는 자에게는 새 하늘과 새 땅이 약속되어 있고, 그렇지 못한 자는 멸망으로 끝날 것입니다.

여러분, 우리는 똑같은 곳에서 예배합니다. 같은 장소에서 같은 말씀을 듣습니다. 겉모습은 똑같습니다. 그러나 우리 각자의 마음은 다릅니다. 떠는 자가 있고 떠드는 자가 있습니다. 말씀을 비난하고 평가하며, 하나님의 말씀을 귀로는 듣지만 자기의 길을 고집스럽게 걸어가고 자기를 숭배하는 사람이 있습니다. 한 사람은 자기를 내려놓고 자기를 포기하면서 하나님을 붙잡고, 또 다른 사람은 하나님을 버리고 자기의 길을 택하며 자기 숭배의 길로 걸어갑니다. 그의 길은 멸망으로 끝날 것입니다.

이사야서를 마치면서 이사야서의 주제를 말씀드린다면 "심판과 구원"입니다. 그리고 그 심판과 구원은 '예배'에 달려 있습니다. 그런데 그 예배가 진짜인지 아닌지는 '마음'에 달려 있습니다. 그래서 이사야서의 진짜 주제는 "마음을 어디에 두었느냐"입니다. '너는 마음을 하나님께 두었느냐, 세상에 두었느냐? 하나님을 섬기느냐, 너 자신을 섬기느냐? 마음을 어디에 두었느냐?' 이것이 떠는 자와 떠드는 자를 갈라놓고, 천국과 지옥을 갈라놓는 것입니다.

그래서 이사야서 1장부터 66장까지 마음이 없는 예배를 드리는 자들을 질타하면서 "하나님이 너희에게 하나님의 온 마음을 다 주었는데, 너희도 하나님께 온 마음을 다하여 예배드리면 그 예배를 기뻐 받으실 것이고, 그렇게 예배할 때 내가 너희의 삶을 책임진다"는 것을 강조하는 것입니다.

여러분, 진정한 예배란 뭘까요? 엿새 동안 세상에 나가 살면서 세상의 생각이 우리 마음을 꽉 채웠는데, 이제 하나님께 나와서 그 마음을 죽이고 세상의 욕심이 아니라 하나님으로 내 마음을 채웁니다. 이렇게 십자가에서 죽고 하나님으로 충만해져서 돌아가는 것이 예배의 본질입니다. 그런데 이스라엘 백성은 엿새 동안 가졌던 세상의 생각을 하나님께 가지고 나와서 거창한 제사를 드리면서, 자기 욕망을 하나님의 능력과 힘으로 채워 달라고 조르는 것이 예배라고 착각했습니다. 그것은 하나님을 섬기는 것이 아닙니다. 자기 욕심을 섬기는 것이고, 자기를 숭배하는 것인데 거기서 돌아와야만 산다는 것을 선포하는 것입니다.

"네 몸은 내 품에 있으나 네 마음은 어디 있느냐?" 유행가 가사입니다. 그런데 하나님도 이 질문을 하십니다. "네 몸은 성전에 와 있지만 네 마음은 어디에 있느냐." "마음이 하나님께 있지 않다면 예배가 무슨 소용이며 성전이 무슨 소용이 있느냐? 그러므로 너희 마음을 욕심이 아닌 하나님으로 채우라"는 것입니다. 그것을 위해 주신 것이 구약의 번제이고, 신약에서는 십자가에서 내가 죽었음을 고백하는 것입니다. 그 고백을 하면서 세상에 대하여 죽고, 하나님에 대해서 사는 사람들이 되라고 말씀하시는 것입니다.

이렇게 예배할 때 하나님은 우리의 삶을 책임지시고, 하나님으로 우리 마음을 채울 때 상황이 어떻든지 항상 새 하늘과 새 땅이 열리는 것이고, 마지막에는 죽어서 영원한 천국을 약속받는 것입니다. 그러나 "네가 주인인 마음, 세상을 섬기는 마음으로 끝까지 가면 그 끝은 멸망이 될 것이다." 이것이 이사야서의 결론입니다.

지금까지 어떻게 살아왔든지 앞으로는 날마다 하나님께 나와서 마음을 다한 예배를 드리고, 하나님으로 마음을 꽉 채우고 살아가는 진정한 하나님의 백성이 되기를 축원합니다.

"두 종류의 사람, 떠는 자와 떠드는 자 중에서 떠는 자가 되게 하소서. 마음을 다해 예배하는 자가 되게 하소서."

하나님 아버지!

지금까지 이사야를 통해서 말씀해 주셔서 감사합니다. 마음을 다한 예배자, 하나님 앞에서 떠는 자가 되게 하소서. 하나님을 만나고, 그 약속을 누리며, 천국을 유업으로 받게 하소서. 하나님 앞에서 떠는 자가 되게 하시고, 떠드는 자가 되지 않게 하소서. 이것이 인간이 걸어야 하는 정직한 길이라는 것을 알고, 하나님 앞에서 잔꾀를 부리는 자가 되지 않게 하소서.

함께 이야기하기

[1] 떠는 자와 떠드는 자의 차이는 무엇인가요?

[2] 심판과 구원은 어디에 달려 있나요? 우리는 어디에 마음을 두어야 하나요?

[3] 하나님께 진정한 예배를 드리기 위해 우리에게 필요한 모습을 나눠 봅니다.